高等院校“十三五”规划教材
“互联网+”融媒体系列教材

U0958167

基础会计学习指导书

赵若辰 王蕾／主编
王婷婷 傅钰／副主编

立信会计出版社
LIXIN ACCOUNTING PUBLISHING HOUSE

图书在版编目(CIP)数据

基础会计学习指导书 / 赵若辰，王蕾主编. —上海：立信会计出版社，2020.12

ISBN 978-7-5429-6573-8

Ⅰ. ①基… Ⅱ. ①赵… ②王… Ⅲ. ①会计学—高等学校—教学参考资料 Ⅳ. ①F230

中国版本图书馆 CIP 数据核字(2020)第 262793 号

策划编辑　郭　光
责任编辑　郭　光
封面设计　南房间

基础会计学习指导书
Jichu Kuaiji Xuexi Zhidaoshu

出版发行	立信会计出版社		
地　　址	上海市中山西路 2230 号	邮政编码	200235
电　　话	(021)64411389	传　　真	(021)64411325
网　　址	www.lixinaph.com	电子邮箱	lixinaph2019@126.com
网上书店	http://lixin.jd.com		http://lxkjcbs.tmall.com
经　　销	各地新华书店		

印　　刷	上海天地海设计印刷有限公司
开　　本	787 毫米×1092 毫米　1/16
印　　张	13.75
字　　数	326 千字
版　　次	2020 年 12 月第 1 版
印　　次	2020 年 12 月第 1 次
印　　数	1—2 100
书　　号	ISBN 978-7-5429-6573-8/F
定　　价	38.00 元

前　言

基础会计是现代会计学的重要分支，其主要研究会计的基本理论、基本办法和基本技能。

《基础会计学习指导书》是《基础会计》(王蕾、赵若辰主编，立信会计出版社)一书的配套教材。为了方便教师的教学和学生的学习，本书安排配套习题，提供习题参考答案及难点解析，方便教师和学生查阅。学生通过本书学习，可以在掌握会计的基础知识和基本技能的基础上，提高职业素养，以便将来顺利走上会计岗位、了解会计的职责、掌握会计的工作方法与技能，更好地投入会计工作中去。

本书按《基础会计》内容顺序编写，共十章，每章分为三部分：第一部分是内容提要，概括了该章的重要知识点；第二部分是练习题，包括名词解释、单项选择题、多项选择题、判断题和业务计算题等；第三部分是练习题的参考答案，给出重难点解析，以帮助学生对照检查练习题的完成效果。同时，本书具有以下特点：

1. 基础性。《基础会计》是财会类专业基础必修课程教材，本书设置了大量不同类型的习题，供学生在课后巩固基础知识，更好的帮助学生理解与掌握《基础会计》课程知识。

2. 实用性。本书结合本课程的基础实训内容，设置了与实训内容相关联的业务计算题，更好地帮助学生理解会计核算的程序和方法。

3. 时效性。本书根据最新的准则编写，其中涉及税收政策时限截至2020年11月，力争根据各项政策的变化及时调整内容。

本书由赵若辰、王蕾担任主编，王婷婷、傅钰担任副主编。孔令一、卜梦洁、刘莹、田聪、李满林、刘燕参与编写。本书在编写过程中，参考和借鉴了大量教材及学习指导书的相关成果，得到了立信会计出版社郭光编辑的大力支持，在此表示诚挚谢意。由于编者水平有限，本书还存在一些不足，恳请广大读者批评指正，以不断提高本书的质量。

编　者

2020年12月

目 录

第一章　会计概述

第一部分　内容概要

一、会计的产生与发展

会计是为适应生产活动发展的需要而产生的，并随着生产的发展而发展，是生产活动发展到一定阶段的产物，会计从产生到现在经历了一个漫长的发展历程。

(一) 我国会计的产生与发展

在距今5 000年前的原始社会末期，会计方法具有了多种多样的表现形式，主要有“黄钟”计量单位的出现、“结绳记事”的运用和“刻契记事”的创造。

西周时期的会计发展对我国会计制度的成型有不可磨灭的贡献，这一时期的青铜器铭文已经出现“会”和“计”这些形状的字体，而且其含义已基本定型。

唐宋时期是我国封建社会发展的高峰，封建经济的繁荣为会计的发展创造了良好的条件。这一时期的中式会计也处于高速发展的阶段。著名的“四柱结算法”就是在唐代中后期得以确立。

明朝时期，会计基本上沿用唐宋的方法，不过此时民间逐渐认识到会计的重要性，运用的范围扩大，“龙门账”的出现，是会计理论的一大突破。

清朝是我国封建时代的最后一个王朝，中式会计也发展到相当完善的程度，其表现就是“四脚账”的出现。

20世纪30年代，潘序伦与徐永祚之间曾展开一场以“中国会计要不要与国际接轨”为焦点的争论。这场学术论争推动了中国会计事业的发展，使潘序伦更加注重钻研学术，专注于现代会计学在中国的传播和推广。由此，创立了闻名中国的会计品牌——立信，奠定了中国现代会计学的发展道路，被誉为“中国现代会计之父”。

(二) 西方会计的产生与发展

公元前4000年左右，埃及进入奴隶社会，建立了以法老为中心的高度中央集权制的国家，由于古埃及奴隶制度和奴隶经济的发展，官厅会计出现萌芽。

在13至15世纪的欧洲，商品货币经济已比较发达，意大利出现了借贷复式簿记。1494年，意大利数学家卢卡·帕乔利所著《算术、几何、比及比例概要》一书，对复式记账法做了系统的说明，为复式簿记在全世界的广为流传奠定了基础。

20世纪50年代以后，由于信息论、控制论、系统论、行为科学、现代数学等引入会计，丰富了会计学的内容，管理会计随之出现。近年来，由于电子技术和高等数学在会计工作中的广泛应用，会计学正在向交叉学科的方向发展。

(三) 会计概述

1. 有关会计的主要观点

在会计发展的不同阶段，人们对会计的认识有所不同，主要有会计信息系统论、管理活动论、艺术论、管理工具论及控制系统论等观点。

2. 会计的概念

我国会计理论界普遍认为：会计是以货币为主要计量单位，运用专门的方法和程序，对一定主体的经济活动进行全面、综合、连续、系统地核算和监督，旨在提供经济信息和提高经济效益的管理控制活动，是经济管理活动的重要组成部分。

3. 会计的特点

通过对会计定义的理解，其特点主要表现为：①以货币为主要计量单位。②以合法原始凭证为基本依据。③运用专门的会计方法。④对经济活动进行全面、连续、系统和综合地核算和监督。

二、会计的职能与目标

会计职能是指会计在经济管理过程中所具有的功能。

(一) 会计的职能

1. 会计的基本职能

会计的基本职能是核算与监督。

会计的核算职能，是指会计以货币为主要计量单位，运用一系列专门的方法，对特定主体的经济活动进行确认、计量、记录和报告。

会计监督职能也称控制职能，是指会计人员在进行会计核算的同时，对特定主体经济业务的真实性、合法性和合理性进行审查的功能。

2. 会计的其他职能

会计的其他职能包括：①预测经济前景。②参与经济决策。③评价经营业绩。

(二) 会计的目标

1. 关于会计目标的两种观点

会计目标是在特定的外部环境中，从有关方面对会计的需求出发，通过会计系统的有机整合而形成，会计环境决定了会计目标。20 世纪 70、80 年代，西方会计学界关于会计目标的研究，形成了两个代表性的观点，即受托责任观和决策有用观。

2. 会计目标的概念

会计目标也称作会计目的，是要求会计工作完成的任务或达到的标准，也称为财务报告的目标。现代会计目标主要包括以下两个方面的内容：①向会计信息使用者提供决策的有用信息。②反映企业管理层受托责任的履行情况。

三、会计学科与会计职业

(一) 会计学科

会计学科也称会计学，是会计学各分支学科的有机结合。

1. 会计学科体系

会计学科体系是研究会计理论与业务互相联系、互相制约的科学整体。

1) 会计学科体系按研究对象分类，主要包括会计基础学科、企业会计学科、政府及非营利组织会计学科、特殊领域会计学科和综合性会计学科等。

2）按会计学科的形成过程分类，可分为传统会计学科、引进会计学科和新兴会计学科等。

3）按会计学科研究的空间范围分类，可分为国际会计学科和国内会计学科。

4）按会计学科本身的地位和作用分类，可分为重点学科、一般学科和新兴学科等。

2. 会计课程体系

大学会计学专业的课程体系一般由基础课程、专业基础课程与专业核心课程所构成，目前的专业核心课程体系一般围绕基础会计学、中级财务会计学、高级财务会计学这一主线，配以其他的分支课程构成。

（二）会计工作组织及会计机构

1. 会计工作组织

1）会计工作组织的概念

会计工作组织主要是通过设置会计机构，配备会计人员，制定与执行会计规章制度，实施与改进会计工作的技术手段，管理会计档案，进行会计工作与其他经济管理工作间的协调，形成一个高效运行的会计工作体系。

2）会计工作组织的意义

科学、合理、有效地组织会计工作具有重要意义，具体表现为：①有利于保证会计工作的质量，提高会计工作的效率。②有利于协调会计工作与其他经济管理工作的关系，提高企业整体管理水平。③有利于完善企业单位的内部经济责任制。④有利于维护各项财经法规和财经纪律的贯彻执行，保护相关者的经济利益。

2. 会计机构

会计机构是指各单位办理会计事务的职能部门。

1）会计机构的设置

一个单位是否单独设置会计机构，往往取决于以下三个因素：一是单位规模的大小；二是经济业务和财务收支的繁简；三是经营管理的要求。

2）会计机构的组织形式

由于会计工作的组织形式不同，会计机构的具体工作范围也有所不同。企业会计工作的组织形式有独立核算和非独立核算、集中核算和非集中核算等几种组织形式。

3. 会计工作岗位设置

会计工作岗位，是指一个单位会计机构内部根据业务分工而设置的职能岗位。会计工作岗位可以一人一岗、一人多岗或一岗多人。出纳人员不得兼管稽核、会计档案保管和收入、费用、债权债务账目的登记工作。

（三）会计职业

1. 会计职业的概念

会计职业一般是指会计从业人员所从事的职业。

我国的会计人员可以在某一企业或事业单位从事会计工作，也可以在政府的财政部门、税务部门以及国有资产、银行、保险等监管机构从事会计工作。

2. 会计人员管理

会计人员通常是指在国家机关、社会团体、企业、事业单位和其他组织中从事财务会计工作的人员。

1）会计人员专业技术职务

会计人员专业技术职务是区别会计人员业务技能的技术等级。我国将会计专业技术职务分为会计员、助理会计师、会计师与高级会计师，其中会计员与助理会计师为初级职务，会计师为中级职务，高级会计师为高级职务。

2）会计人员的职责

会计人员的职责就是认真履行会计的职能，为此可以把会计人员的职责归纳为：①进行会计核算。②实行会计监督。③编制业务计划及财务预算，并考核、分析其执行情况。④制定本单位办理会计事项的具体办法。

3. 会计职业的发展方向

目前我国会计职业的发展方向主要包括：①企业会计。②金融机构会计。③行政事业单位会计。④会计师事务所会计。

四、会计规范体系

（一）会计规范体系概述

会计，特别是财务会计作为一种主要提供有助于做出经济决策的信息管理活动，对于调整利益关系、维护社会经济秩序具有重要的影响。

1. 会计规范的基本特征

会计规范是以会计为对象的约定俗成或明文规定的标准与方式，是从事会计职业或进行会计工作所需依据的一种客观尺度或标准。会计规范具有以下特征：①公认性。②倾向性。③层次性。④相对统一性。⑤相对稳定性。

2. 会计规范体系的分类

1）从内容看，会计规范可以分为会计工作组织与管理规范、会计人员素质规范、会计信息生成与质量规范以及为会计控制提供标准的规范四类。

2）从来源看，会计规范可以分为在会计实践中自发形成的与人们通过一定形式制定的两类。

3）从用途看，会计规范可以分为会计法律规范、会计核算规范、内部会计控制规范与会计职业道德规范四类。

（二）会计法律规范

我国的会计法律规范是以《中华人民共和国会计法》为中心、全国统一的会计制度为基础的相对完整的法律规范体系，这一体系包括会计法律、会计行政法规和会计部门规章等。

1. 会计法律

会计法律是由国家政权以法律形式调整会计关系的行为规范，在会计领域中，属于法律层次的规范主要是指《中华人民共和国会计法》（以下简称《会计法》）、《中华人民共和国注册会计师法》《中华人民共和国公司法》等。《会计法》是会计规范体系中权威性最高、最具法律效力的规范，是制定其他各层次会计规范的依据，是指导会计工作的最高准则，也是会计工作的基本大法。

2. 会计行政法规

会计行政法规是根据会计法律制定的，是对会计法律的具体化或对某个方面的补充，一般称为条例，具体可分为全国性会计行政法规和地方性会计行政法规两类。

全国性会计行政法规是指由国务院制定发布或由国务院有关部门制定经国务院批准发布的会计规范性文件。地方性会计行政法规是指由有立法权的地方人民代表大会及其常务委员会依据《宪法》和国家法律与法规的规定，根据法律和法规授权以及地方管理的需要制定与发布，仅在本行政区域内实施，在本行政区域内有效的有关会计方面的规范性文件。

3. 会计部门规章

会计部门规章是指国家主管会计工作的行政部门——财政部以及其他相关部委根据法律和国务院的行政法规、决定、命令，在本部门的权限范围内制定的、调整会计工作中某些方面内容的国家统一的会计准则制度和规范性文件。

（三）会计核算规范

会计核算规范是会计信息生成与提供的一项技术标准，是进行会计确认、计量、记录与报告的依据。

1. 会计准则

会计准则是会计人员从事会计工作必须遵循的基本原则，是会计核算工作的规范。按其使用单位的经营性质，会计准则可分为营利组织的会计准则和非营利组织的会计准则。我国会计准则有《企业会计准则》和《政府会计准则》。会计准则具有以下四个特征：①规范性。②权威性。③发展性。④理论与实践相融合性。

2. 会计制度

会计制度是对商业交易和财务往来在账簿中进行分类、登录、归总，并进行分析、核实和上报结果的制度，是进行会计工作所应遵循的规则、方法、程序的总称。我国目前施行的会计制度主要有《企业会计制度》《金融企业会计制度》《小企业会计制度》等。

3. 会计政策

会计政策是指企业进行会计核算和编制会计报表时所采用的具体原则、方法和程序。

（四）内部会计控制规范

1. 内部会计控制的意义

完善而又严密的内部控制制度有利于建立岗位责任制度，有利于保护财产物资的安全完整；有利于形成良好的工作环境和秩序；有利于提高经济效益；有利于单位内部经营管理决策的有效执行和信息的沟通；有利于充分发挥员工的积极性和创造力；有利于建立现代企业制度与完善公司治理结构。

2. 内部会计控制的基本规范

《内部会计控制规范——基本规范》是由财政部于 2001 年发行的会计制度。其明确了内部会计控制的目标、原则、内容、方法、检查与评价等基本问题。

（五）会计职业道德规范

会计职业道德是会计诚信的基础，是会计人员在进行会计活动、处理会计关系时所形成的职业规律、职业观念和职业原则等行为规范的总和。

1. 会计职业道德规范的基本内容

我国会计职业道德规范包含的内容比较广泛，主要包括爱岗敬业、诚实守信、廉洁自律、客观公正、坚持准则、提高技能、参与管理及强化服务八个方面。

2. 会计职业道德规范的特征

会计职业道德的特征主要体现在以下几个方面：①内容的一致性。②法律的制约性。③稳定的连续性。④广泛的渗透性。⑤经济的实践性。

第二部分　练　习　题

一、名词解释

1. 会计
2. 会计职能
3. 会计目标
4. 会计工作组织
5. 会计规范
6. 会计准则
7. 会计制度
8. 内部会计控制规范
9. 基础会计学
10. 会计职业道德

二、单项选择题

1. 被誉为“中国现代会计之父”的会计学家是(　　)。

A. 潘序伦　　B. 阎达五　　C. 杨纪琬　　D. 李天民

2. 下列各项中，符合会计管理活动论观点的是(　　)。

A. 会计是一种经济信息活动

B. 会计是一个经济信息系统

C. 会计是一种管理经济系统的工具

D. 会计是以提供经济信息、提高经济效益为目的的一种管理活动

3. 会计主要的计量单位是(　　)。

A. 货币　　B. 实物　　C. 价格　　D. 劳动量

4. 会计是以货币为主要计量单位，对特定主体的经济活动通过确认、计量、记录和报告等环节，为各有关方面提供会计信息的职能称为(　　)。

A. 会计的监督职能　　B. 会计的控制职能

C. 会计的核算职能　　D. 会计的预测职能

5. 下列各项中，属于近代会计史中的两个里程碑的是(　　)。

A. 卢卡·帕乔利复式簿记著作的出版和会计职业的出现

B. 生产活动中出现了剩余产品和会计萌芽阶段的产生

C. 会计学基础理论的创立和会计理论与方法的逐渐分化

D. 首次出现“会计”二字构词连用和设置了“司会”官职

6. 下列各项中，属于集中核算的缺点的是(　　)。

A. 增加了核算手续和核算层次
B. 需要更多的会计人员
C. 不便于各单位、各部门及时利用核算资料进行日常的考核和分析
D. 无法及时了解本部门、本单位的经济活动情况
7. 在我国的会计法律规范体系中，层次最高的法律规范是(　　)。
A.《中华人民共和国会计法》　　B.《会计基础工作规范》
C.《中华人民共和国注册会计师法》　　D.《企业会计准则》
8. 会计部门规章是由下列哪个机关制定的(　　)。
A. 全国人民代表大会及其常务委员会
B. 地方人民代表大会及其常务委员会
C. 国务院
D. 财政部及其他相关部委
9.《会计法》是由(　　)审议通过并修订或修正的。
A. 全国人民代表大会　　B. 国务院
C. 全国人大常委会　　D. 财政部
10. 关于会计部门内部的岗位责任制，下列说法中错误的是(　　)。
A. 必须贯彻钱账分设、内部牵制的原则
B. 人员分工可以一岗一人，也可以一岗多人或多岗一人
C. 会计人员合理分工，能划小核算单位，缩小会计主体，简化会计工作
D. 应保证每一项会计工作都有专人负责

三、多项选择题

1. 下列各项中，属于会计的基本职能的有(　　)。
A. 核算职能　　B. 监督职能
C. 预测经济前景　　D. 参与经济决策
2. 下列各项中，关于会计目标的说法正确的有(　　)。
A. 会计目标是向财务报告使用者提供企业相关的会计信息
B. 会计目标反映企业管理层受托责任履行情况
C. 会计目标有助于财务报告使用者作出经济决策
D. 会计目标是要求会计工作完成的任务或达到的标准
3. 下列说法中，正确的有(　　)。
A. 会计是适应生产活动发展的需要而产生的
B. 会计是生产活动发展到一定阶段的产物
C. 会计从产生、发展到现在经历了一个漫长的发展历史
D. 经济越发展，会计越重要
4. 下列各项中，属于会计信息使用者的有(　　)。
A. 投资者　　B. 债权人　　C. 政府部门　　D. 企业员工
5. 下列各项课程中，属于专业核心课程体系中主线课程的有(　　)。

A. 基础会计学　　B. 中级财务会计学
C. 高级财务会计学　　D. 会计哲学

6. 下列各项中，由国务院制定的有（　　）。
A.《企业财务会计报告条例》　　B.《总会计师条例》
C.《中华人民共和国会计法》　　D.《中华人民共和国注册会计师法》

7. 下列各项中，属于内部控制制度优点的有（　　）。
A. 有利于建立岗位责任制度　　B. 有利于保护财产物资的安全完整
C. 有利于形成良好的工作环境和秩序　　D. 有利于提高经济效益

8. 合理地组织企业的会计工作，能够（　　）。
A. 提高会计工作的效率
B. 提高会计工作的质量
C. 确保会计工作与其他经济管理工作协调一致
D. 取代企业的计划、统计等部门的工作

9. 会计工作的组织形式包括（　　）。
A. 科目汇总表核算形式　　B. 集中核算形式
C. 汇总记账凭证核算形式　　D. 非集中核算形式

10. 下列各项中，属于会计职业道德规范内容的有（　　）。
A. 客观公正　　B. 坚持准则　　C. 提高技能　　D. 参与管理

四、判断题

1. 我国会计核算以人民币为唯一计量单位。（　　）

2. 我国《会计法》规定，所有企业都必须设置总会计师。（　　）

3. 根据受托责任观的观点，会计的目标是以有效的方式反映资源受托者的受托责任及其履行情况。（　　）

4. 根据决策有用观的观点，会计的目标是向会计信息使用者提供有助于其作出正确决策的信息。（　　）

5. 会计是以货币为主要计量单位，运用一系列专门方法，核算和监督任意单位经济活动的一种行政管理工作。（　　）

6. 各单位必须要设置会计机构，并在有关机构中设置会计人员并指定会计主管人员。（　　）

7. 出纳人员不得兼管稽核、会计档案保管和收入、费用、债权债务账目的登记工作。（　　）

8. 对于不具备设置会计机构条件的单位，应由代理记账业务的机构完成其会计工作。（　　）

9. 会计工作交接后，监交人员应当对所移交的会计资料的真实性、完整性负责。（　　）

10. 我国会计人员实行定岗定编，会计岗位可以一人一岗或一岗多人，不得设置一人多岗，这主要是为了执行内部牵制制度。（　　）

五、简答题

1. 会计的特点是什么?

2. 会计的基本职能是什么?如何理解?

3. 现代会计目标主要包括哪些内容?

第三部分 参考答案

一、名词解释

1. 会计是以货币为主要计量单位,运用专门的方法和程序,对一定主体的经济活动进行全面、综合、连续、系统地核算和监督,旨在提供经济信息和提高经济效益的管理控制活动,是经济管理活动的重要组成部分。

2. 会计职能是指会计在经济管理过程中所具有的功能。其具有会计核算和会计监督两项基本职能,还具有预测经济前景、参与经济决策、评价经营业绩等拓展职能。

3. 会计目标也称作会计目的,是要求会计工作完成的任务或达到的标准,也称为财务报告的目标,是向财务报告使用者提供与企业财务状况、经营成果和现金流量等有关的会计信息,反映企业管理层受托责任履行情况,有助于财务报告使用者作出经济决策。

4. 会计工作组织主要是通过设置会计机构,配备会计人员,制定与执行会计规章制度,实施与改进会计工作的技术手段,管理会计档案,进行会计工作与其他经济管理工作间的协调,形成一个高效运行的会计工作体系。

5. 会计规范是以会计为对象的约定俗成或明文规定的标准与方式,是从事会计职业或进行会计工作所需依据的一种客观尺度或标准。

6. 会计准则是会计人员从事会计工作必须遵循的基本原则,是会计核算工作的规范。

7. 会计制度是对商业交易和财务往来在账簿中进行分类、登录、归总,并进行分析、核实和上报结果的制度,是进行会计工作所应遵循的规则、方法、程序的总称。

8. 内部会计控制规范是各单位进行内部会计控制所依据的一种标准,是各单位制定和实施一系列内部会计控制方法、措施和程序的依据。

9. 基础会计学又称会计学原理或会计学基础,阐述的是会计的一些原理性知识,即要在具体实践中建立和应用会计这个信息系统所应当具备的一些共性的知识。

10. 会计职业道德规范是一般社会道德规范在会计职业行为活动中的具体体现,由会计职业活动的具体内容、方式、所涉及的权责利关系等所决定。对内而言,它构成引导、制约、调节会计行为的道德准则。

二、单项选择题

1. A	2. D	3. A	4. C	5. A	6. C	7. A	8. D	9. A	10. C

重难点解析:

2. 会计管理活动论认为会计的本质是一种经济管理活动,是经济管理的重要组成部分。

《开展我国会计理论研究的几点意见——兼论会计学的科学属性》指出:"无论从理论上还是从实践上看,会计不仅仅是管理经济的工具,它本身就具有管理的职能,是人们从事管理的一种活动。"

3. 会计以货币为主要计量单位,但是经济活动中通常使用劳动计量单位、实物计量单位和货币计量单位三种计量单位。其中,货币具有统一性,便于统一衡量和综合比较,因此,会计以货币作为主要计量单位。

4. 会计的基本职能是核算和监督。其中,会计核算职能是指会计以货币为主要计量单位,对特定主体的经济活动进行确认、计量、记录和报告,为各有关方面提供会计信息。

6. 实行集中核算,可以减少核算层次,精简会计人员,但是企业各部门和各单位不便于及时利用核算资料进行日常的考核和分析。

7. 会计法律是由国家政权以法律形式调整会计关系的行为规范,在会计领域中,属于法律层次的规范主要是指《中华人民共和国会计法》(以下简称《会计法》)《中华人民共和国注册会计师法》《中华人民共和国公司法》《中华人民共和国证券法》等。《会计法》是会计规范体系中权威性最高、最具法律效力的规范,是制定其他各层次会计规范的依据,是指导会计工作的最高准则,也是会计工作的基本大法。

8. 法律是由国家最高权力机关——全国人民代表大会及其常务委员会制定的;行政法规是指由国家最高行政机关——国务院制定的;会计部门规章是指国家主管会计工作的行政部门——财政部以及其他相关部委根据法律和国务院的行政法规、决定、命令,在本部门的权限范围内制定的、调整会计工作中某些方面内容的国家统一的会计准则制度和规范性文件。

9.《会计法》是由全国人民代表大会及其常务委员会制定的。

10. 会计主体是确定的,并不能因会计人员合理分工而任意缩小范围。

三、多项选择题

1. AB	2. ABCD	3. ABCD	4. ABCD	5. ABC
6. AB	7. ABCD	8. ABC	9. BD	10. ABCD

重难点解析:

1. 会计的基本职能是核算和监督职能。预测经济前景和参与经济决策属于会计的拓展职能。

4. 会计信息使用者包括外部和内部两个方面,会计信息的外部使用者具体包括投资者(股东)、债权人、政府、客户、社会中介机构;会计信息的内部使用者主要是指企业内部管理层及企业员工。

5. 大学会计学专业的课程体系一般由基础课程、专业基础课程与专业核心课程所构成,目前的专业核心课程体系一般围绕基础会计学、中级财务会计学、高级财务会计学这一主线,配以其他的分支课程构成。

6.《中华人民共和国会计法》和《中华人民共和国注册会计师法》属于会计法律,由全国人民代表大会及其常务委员会制定。

7. 内部控制制度具有十分重要的作用,有利于建立岗位责任制度;有利于保护财产物资的安全完整;有利于形成良好的工作环境和秩序;有利于提高经济效益;有利于单位内部经营管理决策的有效执行和信息的沟通;有利于充分发挥员工的积极性和创造力;有利于建立现代企业制度与完善公司治理结构。

8. 合理地组织企业的会计工作,能够提高会计工作的效率、提高会计工作的质量、确保会计工作与其他经济管理工作协调一致、加强各单位内部的经济责任制。

9. 企业会计工作的组织形式有独立核算和非独立核算、集中核算和非集中核算等几种组织形式。

10. 我国会计职业道德规范包含的内容比较广泛,主要包括爱岗敬业、诚实守信、廉洁自律、客观公正、坚持准则、提高技能、参与管理及强化服务八个方面。

四、判断题

1. ×	2. ×	3. √	4. √	5. ×	6. ×	7. √	8. √	9. √	10. √

重难点解析:

1. 我国会计核算以货币为主要计量单位,但不是唯一计量单位,人民币只是货币的一种,故此说法错误。

2.《会计法》规定,国有资产占控股地位或主导地位的大中型企业必须设置总会计师。

5. 会计是一种经济管理活动,不是行政管理活动。

6. 各单位应当根据会计业务的需要,设置会计机构,或者在有关机构中设置会计人员并指定会计主管人员;不具备设置条件的,应当委托经批准从事会计代理记账业务的中介机构代理记账。

10. 会计工作岗位是指一个单位会计机构内部根据业务分工而设置的职能岗位。会计工作岗位可以一人一岗、一人多岗或一岗多人。

五、简答题

1. 会计的特点是什么?

会计的特点主要表现为:①以货币为主要计量单位。②以合法原始凭证为基本依据。③运用专门的会计方法。④对经济活动进行全面、连续、系统和综合地核算和监督。

2. 会计的基本职能是什么?如何理解?

会计的基本职能是核算与监督。会计的核算职能,是指会计以货币为主要计量单位,运用一系列专门的方法,对特定主体的经济活动进行确认、计量、记录和报告。会计监督职能也称控制职能,是指会计人员在进行会计核算的同时,对特定主体经济业务的真实性、合法性和合理性进行审查的功能。

3. 现代会计目标主要包括哪些内容?

现代会计目标主要包括以下两个方面的内容:

(1) 向会计信息使用者提供决策的有用信息。会计信息使用者包括外部和内部两个方面,会计信息的外部使用者具体包括投资者(股东)、债权人、政府、客户、社会中介机构;会计信息的内部使用者主要是指企业内部管理层及企业员工。

(2) 反映企业管理层受托责任的履行情况。会计的目标应能充分体现反映企业管理层受托责任的履行情况,以有助于委托人的所有者正确评价企业的经营管理责任和资源使用的有效性。

第二章　会计核算基础

第一部分　内容概要

一、会计基本假设

（一）会计基本假设的概念

会计假设是指对那些未经确切认识或无法正面论证的经济事物和会计现象，根据客观的正常情况或趋势作出的合乎逻辑的推断和假定，在会计实践中长期奉行，无须证明便为人们所接受，是从事会计工作、研究会计问题的前提条件。

（二）会计基本假设的内容

1. 会计主体假设——界定会计核算的空间范围

1）会计主体假设的概念

在会计主体假设下，企业应当对其本身发生的交易或者事项进行会计确认、计量、记录和报告，反映企业本身所从事的各项生产经营活动。

2）会计主体与法律主体的关系

法律主体可以成为会计主体，但会计主体不一定能成为法律主体；会计主体可以由一个法律主体构成，也可以由几个法律主体构成。

2. 持续经营假设——界定会计核算的时间范围

持续经营是指会计主体将按照其现在的目标、方针和形式持续不断地经营下去；即在可以预见的将来，会计主体将不会面临破产清算的情况，其所持有的资产将会按照取得该资产的目的，在正常的生产经营活动过程中被耗用、出售或转让；其所承担的债务也会被按期偿付。

3. 会计分期假设——界定会计结算账目和编制财务报告的时间范围

会计分期是指将会计主体持续不断的经营活动人为地划分为一个个连续的、长短相同的期间。在会计分期假设下，企业应当划分会计期间，分期结算账目和编制财务报告。

4. 货币计量假设——界定会计核算的统一度量手段

1）货币计量假设的概念

货币计量是指会计主体在进行会计确认、计量、记录和报告时以货币作为计量尺度，反映会计主体的经济活动。

2）货币计量假设的含义

货币是会计的主要计量单位，其他计量单位具有辅助性；实际生活中需要选择合理的计价、评估方法进行货币量化；会计主体的经济业务涉及多种货币，编制会计凭证、登记账簿和编制报表时，则要采用一定的汇率折算为既定的记账本位币。

3）货币计量假设的附带假设

会计以货币作为统一的计量单位，还有一个附带的假设，即假设货币本身的价值稳定不变。

二、会计基础

（一）会计基础的概念

会计基础，即会计以什么为标志作为核算的标准，主要是针对会计人员在进行会计业务处理时，如何界定收入、费用的归属期间作出的一项基础规定。在会计实务中，对于收入和费用的确认、计量、记录和报告的基础分为收付实现制和权责发生制两种。

（二）收付实现制

1. 收付实现制的概念

收付实现制也称现收现付制，是以现款的实际收到或者支付为基准来确认本期的收入或者费用。

2. 收付实现制的核算要求

按照收付实现制，凡在本期收到或者支付的款项，不论其业务是否于本期发生，均作为本期的收入或者费用；凡在本期未曾收到或者支付的款项，即使其业务发生于本期，也不作为本期的收入或者费用。

（三）权责发生制

1. 权责发生制的概念

权责发生制也称应收应付制，是以权利的取得或者责任的发生为基准来确认本期的收入或者费用。

2. 权责发生制的核算要求

按照权责发生制，凡是本期已经实现的收入或者已经发生的费用，无论款项是否收到或者支付，都应当确认为本期的收入或者费用；凡是不属于本期的收入或者费用，即使款项已在本期收到或者支付，也不应当确认为本期的收入或者费用。

三、会计信息质量要求

会计信息质量要求是通过法定或公认准则的形式对企业财务报告中所提供会计信息质量作出的基本要求，能够保证会计信息使用者根据会计信息作出正确的决策。我国《企业会计准则——基本准则》规定了可靠性、相关性、可理解性、可比性、实质重于形式、重要性、谨慎性和及时性八项会计信息质量要求。

（一）可靠性

1. 可靠性的概念

可靠性要求企业应当以实际发生的交易或者事项为依据进行会计确认、计量和报告，如实反映符合确认和计量要求的各项会计要素及其他相关信息，保证会计信息真实可靠，内容完整。

2. 可靠性的具体要求

（1）会计信息的真实性。

（2）会计信息的可验证性。

(3) 会计信息的中立性。

(二) 相关性

1. 相关性的概念

相关性要求企业提供的会计信息应当与会计信息使用者的经济决策需要相关，而不同信息使用者的需求可能存在一定的差异，这就要求企业尽可能满足不同信息使用者的需求。通过提供会计信息帮助信息使用者对企业过去、现在或者未来的情况做出评价或预测。

2. 相关性的必要前提

(1) 信息的预测价值。

(2) 信息的反馈价值。

(3) 信息的及时性。

(三) 可理解性

1. 可理解性的概念

可理解性要求企业提供的会计信息应当清晰明了，便于会计信息使用者理解和使用。

2. 可理解性的具体要求

(1) 会计核算方法简明易懂。

(2) 会计核算程序简单明了。

(3) 会计报表信息勾稽关系清楚。

(4) 财务报表简洁。

(四) 可比性

1. 可比性的概念

可比性要求企业提供的会计信息应当相互可比。

2. 可比性的具体要求

(1) 同一企业不同时期的会计信息可比。

(2) 不同企业的会计信息可比。

(五) 实质重于形式

实质重于形式要求企业应当按照交易或者事项的经济实质进行会计确认、计量和报告，不应仅以交易或者事项的法律形式为依据。

(六) 重要性

1. 重要性的概念

重要性要求企业提供的会计信息应当反映与企业财务状况、经营成果和现金流量有关的所有重要交易或者事项。如果财务报告中提供的会计信息的省略或者错报会影响会计信息的使用者据此作出决策的，该信息就具有重要性。

2. 重要性的判断依据

(1) 某一事项有可能对决策产生影响。

(2) 某一事项的金额达到一定数额，可能对决策产生影响。

(七) 谨慎性

谨慎性要求企业对交易或者事项进行会计确认、计量和报告应当保持应有的谨慎，不应高估资产或者收益、低估负债或者费用。

(八) 及时性

1. 及时性的概念

及时性要求企业对于已经发生的交易或者事项,应当及时进行会计确认、计量和报告,不得提前或延后,从而可以使会计信息的使用者及时获得相关的信息并据以作出决策。

2. 及时性的具体要求

(1) 及时收集会计信息。

(2) 及时处理会计信息。

(3) 及时传递会计信息。

四、会计核算的程序和方法

(一) 会计核算的基本程序

1. 会计确认

1) 会计确认的概念

会计确认是指根据一定的标准,识别和确定发生的交易或者事项是否可以作为会计要素进入会计核算系统,以及进入会计系统的数据是否应该列入财务报告的过程。会计确认解决的是会计的定性问题,涉及确认步骤、确认标准和确认条件。

2) 确认步骤

确认步骤是指会计确认的环节,分为初始确认和再次确认。初始确认是再次确认的基础,再次确认是初始确认的继续。

3) 确认标准

确认标准是指初始确认和再确认时的定义,这些定义往往表现为各个会计要素的概念。

4) 确认条件

确认条件是指确认要求,它是在合乎确认标准的情况下,即在符合会计要素概念定义的基础上,同时满足某些特定的确认要求,才可以确认为某一会计要素。

2. 会计计量

1) 会计计量的概念

会计计量是指选择合适的会计计量属性,运用确定的计量尺度与计量单位,对符合会计要素定义的交易或者事项进行货币量化的过程。

2) 计量尺度

计量尺度是指会计以什么货币作为计量的手段,在我国统一以人民币作为会计计量的手段。

3) 计量单位

计量单位是指会计以何种货币形式作为会计计量的单位,有名义货币与一般购买力货币两种基本形式,一般情况下会计以名义货币作为计量单位。

3. 会计记录

会计记录是指通过预先设置的各种账户,对发生的交易或者事项经过确认、计量程序后可以进入会计信息系统的信息,按照复式记账的要求在账簿中进行记录的过程。

4. 会计报告

会计报告是指以簿记系统加工生成的信息为基础，按照规定的要求进一步予以变换，形成具有一定层次结构的会计信息，并采用表格和文字的形式，将会计数据传递给信息使用者的过程。

（二）会计核算方法

会计核算方法是指以货币为主要计量单位，对各企业已经发生的交易或者事项进行全面、连续、系统、综合的确认、计量、记录和报告的一系列专门方法。

1. 设置账户

设置账户是对会计对象的具体内容进行分类核算和监督的一种专门方法。设置会计账户就必须首先按照会计要素对会计对象的具体内容进行科学的分类，然后对会计要素的内容进行具体的划分而形成会计科目，再根据会计科目在账簿中开立账户，用于分类、连续地记录各项经济业务所引起的各项资金的增减变动情况和结果。

2. 复式记账

复式记账法是对发生的每一项经济业务都以相等的金额，同时在两个或两个以上相互联系的账户中进行登记的一种方法。

3. 填制与审核会计凭证

填制与审核会计凭证是会计核算工作的第一个环节，是为了保证经济业务的合法合理，登记入账的会计记录正确、完整而采用的一种方法。会计凭证是记录经济业务、明确经济责任的书面证明，是登记账簿的依据。

4. 登记账簿

登记账簿是根据审核无误会计凭证，在账簿中连续、完整与分门别类地记录和循序地汇集、计算所发生的经济业务的一种方法。账簿由具有一定格式的账页组成，是用来连续、完整与分门别类地记录各项经济业务的簿籍，是存储会计数据资料的重要工具。

5. 成本计算

成本计算是按照一定对象归集和分配在生产经营过程中不同部门、不同阶段所发生的全部费用支出，以确定该对象的总成本和单位成本的方法。

6. 财产清查

财产清查是通过盘点实物、核对账目来保证账实相符的一种方法。

7. 编制财务报告

编制财务报告是定期总括反映会计主体财务状况、经营成果与现金流量情况的一种方法。财务报告是主要以账簿记录为依据，经过加工整理而产生的一套完整信息的书面文件。

（三）会计核算基本程序与方法的关系

经济业务发生后，经办人员填制或取得原始凭证，这些原始凭证经会计人员审核无误后，按照设置的账户，运用复式记账法，编制记账凭证，并据以登记账簿；对于生产经营过程中发生的各项费用，进行成本计算，最终计算出企业的经营成果；对于账簿记录，要通过财产清查加以核实，在保证账实相符的基础上，定期编制财务报告，会计通过上述的核算基本程序与方法，相互联系，相互配合，循序渐进，按照“确认、计量、记录和报告”这一程序形成一套完整的会计信息系统。

第二部分 练 习 题

一、名词解释

1. 持续经营假设
2. 会计分期假设
3. 会计基础
4. 收付实现制
5. 权责发生制
6. 会计信息质量要求
7. 谨慎性
8. 及时性
9. 会计确认
10. 会计记录

二、单项选择题

1. 会计主体是(　　)。

A. 一个企业　　B. 企业法人

C. 对其进行核算的一个特定单位　　D. 法人主体

2. 企业的会计期间是(　　)。

A. 自然形成的　　B. 生产经营活动的一个周期

C. 人为划分的　　D. 营业年度

3. 下列各项中,关于会计基本假设描述不正确的是(　　)。

A. 持续经营假设限定了会计核算的时间范围

B. 法律主体一定是会计主体

C. 会计主体可以是集团公司

D. 会计主体就一定可以承担法律责任

4. 下列会计基本假设中,确立了会计核算空间范围的是(　　)。

A. 会计主体假设　　B. 会计分期假设

C. 持续经营假设　　D. 货币计量假设

5. (　　)界定了会计核算的时间范围。

A. 持续经营假设　　B. 会计分期假设

C. 会计主体假设　　D. 货币计量假设

6. (　　)是持续经营假设的必要补充。

A. 持续经营假设　　B. 会计分期假设

C. 会计主体假设　　D. 货币计量假设

7. 按照惯例,一个完整的会计期间是指(　　)。

A. 月度　　B. 季度　　C. 半年度　　D. 年度

8. 货币计量假设的含义是(　　)。

A. 会计以货币作为唯一的计量尺度

B. 会计以实物单位作为主要的计量尺度

C. 如果企业交易涉及多种货币，需要确立记账本位币

D. 必须考虑货币价值的波动

9. 甲单位销售产品一批，货款6 000元，当即收到5 000元存入银行，剩余货款暂欠。按照权责发生制和收付实现制分别确认收入为(　　)。

A. 6 000元，6 000元　　B. 6 000元，5 000元

C. 5 000元，5 000元　　D. 5 000元，6 000元

10. 甲单位租用的办公楼每月租金为60万元，当月已用银行存款支付10万元，剩余50万元未付。按照权责发生制和收付实现制，分别确认当月租金费用为(　　)。

A. 10万元，60万元　　B. 60万元，0万元

C. 60万元，50万元　　D. 60万元，10万元

11. 下列(　　)业务的处理符合权责发生制。

A. 本月根据销售合同发出商品一批，售价8 000元，但本月尚未收到货款，因此不能确认为本月收入

B. 本月收到上月销售商品款1 000元，因此确认本月收入1 000元

C. 本月发生广告费用5 000元，但尚未支付，确认本月销售费用5 000元

D. 根据销售合同预收客户定金500元，因此确认本月销售收入500元

12. 如果企业所提供的会计信息含糊不清，就容易使会计信息的使用者产生歧义，从而降低会计信息的质量，这违背了会计信息的(　　)质量要求。

A. 可靠性　　B. 可理解性　　C. 可比性　　D. 重要性

13. 对于同一企业不同时期发生的相同或者相似的交易或者事项，应当采用一致的会计政策，不得随意变更，反映了会计信息的(　　)质量要求。

A. 可靠性　　B. 重要性　　C. 可比性　　D. 实质重于形式

14. 计提坏账准备的做法体现了会计信息的(　　)质量要求。

A. 可比性　　B. 谨慎性　　C. 重要性　　D. 实质重于形式

15. 企业对零售商品可能发生保修义务确认的预计负债，体现了会计信息的(　　)质量要求。

A. 可比性　　B. 谨慎性　　C. 重要性　　D. 实质重于形式

16. 企业在提供会计信息时，对信息使用者的决策影响不大的次要会计信息可以作适当的简化，这体现了会计信息的(　　)质量要求。

A. 可比性　　B. 谨慎性　　C. 重要性　　D. 及时性

17. 企业对于已经发生的交易或者事项，不得提前或者延后进行确认、计量和报告，从而使会计信息的使用者可获得相关的信息并据以做出决策，这体现了会计信息的(　　)质量要求。

A. 可比性　　B. 谨慎性　　C. 重要性　　D. 及时性

18. (　　)是以簿记系统加工生成的信息为基础，按照规定的要求进一步予以变换，形

成具有一定层次结构的会计信息，并采用表格和文字的形式，将会计数据传递给信息使用者的过程。

A. 会计确认　B. 会计计量　C. 会计记录　D. 会计报告

19. 对会计对象的具体内容进行分类核算和监督的专门方法是(　　)。

A. 设置账户　B. 复式记账　C. 登记账簿　D. 财产清查

20. (　　)是会计核算工作的中间环节。

A. 设置账户　B. 复式记账　C. 登记账簿　D. 财产清查

三、多项选择题

1. 我国会计基本假设的内容有(　　)。

A. 会计主体　B. 会计分期　C. 持续经营　D. 重要性

2. 作为会计主体应具备的基本条件包括(　　)。

A. 法人资质　B. 有独立的生产经营活动

C. 具有一定的经济资源　D. 进行独立核算

3. 货币计量假设所包括的基本含义有(　　)。

A. 以货币作为唯一的计量尺度　B. 以货币作为主要的计量尺度

C. 假设币值稳定　D. 必须考虑货币价值的波动

4. 会计核算可以采用多种量度，例如(　　)。

A. 货币量度　B. 实物量度　C. 劳动量度　D. 空间量度

5. 会计核算基础一般有(　　)。

A. 权责发生制　B. 财产盘存制　C. 会计基本假设　D. 收付实现制

6. 在收付实现制会计基础下，在进行会计核算时不需要考虑(　　)问题。

A. 预收收入　B. 预付费用　C. 应收收入　D. 应付费用

7. 会计信息质量要求包括(　　)。

A. 可比性　B. 相关性　C. 可靠性　D. 配比性

8. 会计信息的可靠性可以从(　　)方面进行评价。

A. 中立性　B. 可验证性　C. 真实性　D. 预测性

9. 下列做法中，有助于提高会计信息可比性的有(　　)。

A. 同一企业前后各期采用相同的会计政策

B. 在财务报表中提供以前期间的对比数据

C. 各企业根据自身的需要灵活选择会计政策

D. 各企业都遵循会计准则的统一规定

10. 在评价某些事项的重要性时，很大程度上取决于会计人员的职业判断，一般来说，(　　)属于重要项目。

A. 当某一事项有可能对决策产生一定影响时

B. 当某一项目可以确认时

C. 当某一项目可以可靠估计时

D. 当某一项目的数量达到一定规模时

11. 为了保证会计信息的及时性，企业要(　　)。

A. 及时收集整理各种原始单据

B. 及时进行经济交易

C. 及时编制财务报表

D. 及时将财务报表传递给会计信息的使用者

12. 下列各项中，关于企业会计信息可靠性表述正确的有(　　)。

A. 企业应当保持应有的谨慎，不高估资产或者收益、低估负债或者费用

B. 企业提供的会计信息应当相互可比

C. 企业应当保证会计信息真实可靠、内容完整

D. 企业应当以实际发生的交易或者事项为依据进行确认、计量和报告

13. 会计信息的相关性可以从(　　)方面进行评价。

A. 预测价值　　B. 反馈价值　　C. 可验证性　　D. 及时性

14. 下列各项中，属于会计核算专门方法的有(　　)。

A. 登记账簿　　B. 监督检查　　C. 复式记账　　D. 预测决策

15. 会计的基本程序包括(　　)。

A. 会计确认　　B. 会计计量　　C. 会计记录　　D. 会计报告

四、判断题

1. 会计的基本前提包括会计主体、货币计量、资料完整和经济效益。(　　)

2. 会计核算的基本前提是会计主体，一个企业只能有一个会计主体。(　　)

3. 会计主体应该是独立核算的经济实体。(　　)

4. 法律主体可以成为会计主体，但会计主体不一定能成为法律主体。(　　)

5. 如果没有持续经营这一假设，固定资产的投资成本就只能一次全部计入产品的生产成本。(　　)

6. 当有足够的证据证明一个会计主体已无法履行其所承担的义务时，持续经营这一假设就不再成立。(　　)

7. 会计分期假设对于会计程序和方法的确定不会产生影响。(　　)

8. 会计的货币计量假设包含着币值稳定假设。(　　)

9. 会计核算中，企业只能用货币作为计量单位。(　　)

10. 企业的会计核算应以权责发生制为基础，按实际发生的收入和支出确认企业的收益和支出。(　　)

11. 尽管收入实现制和权责发生制是收入、费用确认的两种不同方法，但有些收入和费用按收付实现制确认和按权责发生制确认的结果相同。(　　)

12. 会计信息质量的可靠性要求企业提供的会计信息应当与财务报表使用者的经济决策需要相关，有助于财务报表使用者对企业过去、现在或者未来的情况作出评价或者预测。(　　)

13. 强调会计信息的可比性要求，就意味着企业对会计政策的确定没有选择权，所有的企业采用绝对一致的会计处理程序和方法。(　　)

14. 可理解性要求企业提供的会计信息应当清晰明了，便于会计信息使用者理解和使用。 （ ）

15. 实质重于形式要求企业应当按照交易或者事项的法律形式进行会计确认、计量和报告。 （ ）

16. 重要性在很大程度上取决于会计人员的职业判断。针对同一事项，在某一企业具有重要性，在另一企业则不具有重要性。 （ ）

17. 会计信息质量的谨慎性要求会计人员在会计核算中应尽量低估资产和可能发生的损失、费用。 （ ）

18. 会计确认在编制会计凭证时进行，即对某项经济业务必须以原始凭证为依据，确认为某一会计要素后编制记账凭证。 （ ）

19. 登记会计账簿是会计核算的中间环节。 （ ）

20. 会计核算的各种专门方法在会计核算过程中应单独运用，互不相干。 （ ）

五、业务计算题

（一）目的

练习收付实现制与权责发生制。

（二）资料

烟台兴茂机械制造有限公司 2020 年 12 月份发生以下经济业务：

（1）1 日，销售货物一批，收到销货款 30 000 元。

（2）4 日，以银行存款预付下年度报刊费 5 000 元。

（3）10 日，以银行存款支付上月水电费 300 元。

（4）12 日，收到上月销货款 20 000 元。

（5）15 日，销售商品一批，货款 7 000 元尚未收到。

（6）20 日，支付本季度银行短期借款利息 3 000 元。

（7）31 日，计算本月应交税费 2 500 元。

（8）31 日，计提本月固定资产折旧费 15 000 元。

（三）要求

1. 根据烟台兴茂机械制造有限公司 2020 年 12 月份发生的经济业务，分别按照收付实现制和权责发生制计算本月的收入和费用，填写在表 2-1 中。

2. 分别计算收付实现制和权责发生制下的利润。

表 2-1 不同会计基础下收入和费用的确定 单位：元

经济业务	收付实现制		权责发生制	
	收入	费用	收入	费用
（1）				
（2）				
（3）				
（4）				

（续表）

经济业务	收付实现制		权责发生制	
	收入	费用	收入	费用
(5)				
(6)				
(7)				
(8)				
合计				

第三部分　参考答案

一、名词解释

1. 持续经营假设是指会计主体将按照其现在的目标、方针和形式持续不断地经营下去，即在可以预见的将来，会计主体将不会面临破产清算的情况，其所持有的资产将会按照取得该资产的目的，在正常的生产经营活动过程中被耗用、出售或转让；其所承担的债务也会被按期偿付。

2. 会计分期假设是指将会计主体持续不断的经营活动划分为一个个连续的、长短相同的期间。在会计分期假设下，企业应当划分会计期间，分期结算账目和编制财务报告。

3. 会计基础即会计以什么为标志作为核算的标准，主要是针对会计人员在进行会计业务处理时，如何界定收入、费用的归属期间作出的一项基础规定。

4. 收付实现制也称现收现付制，是以现款的实际收到或者支付为基准来确认本期的收入或者费用。按照收付实现制，凡在本期收到或者支付的款项，不论其业务是否于本期发生，均作为本期的收入或者费用；凡在本期未曾收到或者支付的款项，即使其业务发生于本期，也不作为本期的收入或者费用。

5. 权责发生制也称应收应付制，是以权利的取得或者责任的发生为基准来确认本期的收入或者费用。按照权责发生制，凡是本期已经实现的收入或者已经发生的费用，无论款项是否收到或者支付，都应当确认为本期的收入或者费用；凡是不属于本期的收入或者费用，即使款项已在本期收到或者支付，也不应当确认为本期的收入或者费用。

6. 会计信息质量要求是通过法定或公认准则的形式对企业财务报告中所提供会计信息质量作出的基本要求，能够保证会计信息使用者根据会计信息作出正确的决策。

7. 谨慎性要求企业对交易或者事项进行会计确认、计量和报告应当保持应有的谨慎，不应高估资产或者收益、低估负债或者费用。

8. 及时性要求企业对于已经发生的交易或者事项，应当及时进行会计确认、计量和报告，不得提前或延后，从而可以使会计信息的使用者及时获得相关的信息并据以作出决策。

9. 会计确认是指根据一定的标准，识别和确定发生的交易或者事项是否可以作为会计要素进入会计核算系统，以及进入会计系统的数据是否应该列入财务报告的过程。

10. 会计记录是指通过预先设置的各种账户，对发生的交易或者事项经过确认、计量程序后可以进入会计信息系统的信息，按照复式记账的要求在账簿中进行记录的过程。

二、单项选择题

1. C	2. C	3. D	4. A	5. B	6. B	7. D	8. C	9. B	10. D
11. C	12. B	13. C	14. C	15. B	16. C	17. D	18. D	19. A	20. C

重难点解析：

1. 会计主体又被称为会计实体，是指会计进行会计核算的特定单位。

3. 法律主体承担法律责任，生产车间可以是会计主体但不是法律主体，所以会计主体不一定是法律主体，因此会计主体不一定能承担法律责任，所以选项D错误。

4. 会计主体假设规定了会计确认、计量、记录和报告的空间范围，明确了会计人员为谁核算、核算谁的经济业务。

7. 根据我国《企业会计准则》的规定，会计期间通常分为年度、半年度、季度和月度。年度、半年度、季度和月度均按照公历起讫日期确定，以公历每年1月1日起至12月31日作为一个会计期间，称为会计年度，它是最重要的会计期间。

8. 会计以货币作为主要的计量单位，实物单位、劳动单位作为辅助计量单位，因此选项AB错误；会计主体的经济业务涉及多种货币的，编制会计凭证、登记账簿和编制报表时，则要采用一定的汇率折算为既定的记账本位币，选项C正确；会计以货币作为统一的计量单位，还有一个附带的假设，即假设货币本身的价值稳定不变，因此以货币计量假设下不需要考虑货币价值的波动，选项D错误。

9. 权责发生制下，凡是当期已经实现的收入无论款项是否收到，都应确认为当期的收入，甲单位销售产品一批，已经发生了实际销售行为，因此应确认收入6 000元；收付实现制下，凡是当期未收到的收入，就不应当确认为当期的收入，当期收到5 000元，因此甲单位应确认收入5 000元。

10. 权责发生制下，凡是当期已经发生或应当负担的费用，无论款项是否支出，都应当确认为当期的费用，因此甲公司当月应确认租金60万元；收付实现制下，凡是当期未支付的费用，就不应当确认为当期的费用，当月只支付10万元，因此甲单位当月应确认租金10万元。

11. 权责发生制下，凡是当期已经实现的收入和已经发生或应当负担的费用，无论款项是否收入，都应当作为当期的收入和费用。选项A本月实际发生，即使没有收到货款，按照权责发生制也应确认本月收入；选项B收到上月款项，应该是上月实际发生时确认收入，不应确认为本月收入；选项C本月已经发生，不论是否支付，均应确认本月费用，因此选项C正确；选项D预收定金，而业务未实际发生，因此不能确认为本月收入。

15. 谨慎性要求企业对交易或事项进行会计确认、计量和报告应当保持应有的谨慎，不应高估资产或者收益、低估负债或者费用。企业对售出商品可能发生的保修义务确认预计负债，就体现了会计信息质量的谨慎性要求。

20. 登记账簿必须有会计凭证作为依据，并通过其账簿记录为编制财务报告提供完整、系统的会计数据，因此起到承上启下的作用，是会计核算工作的中心环节。

三、多项选择题

1. ABC	2. BCD	3. BC	4. ABC	5. AD
6. ABCD	7. ABC	8. ABC	9. ABD	10. AD
11. ACD	12. CD	13. ACD	14. AC	15. ABCD

重难点解析：

1. 我国会计基本假设包括四项：会计主体、持续经营、会计分期、货币计量。重要性为会计信息质量要求，因此选项 D 错误。

2. 会计主体必须具备三个条件：具有一定数量的经济资源；进行独立的生产经营活动或其他活动；实行独立核算。因此选项 BCD 正确。会计主体不同于法律主体，法律主体可以成为会计主体，但会计主体不一定是法律主体，如独资企业不具有法人资格，不属于法律主体，但作为独立的会计主体核算。因此选项 A 法人资格不是会计主体应具备的基本条件。

3. 会计主体所拥有的资产，虽然可以采用不同的计量单位，如实物单位、劳动单位等，都只能从一个侧面反映企业的生产经营情况，因此采用统一的货币单位计量方便加总，从而全面、连续、系统、综合地记录、汇总、分析和揭示会计主体的财务状况与经营成果。由此可以看出货币单位是会计计量的主要计量尺度，其他计量都是辅助性的。因此选项 A 正确，选项 B 错误。会计以货币作为统一的计量单位，还有一个附带的假设，即假设货币本身的价值稳定不变，也就是不考虑货币价值的变动，因此选项 C 正确，选项 D 错误。

4. 会计核算量度主要包括货币量度、实物量度、劳动量度等。

5. 会计核算基础包括收付实现制和权责发生制。

6. 收付实现制是以款项的实际收到或者支付为基准来确认本期的收入或者费用。凡在本期未曾收到或者支付的款项，即使其应属于本期，也不作为本期的收入或者费用。因此无须考虑应收、预收项目。

7. 我国《企业会计准则——基本准则》规定了可靠性、相关性、可理解性、可比性、实质重于形式、重要性、谨慎性和及时性八项会计信息质量要求。其中不包括配比性原则，因此选项 D 错误。

9. 为保证会计信息可比，企业应当采用一致的会计政策，不得随意变更，如果存在特殊情况确实需要变更时，应当在附注中说明。因此选项 C 错误。

10. 重要性应当根据企业所处的环境和实际情况，从交易或者事项的性质以及金额两方面进行判断。从性质来看，当某一事项有可能对决策产生影响时，就属于重要项目；从金额来看，当某一事项的金额达到一定数额可能对决策产生影响时，就属于重要项目。因此 AD 选项正确。

11. 及时性要求企业对于已经发生的交易或者事项，应当及时进行会计确认、计量和报告，不得提前或延后。会计信息的及时性与经济交易是否及时无关，因此选项 B 错误。为了保证会计信息的及时性，企业要及时收集各种会计信息，即在交易或者事项发生后，及时收集整理各种原始单据或者凭证；要及时处理会计信息，即按照会计准则的规定，及时对发生的交易或者事项进行确认或者计量，并编制财务报告，因此选项 ACD 正确。

12. 选项 A 属于谨慎性要求；选项 B 属于可比性要求。可靠性是指以实际发生的交易或者事项为依据进行确认、计量和报告，如实反映符合确认和计量要求的会计要素及其他相关信息，保证会计信息真实可靠、内容完整，所以，选项CD正确。

13. 会计信息的相关性，取决于信息的预测价值、反馈价值与及时性。会计信息具有预测价值，才能帮助决策者预测未来事项的可能结果，并据以做出最有利的选择；会计信息具有反馈价值，才能把过去决策所产生的实际结果反馈给决策者，通过与制定决策时所预测的结果相比较，了解过去的预测正确与否，从而改进未来的决策；会计信息的及时提供才能对决策产生影响，会计信息提供的不及时必然地会使相关的信息失去效用，从而变得与决策的制定不相关。

14. 会计核算方法包括设置账户、复式记账、填制和审核凭证、登记账簿、成本计算、财产清查与编制财务报告等专门的方法。因此选项AC正确。

四、判断题

1. ×	2. ×	3. √	4. √	5. √	6. √	7. ×	8. √	9. ×	10. √
11. √	12. ×	13. ×	14. √	15. ×	16. √	17. ×	18. ×	19. √	20. ×

重难点解析：

1. 会计基本前提即基本假设，包括会计主体、持续经营、会计分期和货币计量。

2. 一个企业可以有多个会计主体。

5. 为产品生产而购进的固定资产属于资本性支出，应在受益期内合理分摊，也就是按照预计的使用年限计提折旧。假设企业不能持续经营下去，固定资产的成本应一次全部计入产品成本。

7. 正是由于会计分期假设，出现了本期和非本期的区别，才能够定期结算账目。因此会计分期假设会影响会计程序和方法。

9. 会计核算中，企业以货币作为主要的计量单位，但并不是唯一的计量单位，如企业的存货在计量时需要用数量、重量等实物单位辅助计量。

11. 当权责发生期与收付实现期在同一会计期间时，权责发生制和收付实现制下确认的收入和费用的结果相同。

12. 会计信息的相关性要求企业提供的会计信息应当与财务报表使用者的经济决策需要相关，而非可靠性要求。

13. 会计信息的可比性要求企业提供的会计信息应当相互可比，因此企业应尽可能采用一致的会计处理程序和方法。强调同一企业不同时期会计信息的可比性，并不排斥对会计处理方法的必要变更。当会计所处的客观经济环境发生变化，所采用的会计处理方法已不适用时就需变更会计处理方法，使提供的会计信息更加相关与有用。

15. 实质重于形式要求企业应当按照交易或者事项的经济实质进行会计确认、计量和报告，不应仅以交易或者事项的法律形式为依据。

17. 谨慎性要求企业对交易或者事项进行会计确认、计量和报告应当保持应有的谨慎，不应高估资产或者收益、低估负债或者费用。

18. 会计确认分为初始确认和再次确认，初始确认是在交易或事项发生时的确认，随着填制和审核凭证一并进行；而再次确认是在编制财务报告时的确认，随着编制会计报表一并进行。

20. 七种会计核算方法，彼此并不孤立，而是相互联系、密切配合的，他们共同构成了一个完整的会计核算方法体系。

五、业务计算题

习题解答

1. 收付实现制与权责发生制下收入和费用确定情况如表 2-2 所示。

表 2-2　　不同会计基础下收入和费用的确定　　单位：元

经济业务	收付实现制		权责发生制	
	收入	费用	收入	费用
(1)	30 000		30 000	
(2)		5 000		
(3)		300		
(4)	20 000			
(5)			7 000	
(6)		3 000		1 000
(7)				2 500
(8)				15 000
合计	50 000	8 300	37 000	18 000

2. 收付实现制下利润＝50 000－8 300＝41 700(元)

权责发生制下利润＝37 000－18 500＝18 500(元)

第三章　会计要素与会计等式

第一部分　内容概要

一、会计对象

会计对象是指会计核算和监督的内容。

从宏观角度来看，会计对象是再生产过程中的资金运动；从微观角度来看，会计对象是一个企业能够用货币表现的经济活动，即资金运动。企业的资金运动可以归为资金筹集、资金运用和资金退出三大类。

上述用货币资金表现出来的各项经济活动都是会计所要核算和监督的内容。也就是说，凡是能够以货币表现的经济活动，都是会计核算和监督的内容，即会计对象。

二、会计要素及其确认条件

会计要素是根据交易或者事项的经济特征对会计对象所作的基本分类，是会计对象的具体化。我国《企业会计准则》将会计要素按照其性质分为资产、负债、所有者权益、收入、费用和利润。其中，资产、负债和所有者权益要素侧重反映企业的财务状况，收入、费用和利润要素侧重反映企业的经营成果。

（一）反映财务状况的会计要素

财务状况是企业资金运动的静态表现，故反映企业财务状况的会计要素也被称为静态会计要素，包括资产、负债和所有者权益三项要素。

1. 资产

1）资产的概念与特征

资产是指企业过去的交易或者事项形成的，由企业拥有或者控制的，预期会给企业带来经济利益的资源。根据资产的概念，资产具有以下三方面特征：

第一，资产应为企业拥有或者控制的资源。

第二，资产预期会给企业带来经济利益。

第三，资产是由企业过去的交易或者事项形成的。

2）资产的确认条件

将一项资源确认为资产，需要符合资产的概念，还应同时满足以下两个条件：

第一，与该资源有关的经济利益很可能流入企业。

第二，该资源的成本或者价值能够可靠地计量。

符合资产概念和资产确认条件的项目，应当列入资产负债表；符合资产概念、但不符合资产确认条件的项目，不应当列入资产负债表。

3）资产的分类

资产可分为流动资产和非流动资产两大类。流动资产是指企业预计在 1 年或者超过 1 年的 1 个营业周期内变现、出售或者耗用的资产。主要为交易目的而持有的资产以及自资产负债表日起 1 年内交换其他资产或者清偿负债的能力不受限制的现金或者现金等价物也属于流动资产。非流动资产是指企业除流动资产以外的资产。

2. 负债

1）负债的概念与特征

负债是指企业过去的交易或者事项形成的，预期会导致经济利益流出企业的现时义务。根据负债的概念，负债具有以下三方面特征：

第一，负债是企业承担的现时义务。

第二，负债预期会导致经济利益流出企业。

第三，负债是由企业过去的交易或者事项形成的。

2）负债的确认条件

第一，与该义务有关的经济利益很可能流出企业。

第二，未来流出的经济利益的金额能够可靠地计量。

符合负债概念和负债确认条件的项目，应当列入资产负债表；符合负债概念、但不符合负债确认条件的项目，不应当列入资产负债表。

3）负债的分类

企业负债分为流动负债和非流动负债两大类。流动负债是指企业可以在 1 年或者超过 1 年的 1 个营业周期内到期予以清偿的负债。主要为交易目的而持有以及企业无权自主地将清偿推迟至资产负债表日后 1 年以上的负债也属于流动负债。非流动负债是指企业除流动负债以外的负债。

3. 所有者权益

1）所有者权益的概念与特征

所有者权益是指企业资产扣除负债后，由所有者享有的剩余权益。公司的所有者权益又称为股东权益。所有者权益具有以下三个方面的特征：

第一，所有者权益是所有者对企业资产的剩余索取权，它是企业资产中扣除债权人权益后应由所有者享有的部分，即企业资产只有在保证企业的全部债务得到清偿后，才归所有者享有。

第二，所有者权益一般不需要偿还给投资者，除非企业发生清算、减资的情况。这与负债存在本质区别，负债表明着企业承担的现时义务，企业对负债负有到期还本付息的责任。

第三，所有者权益可分享企业利润。投资者可以依据其在企业所有者权益中所占的份额参与企业的利润分配，而债权人则按规定获取利息收入而不能参与利润分配。

2）所有者权益的确认条件

所有者权益体现的是所有者在企业中的剩余权益，因此，所有者权益的确认和计量主要依赖于资产和负债的确认和计量。例如，企业接受投资者投入的资产，在该资产符合资产确认条件时，就相应地符合所有者权益的确认条件；当该资产的价值能够可靠计量时，所有者权益的金额也就可以确定。

3）所有者权益的来源构成

所有者权益的来源包括所有者投入的资本、直接计入所有者权益的利得和损失（其他综合收益）、留存收益等，通常由实收资本（或股本）、资本公积（含资本溢价或股本溢价、其他资本公积）、其他综合收益、留存收益（包括盈余公积和未分配利润）构成。

（二）反映经营成果的会计要素

经营成果是企业资金运动的动态表现，反映企业经营成果的会计要素也被称为动态会计要素，包括收入、费用和利润三项要素。

1. 收入

1）收入的概念与特征

收入是指企业在日常活动中形成的、会导致所有者权益增加的、与所有者投入资本无关的经济利益的总流入。根据收入的概念，收入具有三方面特征：

第一，收入是企业在日常活动中形成的。

第二，收入是与所有者投入资本无关的经济利益的总流入。

第三，收入会导致所有者权益的增加。

2）收入的确认条件

收入的确认至少应当同时符合三个条件：第一，与收入相关的经济利益应当很可能流入企业；第二，经济利益流入企业的结果会导致资产的增加或者负债的减少；第三，经济利益的流入额能够可靠计量。

3）收入的分类

收入按照企业从事日常活动的内容，可分为营业收入、其他收益与投资收益等，其中营业收入按照企业经营业务的主次不同，又可分为主营业务收入和其他业务收入。

符合收入概念和收入确认条件的项目，应当列入利润表。

2. 费用

1）费用的概念与特征

费用是指企业在日常活动中发生的、会导致所有者权益减少的、与向所有者分配利润无关的经济利益的总流出。根据费用的概念，费用具有三方面特征：

第一，费用是企业在日常活动中形成的。

第二，费用是与向所有者分配利润无关的经济利益的总流出。

第三，费用会导致所有者权益的减少。

2）费用的确认条件

费用的确认除了应当符合其概念外，还至少应当符合以下条件：

第一，与费用相关的经济利益应当很可能流出企业。

第二，经济利益流出企业的结果会导致资产的减少或者负债的增加。

第三，经济利益的流出金额能够可靠计量。

3）费用的分类

费用按照企业从事日常活动的内容，分为营业成本、税金及附加、销售费用、管理费用、财务费用和资产减值损失等，其中营业成本按照企业经营业务的主次不同，又可分为主营业务成本和其他业务成本。

符合费用概念和费用确认条件的项目，应当列入利润表。

3. 利润

1）利润的概念与特征

利润是指企业在一定会计期间的经营成果。通常情况下，如果企业实现了利润，表明企业的所有者权益增加；反之，如果企业发生亏损（即利润为负数），表明企业的所有者权益减少。

2）利润的确认条件

利润反映的是收入减去费用、利得减去损失后净额的概念。因此，利润的确认主要依赖于收入和费用，以及利得和损失的确认，其金额的确定也主要取决于收入、费用、利得和损失金额的计量。

3）利润的来源构成

我国企业会计中有营业利润、利润总额与净利润三个概念。其中营业利润是收入减去费用后的净额，反映企业日常活动的业绩；利润总额是营业利润与直接计入当期利润的利得和损失之和，反映企业日常活动与非日常活动的业绩；净利润是利润总额减去所得税费用后的净额，反映企业经营的最终成果。

三、会计要素计量

会计计量是为了将符合确认条件的会计要素登记入账并列报于财务报表而确定其金额的过程。计量是一个模式，它由两个要素构成，即计量单位和计量属性。

1. 计量单位

在我国，会计的计量单位是人民币。

2. 计量属性

会计计量属性主要包括历史成本、重置成本、可变现净值、现值和公允价值等。

1）历史成本

历史成本又称实际成本，是指取得或制造某项财产物资时所实际支付的现金或者现金等价物。

2）重置成本

重置成本又称现行成本，是指按照当前市场条件，重新取得同样一项资产所需支付的现金或现金等价物金额。

3）可变现净值

可变现净值是指在生产经营过程中，以预计售价减去进一步加工成本和销售所必需的预计税金、费用后的净值。

4）现值

现值是指对未来现金流量以恰当的折现率进行折现后的价值，是考虑货币时间价值因素等的一种计量属性。

5）公允价值

公允价值是指市场参与者在计量日发生的有序交易中，出售一项资产所能收到或者转移一项负债所需支付的价格。

四、会计等式

（一）反映财务状况的会计等式

资产＝负债＋所有者权益

资产、负债和所有者权益是反映企业财务状况的会计要素，所以这一会计等式被称为反映财务状况的会计等式。由于这一公式反映了企业在某一特定时点资产、负债和所有者权益三者之间平衡关系，又被称为静态会计等式。这一会计等式是基本会计等式，反映了资产与权益的恒等关系，它不仅是复式记账法的理论依据，也是编制资产负债表的依据。

（二）反映经营成果的会计等式

收入－费用＝利润

收入、费用和利润是反映企业经营成果的会计要素，所以这一会计等式被称为反映经营成果的会计等式。由于企业是在一个时间段内获取收入、发生费用，这一反映了企业一定会计期间利润的实现过程的等式也被称为动态会计等式。这一会计等式是编制利润表的依据。

（三）综合会计等式

资产＝负债＋所有者权益＋收入－费用

或者：资产＝负债＋所有者权益＋利润

上述等式把企业的财务状况和经营成果联系起来，反映了在会计期间内任一时刻（未结算之前）的财务状况和经营情况，说明了企业经营成果对资产和所有者权益产生的影响；在会计期末结账后，等式又恢复到会计期初的形式，即：

资产＝负债＋所有者权益

这一等式被称为综合会计等式或者拓展了的会计等式。

五、会计事项及其对会计等式的影响

会计事项按其对会计等式的影响，可分为四大类、九小类会计事项，这四大类、九小类会计事项的具体分类及举例如表 3-1 所示。

表 3-1　会计事项对会计等式影响的类别及举例

四大类型会计事项	九小类会计事项	会计事项举例
1. 资产类项目金额此增彼减	（1）资产项目金额此增彼减	用银行存款采购原材料
2. 权益类项目金额此增彼减	（2）负债项目金额此增彼减	将应付票据转为应付账款
	（3）所有者权益项目金额此增彼减	资本公积转增股本
	（4）负债项目金额增，所有者权益项目金额减	宣告发放现金股利
	（5）负债项目金额减，所有者权益项目金额增	经与债权人协商，将长期借款转为资本
3. 资产项目和权益项目金额同增	（6）资产项目和负债权益项目金额同增	向银行借款、向供应商赊购原材料等
	（7）资产项目和所有者权益项目金额同增	投资者投入资本
4. 资产项目和权益项目金额同减	（8）资产项目和负债项目金额同减	用银行存款偿还欠供应商的货款
	（9）资产项目和所有者权益项目金额同减	用银行存款向投资者退资

收入的实现反映为企业所有者权益的增加，费用的发生反映为企业所有者权益的减少，为此，涉及收入与费用会计事项按其对会计等式的影响，可分为两大类、四小类会计事项。这两大类四小类会计事项的具体分类及举例如表 3-2 所示。

表 3-2 涉及收入与费用会计事项对会计等式影响的类别及举例

两大类会计事项	四小类会计事项	会计事项举例
涉及收入项目	(1) 收入项目与资产项目金额同增	销售商品取得银行存款
	(2) 收入项目金额增，负债项目金额减	销售商品转销预收账款
涉及费用项目	(3) 费用项目金额增，资产项目金额减	以银行存款支付物业费
	(4) 费用项目与负债项目金额同增	计提借款利息

第二部分 练 习 题

一、名词解释

1. 会计要素
2. 资产
3. 负债
4. 收入
5. 费用
6. 历史成本
7. 重置成本
8. 可变现净值
9. 现值
10. 公允价值

二、单项选择题

1. 下列各项中，关于企业会计对象的正确表述是（　　）。

A. 会计对象是企业的会计职能

B. 会计对象是企业的会计目标

C. 会计对象是企业的经济活动及其资金运动

D. 会计对象是企业所要反映的财务状况和经营成果

2. 企业的资金运动既包括资金进入企业，又包括资金退出企业。下列各项中，属于资金进入企业的是（　　）。

A. 向股东分配现金股利　　B. 按规定缴纳税费及附加

C. 从投资人取得其货币资金投资　　D. 以工资转存形式发放职工薪酬

3. 对会计对象的具体划分称为（　　）。

A. 会计科目　　B. 会计原则　　C. 会计要素　　D. 会计方法

4. 下列各项中，属于反映企业财务状况的会计要素的是（　　）。

A. 收入　B. 所有者权益　C. 费用　D. 利润

5. 下列各项中，不属于资产特征的是(　　)。

A. 资产是企业控制或拥有的资源　B. 资产预期会给企业带来经济利益

C. 资产的成本能够可靠地计量　D. 资产是由过去的交易或事项形成的

6. 下列各项中，符合资产会计要素定义的是(　　)。

A. 委托代销商品　B. 筹建期间发生的开办费

C. 约定 3 个月后购入的专利　D. 盘亏的存货

7. 下列各项中，属于企业流动资产的是(　　)。

A. 长期股权投资　B. 固定资产

C. 预付账款　D. 无形资产

8. 下列各项中，属于流动负债的是(　　)。

A. 应付债券(1 年以上到期)　B. 预收账款

C. 应收及预付款　D. 存货

9. 企业所拥有的资产从财产权利归属来看，一部分属于投资者，另一部分属于(　　)。

A. 企业职工　B. 债权人　C. 债务人　D. 企业法人

10. 所有者权益从数量上看，是(　　)。

A. 流动资产减去流动负债的余额　B. 长期资产减去长期负债的余额

C. 全部资产减去流动负债的余额　D. 全部资产减去全部负债的余额

11. 下列各项中，关于一家企业的资产总额与权益总额说法正确的是(　　)。

A. 必然相等　B. 有时相等

C. 不会相等　D. 只有在期末时相等

12. 下列各项中，关于收入的说法错误的是(　　)。

A. 是指企业在日常活动中形成的

B. 确认收入会导致负债增加

C. 是与所有者投入资本无关的经济利益的总流入

D. 会导致所有者权益的增加

13. 下列各项中，关于费用的表述错误的是(　　)。

A. 是指企业在日常活动中发生的

B. 会导致所有者权益减少的

C. 与向所有者分配利润无关的经济利益的总流出

D. 与向所有者分配利润无关的经济利益的净流出

14. 下列各项中，不影响企业利润的是(　　)。

A. 销售商品确认的收入　B. 支付的业务招待费

C. 出售固定资产产生的收益　D. 接受所有者投资

15. 下列各项中，不属于收入的是(　　)。

A. 商品销售收入　B. 劳务收入　C. 代收款项　D. 租赁收入

16. 企业取得或生产制造某项财产物资时所实际支付的现金或者现金等价物属于(　　)。

A. 现值　　B. 重置成本　　C. 历史成本　　D. 可变现净值

17. 资产按照预计从其持续使用和最终处置中所产生的未来净现金流入量的折现金额计量,其采用的会计计量属性是(　　)。

A. 现值　　B. 可变现净值　　C. 历史成本　　D. 公允价值

18. 在历史成本计量下,下列表述错误的是(　　)。

A. 负债按预期需要偿还的现金或现金等价物的折现金额计量

B. 负债按承担现时义务的合同金额计量

C. 资产按购置时支付的现金或现金等价物的金额计量

D. 资产按购置时所付出的对价的公允价值计量

19. 下列各项中,属于静态会计等式的是(　　)。

A. 收入－费用＝利润

B. 资产＝负债＋所有者权益

C. 资产＝负债＋所有者权益＋利润

D. 资产＝负债＋所有者权益＋(收入－费用)

20. 甲公司赊购一台机器设备,不考虑增值税等相关税费。此项购买设备的业务对会计等式的影响是(　　)。

A. 资产一增一减　　B. 资产增加,负债增加

C. 资产减少,负债减少　　D. 负债一增一减

21. 甲公司接受投资者投入货币资金 100 万元。此项业务对会计等式的影响是(　　)。

A. 资产一增一减　　B. 所有者权益一增一减

C. 资产和所有者权益同时增加　　D. 资产和负债同时增加

22. 下列各项中,关于以银行存款偿还所欠货款业务对会计要素影响的表述正确的是(　　)。

A. 一项资产增加,另一项资产等额减少

B. 一项资产与一项负债等额增加

C. 一项负债增加,另一项负债等额减少

D. 一项资产与一项负债等额减少

23. 下列各项经济业务中,不会引起资产总额发生增减变动的是(　　)。

A. 赊购商品　　B. 以银行存款偿还前欠货款

C. 接受新投资者追加投资　　D. 将库存现金存入银行

24. 经济业务发生仅涉及资产这一会计要素时,只引起该要素中某些项目发生(　　)。

A. 同增变动　　B. 同减变动　　C. 一增一减变动　　D. 不变动

25. 某项经济业务的发生引起资产减少,则可能同时引起(　　)。

A. 负债增加　　B. 所有者权益增加

C. 收入增加　　D. 费用增加

26. 下列各项中,能够引起会计等式左右两边同时增加的经济业务是(　　)。

A. 以银行存款偿还银行借款　　B. 收回应收账款存入银行

C. 购进材料一批货款未付　　D. 将资本公积转增资本

27. 甲公司资产总额为600万元，如果发生以下经济业务：

(1)收到外单位投资40万元存入银行。(2)以银行存款支付购入材料款12万元。(3)以银行存款偿还银行借款10万元。这时甲公司资产总额为(　　)万元。

A. 636　　B. 628　　C. 648　　D. 630

28. 甲公司12月初的资产总额为200万元，负债总额为80万元。12月份销售商品取得收入50万元，发生费用30万元。假定不考虑其他因素，甲公司12月31日的所有者权益总额为(　　)万元。

A. 120　　B. 140　　C. 170　　D. 100

29. 甲公司12月1日资产总额为500万元，负债总额为200万元，12月份，甲公司赊购原材料20万元，用银行存款支付前欠账款10万元。12月31日该公司的资产总额为(　　)万元。

A. 310　　B. 320　　C. 510　　D. 520

30. 甲公司月初资产总额为60万元，所有者权益总额为40万元，本月从银行借款5万元，以银行存款购买原材料2万元。不考虑其他因素，则上述业务发生后该公司月末负债总额为(　　)万元。

A. 5　　B. 25　　C. 2　　D. 23

三、多项选择题

1. 关于资产的特征，下列项目表述中正确的有(　　)。

A. 资产应为企业拥有或者控制的资源

B. 资产预期会给企业带来经济利益

C. 资产是由企业过去的交易或者事项形成的

D. 与该资源有关的经济利益很可能流入企业

2. 关于负债的特征，下列项目表述中正确的有(　　)。

A. 负债是企业承担的潜在义务

B. 负债预期会导致经济利益流出企业

C. 负债是由企业过去的交易或者事项形成的

D. 负债是企业承担的现时义务

3. 下列项目中，属于所有者权益的有(　　)。

A. 所有者投入的资本　　B. 其他综合收益

C. 盈余公积　　D. 未分配利润

4. 企业的费用具体表现为一定期间(　　)。

A. 现金的流出　　B. 企业其他资产的减少

C. 企业负债的减少　　D. 银行存款的流出

5. 下列项目中，不属于企业资产的有(　　)。

A. 约定未来购入的资产　　B. 盘亏的固定资产

C. 临时租入的半年租期的仓库　　D. 生产成本

6. 下列各项中，不考虑其他因素，符合收入定义的有(　　)。

A. 提供服务收入　　B. 销售商品取得的收入
C. 销售材料取得的收入　　D. 出售固定资产取得的净收益

7. 下列各项中，不考虑其他因素，符合会计要素收入定义的有(　　)。
A. 工业企业销售原材料　　B. 4S店销售小汽车
C. 商贸企业销售商品　　D. 无法查明原因的现金溢余

8. 关于会计要素的计量属性，下列项目表述中正确的有(　　)。
A. 历史成本是指取得或制造某项财产物资时所实际支付的现金或者现金等价物
B. 重置成本是指按照当前市场条件，重新取得同样一项资产所需支付的现金或现金等价物金额
C. 可变现净值是指在生产经营过程中，以预计售价减去进一步加工成本和销售所必需的预计税金、费用后的净值
D. 公允价值是指市场参与者在计量日发生的有序交易中，出售一项资产所能收到或者转移一项负债所需支付的价格

9. 下列经济业务中，不会引起资产和负债同时增加的有(　　)。
A. 赊购原材料　　B. 以银行存款对外投资
C. 以银行存款清偿所欠货款　　D. 取得银行借款并存入银行

10. 下列经济业务中，使“资产＝负债＋所有者权益”会计等式左右双方同时发生变动的有(　　)。
A. 从银行取得短期借款　　B. 从银行提取现金
C. 接受投资者投入固定资产　　D. 用银行存款归还短期借款

11. 某项经济业务的发生没有影响所有者权益，则可能导致(　　)。
A. 资产和负债同时增加　　B. 资产和负债同时减少
C. 资产内部一增一减　　D. 负债内部一增一减

12. 企业以银行存款5 000万元偿还前欠货款，此业务会导致(　　)。
A. 企业资产减少5 000万元　　B. 企业负债减少5 000万元
C. 企业所有者权益减少5 000万元　　D. 企业利润减少5 000万元

13. 企业采购一批原材料5 000元，用银行存款支付2 000元，其余3 000元尚未支付，此业务会导致(　　)。
A. 企业资产减少2 000元　　B. 企业资产增加3 000元
C. 企业负债增加3 000元　　D. 企业所有者权益增加3 000元

14. 下列各项中，关于会计等式的说法正确的有(　　)。
A. 会计等式，又称会计恒等式、会计方程式或会计平衡公式
B. “资产＝负债＋所有者权益”是编制资产负债表的依据
C. “收入－费用＝利润”是编制利润表的依据
D. 会计等式是表明会计要素之间基本关系的等式

15. 下列各项中，引起企业资产和负债要素同时发生增减变动的经济业务有(　　)。
A. 收到股东投资款　　B. 以盈余公积转增股本
C. 从银行借入短期借款　　D. 以银行存款归还前欠货款

四、判断题

1. 资产、负债和所有者权益要素侧重于反映企业的财务状况，收入、费用和利润要素侧重于反映企业的经营成果。（ ）

2. 资产是指企业过去及未来的交易或者事项形成的，由企业拥有或者控制的，预期会给企业带来经济利益的资源。（ ）

3. 负债是指企业过去的交易或者事项形成的，预期会导致经济利益流出企业的潜在义务。（ ）

4. 其他综合收益是指企业根据会计准则规定未在当期损益中确认的各项利得和损失。（ ）

5. 所有者权益的确认和计量主要依赖于资产和负债的确认和计量。（ ）

6. 收入是指企业在日常活动中形成的，会导致所有者权益增加的、与所有者投入资本无关的经济利益的净流入。（ ）

7. 利润包括收入减去费用后的净额、直接计入当期利润的利得和损失等。（ ）

8. 费用是指由企业非日常活动所发生的、会导致所有者权益减少的、与向所有者分配利润无关的经济利益的总流出。（ ）

9. 采用重置成本计量时，资产按照现在购买相同或者相似资产所需支付的现金或者现金等价物的金额计量。（ ）

10. 公允价值是指市场参与者在计量日发生的有序交易中，出售一项资产所能收到或者转移一项负债所需支付的价格。（ ）

11. “收入－费用＝利润”这一会计等式，是复式记账法的理论基础，也是编制资产负债表的依据。（ ）

12. 每一项经济业务的发生，都必然会引起会计等式的一边或两边有关项目相互联系地发生等额变化，即当涉及会计等式的一边时，有关项目的金额发生相反方向的等额变动；当涉及会计等式的两边时，有关项目的金额发生相同方向的等额变动，但始终不会影响会计等式的平衡关系。（ ）

13. 公允价值是指市场参与者在计量日发生的有序交易中，出售一项资产所能收到或者转移一项负债所需支付的价格。（ ）

14. 发生资金退出的经济业务，会使资产和权益同时减少。（ ）

15. 不管是什么企业发生任何经济业务，会计等式的左右两方金额永不变，故永相等。（ ）

五、业务计算题

习题一

（一）目的

掌握会计要素的划分并熟悉经济业务对会计等式的影响。

（二）资料

烟台兴茂机械制造有限公司 2020 年 10 月 31 日的资产、负债和所有者权益分别为 280 000 元、50 000 元和 230 000 元。该公司 2020 年 11 月份发生如下经济业务：

（1）投资者追加投资 20 000 元，存入银行。

（2）用银行存款偿还应付账款 23 000 元。

（3）某一债权人免除烟台兴茂机械制造有限公司所欠债务 100 000 元。

（4）收到顾客所欠货款 45 200 元，存入银行。

（5）购买原材料，价款共计 21 300 元，尚未支付。

（6）烟台兴茂机械制造有限公司经批准向银行取得为期 6 个月的借款 80 000 元，并直接支付给投资者，以减少其投资额。

（7）购买设备，价值 7 600 元，以银行存款支付 5 000 元，余款尚欠。

（8）股东会决议用资本公积转增资本 50 000。

（9）股东会决议分配现金股利 40 000 元，已宣告但尚未发放。

（10）实际支付股利 40 000 元。

（三）要求

根据上述经济业务，分别确定每项经济业务对资产和权益的影响，并将影响的要素类别和金额填在表 3-3 中。

表 3-3　　经济业务对资产和权益的影响　　单位：元

业务	资产			负债			所有者权益		
	类别	增加	减少	类别	增加	减少	类别	增加	减少
（1）									
（2）									
（3）									
（4）									
（5）									
（6）									
（7）									
（8）									
（9）									
（10）									

习题二

（一）目的

掌握会计要素的划分并熟悉经济业务对会计等式的影响。

（二）资料

烟台兴茂机械制造有限公司 2020 年 10 月 31 日的资产、负债和所有者权益与习题一相同。该公司 2020 年 11 月份发生如下经济业务：

（1）销售商品取得现金收入 120 000 元。

（2）违反有关环保条件，被环保部门罚款 20 000 元，以现金支付。

（3）本月管理部门人员工资 25 000 元，尚未支付给职工。

（4）因科技创新被政府奖励 20 000 元。

(5) 期末结转销售成本 90 000 元。

(三) 要求

1. 根据上述经济业务,分别将每项经济业务影响的要素和金额填写在表 3-4 中。

2. 计算烟台兴茂机械制造有限公司 11 月份实现的利润。

表 3-4 经济业务影响的会计要素和金额 单位:元

业务	资产		负债		收入		费用		利润	
	增加	减少	增加	减少	增加	减少	增加	减少	增加	减少
(1)										
(2)										
(3)										
(4)										
(5)										

习题三

(一) 目的

掌握会计事项的类型及其对会计等式的影响。

(二) 资料

假定鸿达公司 2021 年 3 月 1 日的资产和负债分别为 900 000 元和 150 000 元。公司 3 月份发生了如下几种情况的经济业务:

(1) 收入发生且资产增加,金额为 330 000 元。

(2) 收入发生且负债减少,金额为 270 000 元。

(3) 费用发生且负债增加,金额为 150 000 元。

(4) 费用发生且资产减少,金额为 410 000 元。

(三) 要求

1. 举例说明属于上述各种情况下经济业务的具体内容。

2. 计算鸿达公司 3 月末的所有者权益。

3. 计算鸿达公司 3 月份实现的利润。

习题四

(一) 目的

掌握会计事项对会计等式的影响。

(二) 资料

假设鸿达公司 2020 年 12 月 31 日的资产、负债及所有者权益的情况见表 3-5。

表 3-5 鸿达公司财务状况表 单位:元

资产	金额	负债及所有者权益	金额
库存现金	1 000	短期借款	10 000
银行存款	27 000	应付账款	32 000
应收账款	35 000	应交税费	9 000

（续表）

资产	金额	负债及所有者权益	金额
原材料	52 000	长期借款	B
长期股权投资	A	实收资本	240 000
固定资产	200 000	资本公积	23 000
合计	375 000	合计	C

（三）要求

1. 计算表中的A、B、C项。
2. 计算该企业的流动资产总额。
3. 计算该企业的流动负债总额。
4. 计算该企业的净资产总额。

第三部分　参考答案

一、名词解释

1. 会计要素是根据交易或者事项的经济特征对会计对象所作的基本分类，是会计对象的具体化。会计要素分为资产、负债、所有者权益、收入、费用和利润，其中，资产、负债和所有者权益要素侧重反映企业的财务状况，收入、费用和利润要素侧重反映企业的经营成果。

2. 资产是指企业过去的交易或者事项形成的，由企业拥有或者控制的，预期会给企业带来经济利益的资源。

3. 负债是指企业过去的交易或者事项形成的，预期会导致经济利益流出企业的现时义务。

4. 收入是指企业在日常活动中形成的、会导致所有者权益增加的、与所有者投入资本无关的经济利益的总流入。

5. 费用是指企业在日常活动中发生的、会导致所有者权益减少的、与向所有者分配利润无关的经济利益的总流出。

6. 历史成本又称实际成本，是指取得或制造某项财产物资时所实际支付的现金或者现金等价物。

7. 重置成本又称现行成本，是指按照当前市场条件，重新取得同样一项资产所需支付的现金或现金等价物金额。

8. 可变现净值是指在生产经营过程中，以预计售价减去进一步加工成本和销售所必需的预计税金、费用后的净值。

9. 现值是指对未来现金流量以恰当的折现率进行折现后的价值，是考虑货币时间价值因素等的一种计量属性。

10. 公允价值是指市场参与者在计量日发生的有序交易中，出售一项资产所能收到或者转移一项负债所需支付的价格。

二、单项选择题

1. C	2. C	3. C	4. B	5. C	6. A	7. C	8. B	9. B	10. D
11. A	12. B	13. D	14. D	15. C	16. C	17. A	18. A	19. B	20. B
21. C	22. D	23. D	24. C	25. D	26. C	27. D	28. B	29. C	30. B

重难点解析：

4. 资产、负债和所有者权益要素反映企业的财务状况，收入、费用和利润要素反映企业的经营成果。

5. 资产具有以下三方面特征：

(1) 资产应为企业拥有或者控制的资源。

(2) 资产预期会给企业带来经济利益。

(3) 资产是由企业过去的交易或者事项形成的。分别对应选项 ABD，选项 C 是资产的确认条件，不是资产的特征。

6. 资产是指企业过去的交易或事项形成的，由企业拥有或控制的，预期会给企业带来经济利益的资源。选项 BD，预期不会给企业带来经济利益；选项 C，不是由过去的交易或事项形成的。

7. 选项 ABD 都属于非流动资产。

8. 选项 A 是非流动负债，选项 CD 是流动资产。

10. 根据会计恒等式资产＝负债＋所有者权益可得，所有者权益＝资产－负债。

11. 资产表明企业拥有什么经济资源和拥有多少经济资源，权益表明经济资源的来源渠道。可见，资产与权益是同一事物的两个不同方面，两者相互依存，既没有无资产的权益，也没有无权益的资产。因此，资产和权益两者在数量上必然相等，在任一时点都必然保持恒等的关系，用公式表示即为：资产＝权益。权益又分为所有者权益和债权人权益。

12. 选项 B，若确认收入影响负债，则会使负债减少。

13. 费用是指企业在日常活动中发生的、会导致所有者权益减少的、与向所有者分配利润无关的经济利益的总流出，选项 D 表达为“净流出”错误。

14. 利润包括收入减去费用后的净额、直接计入当期利润的利得和损失等，与接受所有者投资无关，选项 D 不影响企业利润。

15. 代他人收的款项不属于企业的收入。

16. 历史成本又称实际成本，是指取得或制造某项财产物资时所实际支付的现金或者现金等价物。

17. 采用现值计量时，资产按照预计从其持续使用和最终处置中所产生的未来净现金流入量的折现金额计量。

18. 采用历史成本计量时，资产按照其购置时支付的现金或现金等价物的金额，或者按照购置时所付出对价的公允价值计量，选项 CD 正确；负债按照其因承担现时义务而实际收到的款项或者资产的金额，或者承担现时义务的合同金额，选项 B 正确；或者按照日常活动中为偿还负债预期需要支付的现金或者现金等价物的金额计量，不需要折现，选项 A 错误。

19. 选项 A 是动态会计等式，选项 CD 是综合会计等式。

20. 甲公司固定资产增加、应付账款增加，属于资产和负债同时增加，选项 B 正确。

21. 该项业务使银行存款和实收资本同时增加，属于资产和所有者权益同时增加，选项 C 正确。

22. 以银行存款偿还所欠货款，银行存款减少，应付账款减少属于资产和负债同时减少，选项 D 正确。

23. 选项 A，资产增加，负债增加；选项 B，资产减少，负债减少；选项 C，资产增加，所有者权益增加；选项 D，资产内部一增一减，资产总额不变。

24. 资产、负债、所有者权益的总额都不变，业务只涉及资产，那么只能是资产内部一增一减。

25. 根据静态会计等式：资产＝负债＋所有者权益，资产减少，可能同时引起负债减少后所有者权益减少，选项 AB 错误；根据综合会计等式：资产＝负债＋所有者权益＋收入－费用，资产减少，可能同时引起收入减少或者费用的增加，选项 C 错误，选项 D 正确。

26. 选项 A 使得等式两边同时减少，选项 B 是资产内部一增一减，选项 D 是所有者权益内部一增一减，均不影响等式两边的金额。

27. 业务(1)使得企业资产(银行存款)增加 40 万元；业务(2)是资产内部一增一减，不会影响资产总额；业务(3)使得资产(银行存款)减少 10 万元，固甲公司资产总额为 600＋40－10＝630 万元。

28. 收入会导致所有者权益增加，费用会导致所有者权益减少。根据会计等式“资产＝负债＋所有者权益”，甲公司 12 月 31 日的所有者权益总额＝(200－80)＋50－30＝140(万元)。

29. 赊购原材料 20 万元使资产增加 20 万元，用银行存款支付前欠账款 10 万元使资产减少 10 万元。12 月 31 日该公司的资产总额＝500＋20－10＝510(万元)。

30. 月初负债＝60－40＝20(万元)；从银行借款 5 万元，负债增加 5 万元；以银行存款购买原材料 2 万元，属于资产内部增减变动，不影响负债。该公司月末负债总额＝20＋5＝25(万元)，选项 B 正确。

三、多项选择题

1. ABC	2. BCD	3. ABCD	4. ABD	5. ABC
6. ABC	7. ABC	8. ABCD	9. BC	10. ACD
11. ABCD	12. AB	13. BC	14. ABCD	15. CD

重难点解析：

1. 选项 D 属于资产的确认条件，而不是特征。

2. 负债是企业承担的现时义务，不是潜在义务，选项 A 错误。

3. 所有者权益的来源包括所有者投入的资本(选项 A)、其他综合收益(选项 B)、留存收益等，通常由股本(或实收资本)、资本公积(含股本溢价或资本溢价、其他资本公积)、其他综合收益、盈余公积(选项 C)和未分配利润(选项 D)等构成。

4. 费用可以表现为一定时期内资产项目的减少或者负债项目的增加，选项 C 错误。

5. 资产是指企业过去的交易或者事项形成的，由企业拥有或者控制的，预期会给企业带来经济利益的资源。选项A，不是由企业过去的交易或事项形成；选项B，预期不会给企业带来经济利益；选项C，不是企业拥有或控制的资源。以上均不属于企业的资产。选项D，核算的是企业的在产品，属于资产。

6. 选项D不是企业日常活动中形成的，不是收入。

7. 选项D属于"营业外收入"科目核算的范围，不属于企业日常经营行为，不符合收入要素的定义。

9. 选项A，原材料和应付账款同时增加，属于资产和负债同时增加；选项B，资产内部的一增一减；选项C，资产和负债的同时减少；选项D取得借款使负债增加，将取得的款项存入银行使资产增加，属于资产和负债同时增加。

10. 选项A，资产和负债同时增加；选项B，资产内部一增一减；选项C，资产和所有者权益同时增加；选项D，资产和负债同时减少。选项ABCD都不会影响所有者权益。

11. 要满足"资产＝负债＋所有者权益"这一会计等式中所有者权益保持不变，必须是资产或负债内部一增一减，或二者同时增减。

12. 此项业务使银行存款和应付账款同时减少5 000万元，没有影响所有者权益和利润。

13. 此项业务使原材料增加5 000元，银行存款减少2 000元，应付账款增加3 000元，即资产增加3 000元，负债增加3 000元。

15. 选项A，收到股东投资款属于资产和所有者权益同时增加；选项B，以盈余公积转增股本属于所有者权益内部的一增一减；选项C，从银行借入短期借款，资产增加，负债增加；选项D，以银行存款归还前欠货款，资产减少，负债减少。

四、判断题

1. √	2. ×	3. ×	4. √	5. √	6. ×	7. √	8. ×	9. √	10. √
11. ×	12. √	13. √	14. √	15. ×					

重难点解析：

2. 资产是指企业过去的交易或者事项形成的，由企业拥有或者控制的，预期会给企业带来经济利益的资源。题中说过去及未来，错误。

3. 负债是指企业过去的交易或者事项形成的，预期会导致经济利益流出企业的现时义务。题中说潜在义务，错误。

6. 收入是经济利益的总流入。

8. 费用是指企业在日常活动中发生的、会导致所有者权益减少的、与向所有者分配利润无关的经济利益的总流出。题中说非日常活动，所以是错误的。

11. "资产＝负债＋所有者权益"这一会计等式，是复式记账法的理论基础，也是编制资产负债表的依据。

15. 不管是什么企业发生任何经济业务，会计等式左右两方永远相等，但是金额可能会发生变化，例如左右两边同增或者同减。题中说金额永不变，是错误的。

五、业务计算题

习题一解答

根据上述经济业务，分别确定每项经济业务对资产和权益的影响，并填列影响的要素类别和金额，如表 3-6 所示。

表 3-6　　经济业务对资产和权益的影响　　单位：元

业务	资产			负债			所有者权益		
	类别	增加	减少	类别	增加	减少	类别	增加	减少
(1)	银行存款	20 000					实收资本	20 000	
(2)	银行存款		23 000	应付账款		23 000			
(3)				应付账款		100 000	资本公积	100 000	
(4)	应收账款 银行存款	 45 200	45 200 						
(5)	原材料	21 300		应付账款	21 300				
(6)				短期借款	80 000		实收资本		80 000
(7)	固定资产 银行存款	7 600 	 5 000	应付账款	2 600				
(8)							实收资本 资本公积	50 000 	 50 000
(9)				应付股利	40 000		利润分配		40 000
(10)	银行存款		40 000	应付股利		40 000			

习题二解答

1. 根据上述经济业务，填列每项经济业务影响的要素和金额，如表 3-7 所示。

表 3-7　　经济业务影响的会计要素和金额　　单位：元

业务	资产		负债		收入		费用		利润	
	增加	减少	增加	减少	增加	减少	增加	减少	增加	减少
(1)	120 000				120 000					
(2)		20 000								20 000
(3)			25 000				25 000			
(4)	20 000								20 000	
(5)		90 000					90 000			

2. 烟台兴茂机械制造有限公司 11 月份实现利润为 5 000 元，计算公式为：

$$120\ 000-20\ 000-25\ 000+20\ 000-90\ 000=5\ 000(\text{元})$$

习题三解答

1. 属于上述各种情况下经济业务的具体内容如下：

(1) 鸿达公司 3 月 11 日以售价 330 000 元销售库存商品一批，全部货款均已收存银行。

(2) 鸿达公司3月18日以售价270 000元销售库存商品一批,全部货款已于上月收存银行。

(3) 鸿达公司3月31日计提短期借款利息150 000元。

(4) 鸿达公司3月31日结转本月已销商品的成本410 000元。

2. 鸿达公司3月末的所有者权益=(900 000－150 000)+330 000+270 000－150 000－410 000=790 000(元)。

3. 鸿达公司3月份实现的利润=330 000+270 000－150 000－410 000=40 000(元)。

习题四解答

1. 计算表中的A、B、C项,如表3-8所示。

表3-8　鸿达公司财务状况表　单位:元

资产	金额	负债及所有者权益	金额
库存现金		短期借款	
银行存款		应付账款	
应收账款		应交税费	
原材料		长期借款	61 000
长期股权投资	60 000	实收资本	
固定资产		资本公积	
合计		合计	375 000

A=375 000－1 000－27 000－35 000－52000－200 000=60 000(元)

C=资产合计=375 000(元)

B=375 000－10 000－32 000－9 000－240 000－23 000=61 000(元)

2. 该企业的流动资产总额=1 000+27 000+35 000+52 000=115 000(元)。

3. 该企业的流动负债总额=10 000+32 000+9 000=51 000(元)。

4. 该企业的净资产总额=240 000+23 000=263 000(元)。

第四章 复 式 记 账

第一部分 内 容 概 要

一、会计科目

(一) 会计科目的概念

会计科目简称科目,是对会计要素具体内容进行分类核算的项目,是进行会计核算和提供会计信息的基础。会计科目是设置账户的依据,也是会计报表项目的主要构成内容,设置会计科目,并在此基础上设置账户是会计的一种专门方法。

(二) 会计科目的设置原则

(1) 符合会计主体经济活动及资金运动的特点。

(2) 符合经济发展同时保持相对稳定性。

(3) 符合会计指标体系统一性同时保持灵活性。

(4) 符合简明适用、称谓规范要求。

(三) 会计科目的种类

1. 按反映的经济内容分类

(1) 资产类科目。资产类科目是对资产要素的具体内容进行分类核算的项目,反映企业拥有或控制的全部资产的状况。

(2) 负债类科目。负债类科目是对负债要素的具体内容进行分类核算的项目,反映企业承担并应偿还的全部负债的状况。

(3) 共同类科目。

(4) 所有者权益类科目。所有者权益类科目是对所有者权益要素的具体内容进行分类核算的项目。

(5) 成本类科目。成本类科目是对可归属于产品生产成本、劳务成本等的具体内容进行分类核算的项目。

(6) 损益类科目。损益类科目是对收入、费用等要素的具体内容进行分类核算的项目。

2. 按提供信息的详细程度及其隶属关系分类

(1) 总分类科目。总分类科目又称总账科目或一级科目,是对会计要素的具体内容进行总括分类,提供总括信息的会计科目。

(2) 明细分类科目。明细分类科目又称明细科目,是对总分类科目做进一步分类,提供更为详细和具体会计信息的科目。

(四) 会计科目的编码

会计科目的编号根据会计科目的分类和排序确定,一般由 4 位数字构成。第一位数字,1、2、3、4、5、6 分别代表科目所属的大类,即资产类、负债类、共同类、所有者权益类、成本类和损益类；第二位数字，表示科目的小类；第三、第四位数字表示各小类中科目的顺序号。

二、会计账户

（一）会计账户的概念

会计账户是根据会计科目设置的，具有一定结构和格式，用以连续、系统、全面的记录交易或事项，反映会计要素增减变动及其结果，并为财务报告的编制提供数据资料的一种工具。账户是会计信息的“储存器”，设置账户是会计核算的一种专门方法。

会计科目是会计账户的名称，会计科目与会计账户既有联系又有区别。两者的联系在于，会计科目与会计账户都是对会计对象具体内容的科学分类，两者反映的经济内容相同、性质相同，科目是账户的名称，账户是根据会计科目开设的。两者的区别在于，会计科目没有结构，而账户具有一定的结构，通过账户的结构能够反映特定经济内容的增减变动及其结果；会计科目可以脱离账簿而存在，但账户则是根据事先确定的会计科目，在账簿中开设具有一定结构、格式的账页。

（二）会计账户的基本结构

会计账户的结构就是指账户的格式。

1. 常用账户结构

在实际工作中，账户格式多种多样，但是各类账户基本结构变化不大，一般包括以下内容：

（1）会计账户的名称，即登记开设账户所使用的会计科目。

（2）日期和凭证号数，即账户记录经济业务的日期及凭证来源。

（3）摘要，即经济业务内容的概括文字记录。

（4）金额，即经济业务引起的资金变动，包括增加额、减少额和余额。

2. T形账户式结构

为便于理解，方便教学，常用账户结构可以简化为左、右两边。由于这种账户与英文字母“T”非常相似，所以一般称为“T形账”，在我国也称之为“丁字账”。“T形账”虽然结构简单，却能够清晰地反映账户的期初余额、本期增加发生额、本期减少发生额以及期末余额。

（三）会计账户核算内容

一个会计账户的核算内容主要包括四个要素：期初余额、本期增加发生额、本期减少发生额和期末余额。

本期增加额和本期减少额是动态指标，反映经济业务在一定会计期间内，引起的会计要素的增减变动情况；各账户的期末余额是静态指标，反映各要素在一定时期内增减变动的结果。账户期末余额计算公式如下：

期末余额＝期初余额＋本期增加发生额－本期减少发生额

（四）账户的分类

（1）按照账户反映的经济内容，账户分类为资产类账户、负债类账户、共同类账户、所有者权益类账户、成本类账户、损益类账户六大类。损益类账户具体细分为收入类账户和费用类账户。

(2) 按照账户提供信息的详细程度及其隶属关系,账户分类为总分类账户和明细分类账户。

(3) 按照账户的用途和结构,账户分类为盘存类账户、资本类账户、结算类账户、调整类账户、集合分配类账户、成本计算类账户、跨期摊销类账户、汇转类账户、财务成果类账户、计价对比类账户和暂记类账户。

(五) 会计账户的平行登记

会计账户的开设由会计科目的设置所决定,会计科目分为总分类账科目、二级明细科目和三级明细科目,会计账户也相应地分为总分类账与明细分类账。总分类账户是所属明细分类账户的统驭账户,明细分类账户隶属于特定的总分类账户,对其对应的总分类账户起着补充说明的作用,二者结合起来就能全面地反映出同一经济业务的核算内容。因此,在会计核算中,每一笔经济业务,既要根据会计凭证在总分类账户中进行登记,又要在其所属的有关明细分类账户进行登记,即进行平行登记。平行登记遵循原则如下:

(1) 登记依据相同。

(2) 登记期间相同。

(3) 登记方向相同。

(4) 登记金额相同。

三、复式记账方法

(一) 记账方法概述

记账方法是根据客观发生的经济事项,按照一定的记账原理,运用一定的记账符号和记账规则,在账户中记录经济业务的方法。

(二) 复式记账法

1. 复式记账法的概念

复式记账法是指对发生的每一项经济业务,都要以相等的金额在两个或两个以上的相互联系的账户中,同时进行登记的记账方法。

2. 复式记账法的特点

(1) 对每一项经济业务,必须在两个或两个以上的相互联系的账户中进行等额记录。

(2) 对每一项经济业务,需要设置完整的账户体系,从而能够连续、系统地反映各项会计要素的增减变动及其结果。

(3) 以会计等式作为记账依据。会计等式是利用公式将会计要素之间的关系反映出来,它是客观存在的必然经济现象,也是资金运动规律的具体表现。

3. 复式记账法的理论依据

复式记账法以"资产=负债+所有者权益"的会计等式作为理论依据。

4. 复式记账法的种类

复式记账法按采用的记账符号和记账规则的不同,可分为收付记账法、增减记账法和借贷记账法。

(三) 借贷记账法

借贷记账法是以"借""贷"作为记账符号,记录和反映企业经济业务引起的会计要素增减变化及其结果的一种复式记账法，借贷记账法的基本内容包括记账符号、账户设置、记账规则和试算平衡四个方面。

1. 借贷记账法的记账符号

记账符号是会计核算中采用的一种抽象标记，表示经济业务的增减变动和记账方向。

2. 借贷记账法的账户结构

1）资产类和成本类的账户结构

在借贷记账法下，资产类账户的借方登记增加额，贷方登记减少额，由于资产的减少额一般不可能大于它的期初余额与本期增加额之和，所以这类账户，期末如有余额，一般在借方。其余额计算公式为：

资产类账户期末借方余额＝期初借方余额＋本期借方发生额－本期贷方发生额

2）负债类和所有者权益类的账户结构

在借贷记账法下，负债类、所有者权益类账户的借方登记减少额，贷方登记增加额，由于负债及所有者权益的增加额与期初余额之和通常也要大于其本期减少额，所以，期末余额一般在贷方，其余额计算公式为：

负债类和所有者权益类账户期末贷方余额＝期初贷方余额＋本期贷方发生额－本期借方发生额

3）损益类的账户结构

损益类账户主要包括收入类账户和费用类账户。

根据收入的定义可知，收入的发生必定会引起所有者权益的增加，因此收入类账户的结构与所有者权益类账户的结构基本相同，在借贷记账法下，收入类账户的借方登记减少额，贷方登记增加额，本期收入金额在期末转入“本年利润”账户用以计算当期损益，结转后无余额。

费用类账户的结构与收入类账户的结构正好相反，在借贷记账法下，费用类账户借方登记增加额，贷方登记减少额，本期费用金额在期末转入“本年利润”账户用于计算当期损益，结转后无余额。

（四）借贷记账法的记账规则

记账规则是指某种记账方法登记具体经济业务时应当遵循的规律，借贷记账法的记账规则是“有借必有贷，借贷必相等”。

（五）借贷记账法的会计分录编制

1. 会计分录的概念

会计分录简称分录，是指按照借贷记账法记账规则的要求，对经济业务列示应借应贷的账户名称和金额的一种记录方式，会计分录是登记账户的依据，会计分录的准确与否直接关系到账户记录的正确性乃至整个会计信息的质量。每项经济业务至少应当编制一笔会计分录，每笔会计分录均应当包括三项内容即账户名称（会计科目）、记账方向（借或贷）和发生金额。

2. 会计分录编制步骤

（1）分析经济业务涉及的会计要素。

（2）确定应登记的账户。

（3）分析账户增减变化。

（4）确定账户的记账方向。

(5) 确定登记金额。

(6) 按照会计分录的格式,写出完整的会计分录。

3. 会计分录的书写要求

(1) 分录中的借方内容写在上面,贷方内容写在下面,不可先贷后借。

(2) 分录中的贷方内容应至少缩进一个字符书写,不要与借方内容对齐写,更不能将贷方内容写在借方的前面。

(3) 分录中的金额应按借方、贷方分别排成两列,以便后续进行借方发生额、贷方发生额的汇总。

(4) 分录中的金额后面不必写单位,如“元”“万元”等。

4. 会计分录的种类

按照所涉及账户的多少,会计分录分为简单会计分录和复合会计分录。

5. 账户对应关系

账户对应关系是指采用借贷记账法对每笔交易或事项进行记录时,相关账户之间形成的应借应贷的相互关系,存在对应关系的账户称为对应账户。

(六) 借贷记账法的试算平衡

试算平衡就是根据借贷记账法的记账规则和会计等式,对全部账户的发生额和余额进行汇总计算和比较,检查借贷是否相等,检查记账、过账过程中是否存在差错,从而确定账户记录是否正确的一种方法。

1. 试算平衡的种类

借贷记账法下的试算平衡,通常可分为发生额试算平衡和余额试算平衡。

1) 发生额试算平衡

发生额试算平衡要求,全部账户本期借方发生额合计与全部账户本期贷方发生额合计保持平衡。

2) 余额试算平衡

余额试算平衡要求,全部账户借方期末(初)余额合计与全部账户贷方期末(初)余额合计保持平衡。

2. 试算平衡表的编制

实务工作中,试算平衡是通过编制试算平衡表进行的。试算平衡表通常是在期末结出各账户的本期发生额合计和期末余额后编制的。为方便起见,企业一般将发生额试算平衡表和余额试算平衡表的内容结合在一起,按期编制本期发生额及余额试算平衡表,试算平衡表中一般应设置“期初余额”“本期发生额”“期末余额”三大栏目,其下分设“借方”和“贷方”两个小栏。各大栏中的借方合计与贷方合计应该平衡相等,否则便存在记账错误。

第二部分 练 习 题

一、名词解释

1. 会计账户

2. 会计科目

3. 复式记账法
4. 借贷记账法
5. 会计分录
6. 试算平衡

二、单项选择题

1. 账户是根据(　　)开设的,用来连续、系统地记载各项经济业务的一种手段。
A. 会计凭证　　B. 会计对象　　C. 会计科目　　D. 财务指标
2. 在借贷记账法中,账户的哪一方记增加数,哪一方记减少数,是由(　　)决定的。
A. 记账规则　　B. 账户性质　　C. 业务性质　　D. 账户结构
3. 复式记账法的基本理论依据是(　　)的平衡原理。
A. 资产=负债+所有者权益
B. 收入-费用=利润
C. 期初余额+本期增加数-本期减少数=期末余额
D. 借方发生额=贷方发生额
4. 复式记账法是对每一笔交易或者事项,都以相等的金额在(　　)登记。
A. 一个账户　　B. 两个账户
C. 一个或两个账户　　D. 两个或两个以上账户
5. 下列账户中,与负债类账户结构相同的是(　　)类账户。
A. 资产　　B. 成本　　C. 费用　　D. 所有者权益
6. 简单会计分录是指(　　)的会计分录。
A. 一借多贷　　B. 一借一贷　　C. 一贷多借　　D. 多借多贷
7. 会计科目是对(　　)。
A. 会计对象分类所形成的项目　　B. 会计要素分类所形成的项目
C. 会计方法分类所形成的项目　　D. 会计账户分类所形成的项目
8. 下列账户中,用借方登记增加的账户是(　　)。
A. 应付账款　　B. 短期借款　　C. 银行存款　　D. 实收资本
9. 在借贷记账法下,资产类账户的期末余额一般在(　　)。
A. 借方　　B. 增加方　　C. 贷方　　D. 减少方
10. 在借贷记账法下,所有者权益账户的期末余额等于(　　)。
A. 期初贷方余额+本期贷方发生额-本期借方发生额
B. 期初借方余额+本期贷方发生额-本期借方发生额
C. 期初借方余额+本期借方发生额-本期贷方发生额
D. 期初贷方余额+本期借方发生额-本期贷方发生额
11. 借贷记账法试算平衡的依据是(　　)。
A. 资金运动变化规律　　B. 会计等式平衡原理
C. 会计账户基本结构　　D. 平行登记基本原理
12. 借贷记账法的余额试算平衡公式是(　　)。

A. 每个账户的借方发生额=每个账户的贷方发生额
B. 全部账户本期借方发生额合计=全部账户本期贷方发生额合计
C. 全部账户期末借方余额合计=全部账户期末贷方余额合计
D. 全部账户期末借方余额合计=部分账户期末贷方余额合计

13. 下列各项中,属于损益类科目的是(　　)。
A. 主营业务成本　B. 生产成本　C. 制造费用　D. 其他应收款

14. “预付账款”科目按其所反映的经济内容,属于(　　)科目。
A. 资产类　B. 负债类　C. 所有者权益类　D. 成本类

15. 下列各项中,不属于资产类科目的是(　　)。
A. 应收账款　B. 累计折旧　C. 预收账款　D. 预付账款

16. 下列各项中,与“制造费用”科目属于同一类科目的是(　　)。
A. 固定资产　B. 其他业务成本
C. 生产成本　D. 主营业务成本

17. 二级会计科目要不要设,设置多少,主要取决于(　　)。
A. 总分类科目的需要　B. 企业效益的需要
C. 企业经营管理的需要　D. 领导意图的需要

18. 损益类账户的期末余额一般(　　)。
A. 在借方　B. 在贷方　C. 无法确定方向　D. 为零

19. 某账户的期初余额为900元,期末余额为5 000元,本期减少发生额为600元,则本期增加发生额为(　　)元。
A. 3 500　B. 300　C. 5 300　D. 4 700

20. 下列账户中,年末一般无余额的是(　　)。
A. 库存商品　B. 生产成本　C. 本年利润　D. 利润分配

21. 各账户之间最本质的差别在于(　　)。
A. 反映的经济内容不同　B. 结构不同
C. 记账符号不同　D. 经济用途不同

22. 一项经济业务发生,不可能引起(　　)。
A. 资产、所有者权益同时增加
B. 资产、负债同时增加
C. 负债、所有者权益同时减少
D. 一项负债增加,一项所有者权益减少

23. 收回应收账款10 000元存入银行,这一业务引起的会计要素变动是(　　)。
A. 资产总额不变　B. 资产增加,负债增加
C. 资产增加,负债减少　D. 资产减少,负债增加

24. 用银行存款归还银行借款的业务,表现为(　　)。
A. 一项资产增加,另一项资产减少　B. 负债减少,同时资产减少
C. 负债增加,同时资产增加　D. 一项负债增加,另一项负债减少

25. 下列各项中,不会引起会计等式两边发生增减变动的是(　　)。

A. 购进材料未付款　　B. 向银行借款存入银行
C. 从银行提取现金　　D. 以存款支付应付账款

三、多项选择题

1. 下列账户中，与资产类账户结构相反的有(　　)类账户。
A. 负债　　B. 费用　　C. 收入　　D. 所有者权益
2. 按借贷记账法的要求，下列会计事项中，登记在贷方的有(　　)。
A. 资产增加　　B. 负债增加
C. 收入增加　　D. 所有者权益增加
3. 在账户的借方登记增加数的有(　　)。
A. 资产　　B. 负债　　C. 费用　　D. 成本
4. 下列账户中，属于损益类账户的有(　　)。
A. 所得税费用　　B. 投资收益　　C. 制造费用　　D. 其他业务收入
5. 下列账户中，属于所有者权益类账户的有(　　)账户。
A. 长期股权投资　　B. 实收资本
C. 资本公积　　D. 利润分配
6. 企业在购买材料物资交易中所形成的债务，一般应通过(　　)账户进行核算。
A. 应付账款　　B. 预付账款　　C. 应付票据　　D. 其他应收款
7. 下列经济业务中，不影响资产总额的有(　　)。
A. 用银行存款购入原材料　　B. 向供货单位赊购商品
C. 从银行提取现金　　D. 用现金支付业务部门备用金
8. 账户中用哪一方登记增加额，哪一方登记减少额，取决于(　　)。
A. 所记录的经济内容　　B. 记账人的偏好
C. 公司类型　　D. 所采用的记账方法
9. 明细分类科目(　　)。
A. 也称一级会计科目
B. 是进行明细分类核算的依据
C. 提供更加详细具体的指标
D. 是对总分类科目核算内容详细分类的科目
10. 借贷记账法的记账符号“贷”对于下列会计账户表示增加的有(　　)。
A. 利润　　B. 负债　　C. 所有者权益　　D. 收入
11. 下列账户中，用贷方登记增加数的账户有(　　)。
A. 应付账款　　B. 实收资本　　C. 累计折旧　　D. 本年利润
12. 下列账户中，在会计期末一般没有余额的账户有(　　)。
A. 资产类账户　　B. 所有者权益类账户
C. 收入类账户　　D. 费用类账户
13. 借贷记账法的试算平衡包括(　　)。
A. 发生额平衡　　B. 期初余额平衡

C. 期末余额平衡　　D. 资产＝负债＋所有者权益

14. 下列各项中，通过试算无法发现的错误有（　　）。

A. 漏记或重记某项经济业务　　B. 方向正确但一方金额少写

C. 借贷记账方向彼此颠倒　　D. 记账方向正确但记错账户

15. 总分类账户与明细分类账户平行登记的要点有（　　）。

A. 登记的依据相同　　B. 登记的时间相同

C. 登记的方向相同　　D. 登记的金额相同

四、判断题

1. 借贷记账法的试算平衡公式分为发生额平衡公式和差额平衡公式两种。（　　）
2. 在借贷记账法下，费用类账户期末一般无余额。（　　）
3. 账户对应关系是指两个账户之间的应借、应贷关系。（　　）
4. 按现行规定，企业的会计记录必须采用借贷记账法。（　　）
5. 单式记账法是只记一个账户，复式记账法是同时登记两个账户。（　　）
6. 总分类账户期末余额应与所属明细分类账户期末余额合计数相等。（　　）
7. 设置会计科目应遵循统一性和灵活性相结合的原则。（　　）
8. 会计科目只有总分类科目一个级次。（　　）
9. 借贷记账法的记账符号表示经济业务的增减变动，也表示记账方向。（　　）
10. 双重性质账户一般是指既能反映资产又能反映负债的账户。（　　）
11. 企业购入材料而货款未付，其资产与负债会同时减少。（　　）
12. 会计分录包括业务涉及的账户名称、记账方向和金额三方面内容。（　　）
13. 设置会计科目必须与会计制度完全一致。（　　）
14. 管理费用和制造费用一样，都属于成本类科目。（　　）
15. 总分类科目与其所属的明细分类科目的核算内容相同，不同的是前者提供的信息比后者更加详细。（　　）
16. 会计科目不能记录经济业务的增减变化及其结果。（　　）
17. 只要试算平衡了，就可以保证记账工作准确无误。（　　）
18. 从数量金额上看，资产与负债及所有者权益始终保持平衡关系。因此，任何经济业务的发生均不会改变资产总额或负债及所有者权益的总额。（　　）
19. 复式记账法不能全面、系统地反映经济业务的来龙去脉，也不利于检查账户记录的正确性、真实性。（　　）
20. 经济业务的发生可能导致资产要素不变、负债和所有者权益一增一减的情况。（　　）

五、业务计算题

习题一

（一）目的

练习会计科目的分类。

（二）资料

表 4-1　　　　会计科目及分类　　　　单位:元

会计科目	资产类	负债类	所有者权益类	成本类	损益类
银行存款					
实收资本					
材料采购					
原材料					
制造费用					
应付账款					
应收账款					
生产成本					
库存商品					
主营业务收入					
主营业务成本					
短期借款					
固定资产					
累计折旧					
库存现金					
财务费用					
长期待摊费用					
利润分配					
盈余公积					
信用减值损失					
销售费用					

（三）要求

表 4-1 中的会计科目属于哪一类就将其填入适当的栏内(用“√”表示)。

习题二

（一）目的

练习会计等式。

（二）资料

甲公司 2020 年 1 月末各项目资料如下：

1. 银行存款余额为 130 000 元。
2. 向银行借入的半年期的借款 200 000 元。
3. 出纳处存放的现金 4 500 元。
4. 仓库里存放的原材料 519 000 元。
5. 仓库里存放的产成品 194 000 元。
6. 正在加工中的产品 75 500 元。

7. 应付外单位货款 90 000 元。
8. 向银行借入 3 年期的借款 400 000 元。
9. 房屋及建筑物 2 157 000 元。
10. 所有者投入资本 5 000 000 元。
11. 机器设备 250 000 元。
12. 应收外单位货款 210 000 元。
13. 以前年度尚未分配的利润 850 000 元。
14. 对外单位长期投资 3 000 000 元。

（三）要求

1. 判断上列资料中各项目的类别（资产、负债、所有者权益）并将各项目金额一并填入表 4-2。

2. 计算表 4-2 资产总额、负债总额、所有者权益总额是否符合会计等式。

表 4-2　　甲公司各项目类别及金额　　单位：元

项目		金额		
		资产	负债	所有者权益
1	银行里的存款			
2	向银行借入半年期的借款			
3	出纳处存放的现金			
4	仓库里存放的原材料			
5	仓库里存放的产成品			
6	正在加工中的产品			
7	应付外单位货款			
8	向银行借入 2 年期的借款			
9	房屋及建筑物			
10	所有者投入资本			
11	机器设备			
12	应收外单位货款			
13	以前年度尚未分配的利润			
14	对外单位的长期投资			
合计				

习题三

（一）目的

练习资金变化类型。

（二）资料

乙公司 2020 年 2 月发生经济业务如下：

1. 用银行存款购买材料。
2. 用银行存款支付前欠 A 单位货款。
3. 用盈余公积金弥补职工福利费。
4. 向银行借入长期借款,存入银行。
5. 收到所有者投入的设备。
6. 向国外进口设备,款未付。
7. 用银行存款归还长期借款。
8. 企业以固定资产向外单位投资。
9. 用银行借款归还前欠 B 单位货款。
10. 经批准,公司用银行存款回购了股东甲的出资。
11. 经协商,企业的债权人乙将其对企业的债权转为投入资本。
12. 将盈余公积金转作资本。

(三) 要求

分析上列各项经济业务的类型,填写表 4-3。

表 4-3　　乙公司经济业务类型

类型	经济业务序号
1. 一项资产增加,另一项资产减少	
2. 一项负债增加,另一项负债减少	
3. 一项所有者权益增加,另一项所有者权益减少	
4. 一项资产增加,一项负债增加	
5. 一项资产增加,一项所有者权益增加	
6. 一项资产减少,一项负债减少	
7. 一项资产减少,一项所有者权益减少	
8. 一项负债减少,一项所有者权益增加	
9. 一项负债增加,一项所有者权益减少	

习题四

(一) 目的

计算账户中的有关数据。

(二) 资料

表 4-4

各账户期初、本期发生额、期末余额表　　单位:元

账户名称	期初余额	本期增加发生额	本期减少发生额	期末余额
银行存款	330 000	1 185 000	1 040 000	A
固定资产	2 100 000	B	455 000	1 870 000
短期借款	C	260 000	160 000	400 000
应付账款	134 000	200 000	D	214 000

（三）要求

根据表 4-4 账户中的有关数据计算 A、B、C、D 的数值。

习题五

（一）目的

练习会计等式。

（二）资料

1. 烟台兴茂机械制造有限公司 2020 年 12 月初的资产、负债和所有者权益情况如表 4-5 所示。

表 4-5　　烟台兴茂机械制造有限公司资产负债表(简表)　　单位:元

资 产	金 额	负债和所有者权益	金额
库存现金	1 500	负债:	
银行存款	11 000	短期借款	90 000
应收账款	18 000	应付账款	25 000
其他应收款	3 000	应付职工薪酬	15 000
在途物资	6 500		
生产成本	210 000	所有者权益:	
原材料	50 000	实收资本	500 000
库存商品	50 000	盈余公积	100 000
固定资产	400 000	未分配利润	20 000
合计	750 000	合计	750 000

2. 烟台兴茂机械制造有限公司 2020 年 12 月份发生下列各项经济业务:

（1）向重庆华宇机械有限公司购入原材料一批，计价 20 000 元，材料验收入库，货款未付。

（2）生产车间领用材料 45 000 元投入生产。

（3）向银行借入短期借款 50 000 元存入银行。

（4）以现金暂付职工李强差旅费 1 000 元。

（5）以银行存款偿还前欠重庆华宇机械有限公司材料款 20 000 元。

（6）收到烟台飞达机械设备有限公司投入资本 30 000 元存入银行。

（7）收回青岛山海机械有限公司前欠货款 12 000 元存入银行。

（8）从银行提取现金 1 000 元。

（9）以银行存款购入计算机一台，价值 10 000 元。

（10）以银行存款支付职工工资 5 000 元。

（三）要求

将资产、负债和所有者权益各项目的 12 月初金额和月内增减变化的金额填入表 4-6，同时计算出期末余额和合计数。

表 4-6　　烟台兴茂机械制造有限公司 12 月各账户增减变化　　单位：元

资 产	期初数	本月增加数	本月减少数	月末余额	负债和所有者权益	期初数	本月增加数	本月减少数	月末余额
库存现金					负债：				
银行存款					短期借款				
应收账款					应付账款				
其他应收款					应付职工薪酬				
在途物资									
生产成本					所有者权益：				
原材料					实收资本				
库存商品					盈余公积				
固定资产					未分配利润				
合 计					合 计				

习题六

（一）目的

综合练习会计科目、账户及资金变化类型。

（二）资料

A 商贸公司 2021 年 2 月份有关资料如下。

1. 期初各账户余额如表 4-7 所示。

表 4-7　　A 商贸企业 2021 年 2 月期初各账户余额　　单位：元

账户名称	金额	账户名称	金额
银行存款	140 000	实收资本	600 000
库存现金	5 000	短期借款	100 000
应收账款	75 000	应付账款	50 000
库存商品	270 000		
固定资产	260 000		

2. 2 月份内发生下列经济业务（假定不考虑相关税费）。

（1）销售商品 95 000 元，货款存入银行。

（2）从银行提取现金 30 000 元，准备发放销售部门职工工资。

（3）以现金发放销售部门职工工资 30 000 元，直接记入销售费用。

（4）购入商品 40 000 元，货款未付。

（5）销售商品 65 000 元，货款未收。

（6）以银行存款支付房屋修理费 5 000 元。

（7）购入商品 45 000 元，以银行存款支付。

（8）收到应收货款 65 000 元，存入银行。

（9）以银行存款支付房租 4 000 元，水电费 1 200 元。

（10）销售商品一批 25 000 元，货款存入银行。

(11) 以现金支付汽车修理费 1 500 元。

(12) 以银行存款偿还前欠货款 30 000 元。

(13) 销售商品一批 80 000 元,货款存入银行。

(14) 以银行存款归还银行借款 100 000 元。

(15) 本月销售商品成本 215 000 元(库存商品减少)。

(三) 要求

1. 根据上列各账户期初余额确定资产、负债和所有者权益数量关系。

2. 判断 2 月份内发生的每项经济业务的类型,将数字填入表 4-8 内相应项目。

表 4-8 **A 商贸公司 2 月份经济业务类型表** 单位:元

序号	业务类型	金额				
		资产	负债	所有者权益	收入	费用
1						
2						
3						
4						
5						
6						
7						
8						
9						
10						
11						
12						
13						
14						
15						

3. 计算 2 月利润额。

4. 根据要求 1—3 项得到的数据列出各账户期初余额,本月增加发生额、本月减少发生额,计算期末余额,并填入表 4-9 内相应栏目,确定资产、负债和所有者权益的数量关系。

表 4-9 **A 商贸公司 2 月份各账户增减变化** 单位:元

账户名额	期初余额	本月增加额	本月减少额	期末余额
资产类				
银行存款				

（续表）

账户名额	期初余额	本月增加额	本月减少额	期末余额
库存现金				
应收账款				
库存商品				
固定资产				
合　计				
负债和所有者权益类				
短期借款				
应付账款				
实收资本				
本年利润				
合　计				

习题七

（一）目的

练习借贷记账法。

（二）资料

1. 烟台兴茂机械制造有限公司 2020 年 7 月各资产、负债和所有者权益账户的期初余额如表 4-10 所示。

表 4-10　　烟台兴茂机械制造有限公司相关账户期初余额　　单位:元

资产类账户	金额	负债和所有者权益类账户	金额
库存现金	1 000	负债:	
银行存款	135 000	短期借款	60 000
应收账款	10 000	应付账款	8 000
生产成本	40 000	应交税费	2 000
原材料	120 000	负债合计	70 000
库存商品	24 000	所有者权益:	
固定资产	600 000	实收资本	860 000
		所有者权益合计	860 000
总计	930 000	总计	930 000

2. 7 月份该企业发生下列各项经济业务。

(1) 1 日,购进材料一批,计价 11 300 元(含增值税,税率为 13%),材料验收入库,货款以银行存款支付。

(2) 4 日,生产车间向仓库领用材料 40 000 元,全部投入生产。

(3) 5 日，从银行存款户领取现金 400 元。

(4) 9 日，以银行存款购入新汽车一辆，计价 100 000 元。

(5) 13 日，用银行存款偿还应付供货单位材料款 3 000 元。

(6) 17 日，生产车间向仓库领用材料 25 000 元。

(7) 18 日，收到购货单位前欠货款 3 000 元存入银行。

(8) 21 日，以银行存款 16 000 元归还短期借款 12 000 元，归还应付供货单位货款 4 000 元。

(9) 26 日，其他单位投入资本 20 000 元存入银行。

(10) 30 日，收到购货单位前欠货款 4 000 元，其中支票 3 600 元存入银行，另现金 400 元。

(三) 要求

1. 根据资料 2 的各项经济业务，用借贷记账法编制会计分录，完成表 4-11。

表 4-11　　　烟台兴茂机械制造有限公司 2020 年 7 月会计分录

序号	日期	摘要	会计分录
1			
2			
3			
4			
5			
6			
7			
8			
9			
10			

2. 开设各账户(T形账户)如表4-12所示,登记期初余额、本期发生额,结出期末余额。

表4-12　　　　烟台兴茂机械制造有限公司T形账户

借方	库存现金	贷方

借方	银行存款	贷方

借方	应收账款	贷方

借方	生产成本	贷方

借方	原材料	贷方

借方	库存商品	贷方

借方	固定资产	贷方

借方	短期借款	贷方

借方	应付账款	贷方

借方	应交税费	贷方

借方	实收资本	贷方

3. 编制烟台兴茂机械制造有限公司总分类账户本期发生额对照表，填写表 4-13。

表 4-13　　烟台兴茂机械制造有限公司总分类账户本期发生额对照表　　单位：元

会计科目	期初余额		本期发生额		期末余额	
	借方	贷方	借方	贷方	借方	贷方
库存现金						
银行存款						
应收账款						
生产成本						
原材料						
库存商品						
固定资产						
短期借款						
应付账款						
应交税费						
实收资本						
合　计						

第三部分　参考答案

一、名词解释

1. 会计账户是根据会计科目设置的，具有一定结构和格式，用以连续、系统、全面的记录交易或事项，反映会计要素增减变动及其结果，并为财务报告的编制提供数据资料的一种工具。账户是会计信息的“储存器”，设置账户是会计核算的一种专门方法。

2. 会计科目简称科目，是对会计要素具体内容进行分类核算的项目，是进行会计核算和提供会计信息的基础。会计科目是设置账户的依据，也是会计报表项目的主要构成内容，设置会计科目，并在此基础上设置账户是会计的一种专门方法。

3. 复式记账法是指对发生的每一项经济业务，都要以相等的金额在两个或两个以上的相互联系的账户中，同时进行登记的记账方法。

4. 借贷记账法是以“借”“贷”作为记账符号，记录和反映企业经济业务引起的会计要素增减变化及其结果的一种复式记账法，借贷记账法的基本内容包括记账符号、账户设置、记账规则和试算平衡四个方面。

5. 会计分录简称分录，是指按照借贷记账法记账规则的要求，对经济业务列示为应借应贷的账户名称和金额的一种记录方式，会计分录是登记账户的依据，会计分录的准确与否直接关系到账户记录的正确性乃至整个会计信息的质量。

6. 试算平衡就是根据借贷记账法的记账规则和会计等式，对全部账户的发生额和余额进行汇总计算和比较，检查借贷是否相等，检查记账、过账过程中是否存在差错，从而确定账户记录是否正确的一种方法。

二、单项选择题

1. C	2. B	3. A	4. D	5. D	6. B	7. B	8. C	9. A	10. A
11. B	12. C	13. A	14. A	15. C	16. C	17. C	18. D	19. D	20. C
21. A	22. C	23. A	24. B	25. C					

重难点解析：

1. 会计账户是根据会计科目设置的，具有一定结构和格式，用以连续、系统、全面的记录交易或事项，反映会计要素增减变动及其结果，并为财务报告的编制提供数据资料的一种工具。

2. 经济业务的增减变动，均可以用“借”和“贷”来表示，无论“借”还是“贷”都既可以表示增加，也可以表示减少。究竟“借”和“贷”何时表示增加和减少，取决于具体账户核算的内容和账户性质。

3. 复式记账法是以“资产＝负债＋所有者权益”的会计等式作为理论依据的。

4. 复式记账法下，对每一项经济业务，必须在两个或两个以上的相互联系的账户中进行等额记录。这样既可以了解经济业务的来龙去脉，又可以对经济内容进行监督。

5. 在借贷记账法下，负债类、所有者权益类账户都是借方登记减少额，贷方登记增加额。

8. “应付账款”“短期借款”属于负债类，贷方登记增加；“实收资本”属于所有者权益类，贷方登记增加；“银行存款”属于资产类，借方登记增加。

9. 在借贷记账法下，资产类账户的借方登记增加额，贷方登记减少额，由于资产的减少额一般不可能大于它的期初余额与本期增加额之和，所以这类账户，期末如有余额，一般在借方。

11. 试算平衡是根据借贷记账法的记账规则和会计等式，对全部账户的发生额和余额进行汇总计算和比较，检查借贷是否相等，检查记账、过账过程中是否存在差错，从而确定账户记录是否正确的一种方法。

13. “生产成本”和“制造费用”属于成本类，“其他应收款”属于资产类。所以选项 A 是正确的。

15. “预收账款”属于负债类，选择选项 C。

16. “生产成本”和“制造费用”均属于成本类，“固定资产”属于资产类，“主营业务成本”“其他业务成本”均属于损益类，选择选项 C。

17. 会计科目可以按其反映的经济内容(即所属会计要素)，按其所提供信息的详细程度及其隶属关系分类。

18. 损益类账户到会计期间的期末都要结转到“本年利润”账户，结转之后余额为零。

19. 期末余额＝期初余额＋本期增加发生额－本期减少发生额，所以本期增加发生额＝5 000－900＋600＝4 700(元)，选项 D 是正确的。

20. 本年利润在期末结转后没有余额。年度终了，应将本年收入和支出相抵后结出的本年实现的净利润，转入“利润分配”账户。

21. 账户的结构反映的是特定经济内容的增减变动及其结果。

22. 根据会计等式“资产＝负债＋所有者权益”，会计上对经济业务要求，应在等式两边的账户中等额计同增或同减或在等式某一边的账户中等额计有增有减，所以选项 C 错误。

23. 这项经济业务一方面是企业的资产——银行存款增加 10 000 元；另一方面是企业的资产——应收账款减少 10 000 元。资产内部变动，总额不变。

24. 这项经济业务一方面是企业的资产——银行存款减少;另一方面是企业的负债——短期/长期借款减少。资产减少,负债减少。

25. 从银行提取现金,一方面是企业的资产——银行存款减少;另一方面是企业的资产——库存现金增加。资产内部变动,总额不变。

三、多项选择题

1. ACD	2. BCD	3. ACD	4. ABD	5. BCD
6. AC	7. ACD	8. AD	9. BCD	10. ABCD
11. ABCD	12. CD	13. ABC	14. ACD	15. ACD

重难点解析:

1. 资产类账户与费用类账户的借方登记增加额,贷方登记减少额,负债类、收入类与所有者权益类账户的借方登记减少额,贷方登记增加额。

2. 资产的增加登记在借方,所以选项A错误。

3. 负债贷方登记增加数,所以选项B错误。

4. "制造费用"属于成本类,所以选项C错误。

5. "长期股权投资"属于资产类,所以选项A错误。

6. "预付账款"与"其他应收款"均属于资产类,所以选项BD错误。

7. 向供货单位赊购商品这项经济业务一方面是企业的资产——库存商品增加;另一方面是企业的负债——应付账款增加。资产增加,负债增加,所以选项B错误。选项ACD均属于资产内部变动,总额不变。

9. 一级会计科目是指总分类科目,所以选项A错误。明细分类科目又称明细科目,是对总分类科目做进一步分类,提供更为详细和具体会计信息的科目。

12. 资产类账户期末余额一般在借方,所以选项A错误;所有者权益类账户期末余额一般在贷方,所以选项B错误。

13. 借贷记账法下的试算平衡,通常可分为发生额试算平衡和余额试算平衡。余额试算平衡要求,全部账户借方期末(初)余额合计与全部账户贷方期末(初)余额合计保持平衡。"资产=负债+所有者权益"这一会计等式是其理论依据。

14. 编制试算平衡表后,若借贷不平衡,则可以肯定账户记录或计算有错误,需要进一步查明原因,予以更正。如果借贷平衡了,只能推断账户记录或计算基本正确,因为有些账户记录错误,并不影响借贷双方的平衡关系。例如,发生重记、漏记、错记或记反借贷方向时,试算结果仍是平衡的。

15. 平行登记遵循原则有:①登记依据相同;②登记期间相同(非时间);③登记方向相同;④登记金额相同。所以选项B错误。

四、判断题

1. ×	2. √	3. √	4. √	5. ×	6. √	7. √	8. ×	9. √	10. √
11. ×	12. √	13. ×	14. ×	15. ×	16. √	17. ×	18. ×	19. ×	20. √

重难点解析：

1. 借贷记账法的试算平衡公式分为发生额平衡公式和余额平衡公式。

5. 复式记账法同时登记两个或两个以上相互联系的账户。

8. 会计科目按其提供信息的详细程度及其隶属关系，可分为总分类科目和明细分类科目。

11. 这项经济业务一方面是企业的资产——原材料增加；另一方面是企业的负债——应付账款增加。资产增加，负债增加。

13. 我国企业使用的会计科目，主要是根据企业自身的实际经营特点和管理需要，从财政部提供会计科目的名称、类别编号与核算内容中选择并确定。

14. 管理费用属于损益类科目。

15. 明细分类科目又称明细科目，是对总分类科目做进一步分类，提供更为详细和具体会计信息的科目。

17. 编制试算平衡表后，若借贷不平衡，则可以肯定账户记录或计算有错误，需要进一步查明原因，予以更正。如果借贷平衡了，只能推断账户记录或计算基本正确，因为有些账户记录错误，并不影响借贷双方的平衡关系。例如，发生重记、漏记、错记或记反借贷方向时，试算结果仍是平衡的。

18. 经济业务的发生一类会影响会计等式等号两边会计要素同时发生变化的经济业务，这类业务能够变更企业资金总额，等式等号两边等额同增或等额同减；另一类会影响会计等式等号某一边会计要素发生变化的经济业务，这类业务不变更企业资金总额，只会影响会计等式等号某一边等额的此增彼减。

19. 复式记账法对每一项经济业务，必须在两个或两个以上的相互联系的账户中进行等额记录。这样既可以了解经济业务的来龙去脉，又可以对经济内容进行监督。同时，复式记账法以会计等式为依据，便于对一定时期所作的全部会计记录进行试算平衡，从而根据试算平衡的结果检查账户记录是否正确。

五、业务计算题

习题一解答，如表 4-14 所示。

表 4-14　会计科目及分类

会计科目	资产类	负债类	所有者权益类	成本类	损益类
银行存款	√				
实收资本			√		
材料采购	√				
原材料	√				
制造费用				√	
应付账款		√			
应收账款	√				
生产成本				√	

（续表）

会计科目	资产类	负债类	所有者权益类	成本类	损益类
库存商品	√				
主营业务收入					√
主营业务成本					√
短期借款		√			
固定资产	√				
累计折旧	√				
库存现金	√				
财务费用					√
长期待摊费用	√				
利润分配			√		
盈余公积			√		
信用减值损失					√
销售费用					√

习题二解答，如表 4-15 所示。

表 4-15　甲公司各项目类别及金额　单位：元

项目		金额		
		资产	负债	所有者权益
1	银行里的存款	130 000		
2	向银行借入半年期的借款		200 000	
3	出纳处存放的现金	4 500		
4	仓库里存放的原材料	519 000		
5	仓库里存放的产成品	194 000		
6	正在加工中的产品	75 500		
7	应付外单位货款		90 000	
8	向银行借入 2 年期的借款		400 000	
9	房屋及建筑物	2 157 000		
10	所有者投入资本			5 000 000
11	机器设备	250 000		
12	应收外单位货款	210 000		
13	以前年度尚未分配的利润			850 000
14	对外单位的长期投资	3 000 000		
合　计		6 540 000	690 000	5 850 000

习题三解答，如表 4-16 所示。

表 4-16　乙公司经济业务类型

类型	经济业务序号
1. 一项资产增加，另一项资产减少	1、8
2. 一项负债增加，另一项负债减少	9
3. 一项所有者权益增加，另一项所有者权益减少	12
4. 一项资产增加，一项负债增加	4、6
5. 一项资产增加，一项所有者权益增加	5
6. 一项资产减少，一项负债减少	2、7
7. 一项资产减少，一项所有者权益减少	10
8. 一项负债减少，一项所有者权益增加	11
9. 一项负债增加，一项所有者权益减少	3

习题四解答，如表 4-17 所示。

表 4-17　各账户期初、本期发生额、期末余额表　单位：元

账户名称	期初余额	本期增加发生额	本期减少发生额	期末余额
银行存款	330 000	1 185 000	1 040 000	475 000
固定资产	2 100 000	225 000	455 000	1 870 000
短期借款	300 000	260 000	160 000	400 000
应付账款	134 000	200 000	120 000	214 000

习题五解答，如表 4-18 所示。

表 4-18　烟台兴茂机械制造有限公司 12 月各账户增减变化　单位：元

资产	期初数	本月增加数	本月减少数	月末余额	负债和所有者权益	期初数	本月增加数	本月减少数	月末余额
库存现金	1 500	1 000	1 000	1 500	负债：				
银行存款	11 000	92 000	36 000	67 000	短期借款	90 000	50 000		140 000
应收账款	18 000		12 000	6 000	应付账款	25 000	20 000	20 000	25 000
其他应收款	3 000	1 000		4 000	应付职工薪酬	15 000		5 000	10 000
在途物资	6 500			6 500					
生产成本	210 000	45 000		255 000	所有者权益：				
原材料	50 000	20 000	45 000	25 000	实收资本	500 000	30 000		530 000
库存商品	50 000			50 000	盈余公积	100 000			100 000
固定资产	400 000	10 000		410 000	未分配利润	20 000			20 000
合　计	750 000	169 000	94 000	825 000	合　计	750 000	100 000	25 000	825 000

习题六解答

1. 期初余额确定资产、负债、所有者权益数量关系：

银行存款 140 000 元＋库存现金 5 000 元＋应收账款 75 000 元＋库存商品 270 000 元＋固定资产 260 000 元＝短期借款 100 000 元＋应付账款 50 000 元＋实收资本 600 000 元

2. A 商贸公司 2 月份经济业务类型表，如表 4-19 所示。

表 4-19　　A 商贸公司 2 月份经济业务类型表　　单位:元

序号	业务类型	金额				
		资产	负债	所有者权益	收入	费用
1	一项资产增加，一项收入增加	＋95 000			＋95 000	
2	一项总资产增加，另一项资产减少	＋30 000 －30 000				
3	一项资产减少，一项费用增加	－30 000				＋30 000
4	一项资产增加，一项负债增加	＋40 000	＋40 000			
5	一项资产增加，一项收入增加	＋65 000			＋65 000	
6	一项资产减少，一项费用增加	－5 000				＋5 000
7	一项总资产增加，另一项资产减少	＋45 000 －45 000				
8	一项资产减少，另一项资产增加	＋60 000 －60 000				
9	一项资产减少，一项费用增加	－5 200				＋5 200
10	一项资产增加，一项收入增加	＋25 000			＋25 000	
11	一项资产减少，一项费用增加	－1 500				＋1 500
12	一项资产减少，一项负债减少	－30 000	－30 000			
13	一项资产减少，一项收入增加	＋80 000			＋80 000	
14	一项资产减少，一项负债减少	－100 000	－100 000			
15	一项资产减少，一项费用增加	－215 000				＋215 000

3. 收入＝95 000＋65 000＋25 000＋80 000＝265 000 元

费用＝30 000＋5 200＋5 000＋1 500＋215 000＝256 700 元

2 月份利润额＝265 000－256 700＝8 300 元

4. A 商贸公司 2 月份各账户增减变化，如表 4-20 所示。

表 4-20　　A 商贸公司 2 月份各账户增减变化　　单位:元

账户名额	期初余额	本月增加额	本月减少额	期末余额
资产类				
银行存款	140 000	(1)95 000 (8)65 000 (10)25 000 (13)80 000	(2)30 000 (6)5 000 (7)45 000 (9)5 200 (12)30 000 (14)100 000	190 000

（续表）

账户名额	期初余额	本月增加额	本月减少额	期末余额
库存现金	5 000	(2)30 000	(11)1 500 (3)30 000	3 500
应收账款	75 000	(5)65 000	(8)65 000	75 000
库存商品	270 000	(4)40 000 (7)45 000	(15)215 000	140 000
固定资产	260 000			260 000
合　计	750 000	445 000	526 700	668 300
负债和所有者权益类				
短期借款	100 000		(14)100 000	
应付账款	50 000	(4)40 000	(12)30 000	60 000
实收资本	600 000			600 000
本年利润		8 300		8 300
合　计	750 000	48 300	130 000	668 300

习题七解答，如表 4-21 所示。

表 4-21　　烟台兴茂机械制造有限公司 2020 年 7 月会计分录　　单位：元

序号	日期	摘要	账户名称	借方金额	贷方金额
1	2020-07-01	购入材料货款以银行存款支付	原材料 应交税费 　银行存款	10 000 1 300	 11 300
2	2020-07-04	生产车间领用材料投入生产	生产成本 　原材料	40 000	 40 000
3	2020-07-05	从银行提取现金	库存现金 　银行存款	400	 400
4	2020-07-09	购入汽车一辆	固定资产 　银行存款	100 000	 100 000
5	2020-07-13	偿还应付货款	应付账款 　银行存款	3 000	 3 000
6	2020-07-17	生产车间领用材料	生产成本 　原材料	25 000	 25 000
7	2020-07-18	收回应收货款	银行存款 　应收账款	3 000	 3 000
8	2020-07-21	归还银行借款与应付货款	短期借款 应付账款 　银行存款	12 000 4 000	 16 000
9	2020-07-26	其他单位投资	银行存款 　实收资本	20 000	 20 000
10	2020-07-30	收回应收货款	银行存款 库存现金 　应收账款	3 600 400	 4 000

2. T形账户如表4-22所示。

表4-22 烟台兴茂机械制造有限公司T形账户 单位:元

库存现金

借方		贷方	
期初余额	1 000		
③	400		
⑩	400		
本期发生额	800	本期发生额	—
期末余额	1 800		

银行存款

借方		贷方	
期初余额	135 000	①	11 300
⑦	3 000	③	400
⑨	20 000	④	100 000
⑩	3 600	⑤	3 000
		⑧	16 000
本期发生额	26 600	本期发生额	130 700
期末余额	30 900		

应收账款

借方		贷方	
期初余额	10 000		
		⑦	3 000
		⑨	4 000
本期发生额	—	本期发生额	7 000
期末余额	3 000		

生产成本

借方		贷方	
期初余额	40 000		
②	40 000		
⑥	25 000		
本期发生额	65 000	本期发生额	—
期末余额	105 000		

原材料

借方		贷方	
期初余额	120 000		
①	10 000	②	40 000
		⑥	25 000
本期发生额	10 000	本期发生额	65 000
期末余额		65 000	

库存商品

借方		贷方	
期初余额	24 000		
本期发生额	—	本期发生额	—
期末余额	24 000		

固定资产

借方		贷方	
期初余额	600 000		
③	100 000		
本期发生额	100 000	本期发生额	—
期末余额	700 000		

短期借款

借方		贷方	
		期初余额	60 000
⑧	12 000		
本期发生额	12 000	本期发生额	—
		期末余额	48 000

应付账款

借方		贷方	
⑤	3 000	期初余额	8 000
⑧	4 000		
本期发生额	7 000	本期发生额	—
		期末余额	1 000

应交税费

借方		贷方	
①	1 300	期初余额	2 000
本期发生额	1 300	本期发生额	—
		期末余额	700

实收资本

借方		贷方	
		期初余额	860 000
		⑨	20 000
本期发生额	—	本期发生额	20 000
		期末余额	880 000

3. 烟台兴茂机械制造有限公司总分类账户本期发生额对照表，如表 4-23 所示。

表 4-23　　烟台兴茂机械制造有限公司总分类账户本期发生额对照表　　单位：元

会计科目	期初余额		本期发生额		期末余额	
	借方	贷方	借方	贷方	借方	贷方
库存现金	1 000		800		1 800	
银行存款	135 000		26 600	130 700	30 900	
应收账款	10 000			7 000	3 000	
生产成本	40 000		65 000		105 000	
原材料	120 000		10 000	65 000	65 000	
库存商品	24 000				24 000	
固定资产	600 000		100 000		700 000	
短期借款		60 000	12 000			48 000
应付账款		8 000	7 000			1 000
应交税费		2 000	1 300			700
实收资本		860 000		20 000		880 000
合　计	930 000	930 000	222 700	222 700	929 700	929 700

第五章　会 计 凭 证

第一部分　内 容 概 要

一、会计凭证概述

（一）会计凭证的概念

会计凭证是原始凭证和记账凭证的统称，是用以记载交易或事项的发生或完成情况，明确经济责任，并据以登记账簿的证明文件。

（二）会计凭证的意义

（1）会计凭证是提供交易或事项信息的重要载体。

（2）会计凭证是登记账簿的必要依据。

（3）会计凭证是明确经济责任的重要手段。

（4）审核会计凭证是实行会计监督的具体措施。

（三）会计凭证的种类

会计凭证按其填制程序和用途的不同，分为原始凭证和记账凭证。

二、原始凭证

（一）原始凭证的概念

原始凭证是在经济业务发生时直接取得或填制的、载明经济业务的具体内容、明确经济责任、具有法律效力的书面证明。它是组织会计核算的原始资料和重要依据。

（二）原始凭证的分类

1. 原始凭证按照取得的来源不同分类

原始凭证按照取得的来源不同可分为外来原始凭证和自制原始凭证两种。

（1）外来原始凭证。外来原始凭证是指在发生交易或事项时，从其他企业或个人处取得的原始凭证。

（2）自制原始凭证。自制原始凭证是由本单位内部经办业务的部门或人员，在经济业务发生或完成时自行填制的原始凭证。

2. 原始凭证按填制手续和方法的分类

原始凭证按填制手续和方法的不同，可分为一次凭证、累计凭证、汇总原始凭证和记账编制凭证。

（1）一次凭证。一次凭证是指在一张凭证中只反映一项经济业务或同时反映若干项同类经济业务，填制手续是一次完成的原始凭证。

（2）累计凭证。累计凭证是指在一张凭证上连续记载一定时期内不断重复发生的同类经济业务，填制手续是随着经济业务发生而分次完成的原始凭证。

(3) 汇总原始凭证。汇总原始凭证是指将一定时期内若干张反映同类经济业务的原始凭证加以汇总而填制的凭证，也称原始凭证汇总表。

(4) 记账编制凭证。在企业自制的各种原始凭证中，一般是以实际发生或完成的经济业务为依据，由经办人员填制的，但有些原始凭证则是由会计人员根据账簿记录的结果，重新归类整理而编制的，称为记账编制凭证。

(三) 原始凭证的基本内容

(1) 原始凭证的名称。

(2) 填制原始凭证的日期。

(3) 填制原始凭证的单位名称或个人姓名。

(4) 接受凭证单位的名称。

(5) 经济业务的内容摘要。

(6) 经济业务的数量、单价和金额。

(7) 经办人员的签名或盖章。

(四) 原始凭证的填制

1. 原始凭证的填制要求

(1) 记录真实。

(2) 手续完备。

(3) 内容齐全。

(4) 书写规范。

(5) 填制及时。

2. 原始凭证的填制方法

(1) 一次凭证的填制。一次凭证是经办人员在经济业务发生或完成时根据经济业务的具体内容一次填制完成的。以领料单的填制为例。领料单是用料部门向仓库领出材料时填制的原始凭证。领料人应如实填写领料日期、用途、材料名称、规格、计量单位、请领数量等内容。领料单一般一式三联，一联由领料部门留存，一联留仓库据以登记材料物资明细账，一联交会计部门记账，填写时应用双面复写纸一次套写。为明确经济责任，领料单需经领料部门负责人、领料人、发料人签字盖章。

(2) 累计凭证的填制。累计凭证是一次开设、多次使用的原始凭证。以限额领料单为例，采用限额领料的企业，月初由生产计划部门根据下达的生产任务和材料消耗定额，为材料领用部门规定月份内领用某种材料的最高额度，材料使用部门在月份内根据需要分次领取。

(3) 汇总原始凭证的填制。将一定时期内若干张反映同类经济业务的一次凭证、累计凭证，按照一定标准汇总填制在一张凭证上。例如，"发料凭证汇总表"是将月份内所填制的若干张"领料单""限额领料单"按照领料部门和材料用途分类汇总编制的，编制的时间间隔可根据业务量的大小确定。

(4) 记账编制凭证的填制。记账编制凭证是会计人员根据有关账簿资料按照经济业务的要求进行归类、整理、计算后重新编制的。

(五) 原始凭证的审核

(1) 审核原始凭证所反映的经济业务是否合法、合规、合理。

(2) 审核原始凭证的填制是否符合规定的要求。

三、记账凭证

(一) 记账凭证的概念

记账凭证是指对审核无误的原始凭证，按照经济业务的内容加以归类，并据以确定会计分录后填制的会计凭证，它是登记账簿的直接依据。

(二) 记账凭证的内容

(1) 记账凭证的名称，如“收款凭证”“付款凭证”“转账凭证”。

(2) 记账凭证填制的日期。

(3) 经济业务的内容、摘要。

(4) 会计科目名称(包括一级科目、二级科目或明细科目)、金额和借贷方向。

(5) 记账凭证的编号。

(6) 所附原始凭证张数。

(7) 制单、审核、记账、会计主管等人员的签名、盖章。如果为收款、付款凭证，还应由出纳人员签名或盖章。

(8) 记账标记。

(三) 记账凭证的分类

记账凭证可以按用途和格式、是否经过汇总以及填制方式等三种标准进行分类。

1. 记账凭证按用途和格式的分类

记账凭证按其用途和格式的不同，可以分为专用记账凭证和通用记账凭证。

(1) 专用记账凭证。专用记账凭证是一种专门用于记录某一特定种类经济业务的记账凭证，按其所反映经济业务内容的不同，又可进一步分为收款凭证、付款凭证和转账凭证三种。

(2) 通用记账凭证。通用记账凭证是不分经济业务的类型，统一使用同一种格式的记账凭证，并按顺序连续编号。

2. 记账凭证按是否经过汇总的分类

记账凭证按其是否需要经过汇总，可以分为汇总记账凭证和非汇总记账凭证。

(1) 汇总记账凭证。汇总记账凭证是根据一定时期内单一的记账凭证按一定的方法加以汇总而重新填制的凭证。

(2) 非汇总记账凭证。非汇总记账凭证是根据原始凭证编制的只反映某项经济业务，即只有一笔会计分录的记账凭证。

3. 记账凭证按填制方式的分类

记账凭证按其填制方式的不同，可分为复式记账凭证和单式记账凭证。

(1) 复式记账凭证。复式记账凭证是将一项经济业务所涉及的全部会计科目都集中填制在一张记账凭证上，为此也称多科目记账凭证。

(2) 单式记账凭证。单式记账凭证是将一项经济业务所涉及的每一个会计科目单独填制记账凭证，为此也称单科目记账凭证。

(四) 记账凭证的填制

1. 记账凭证的填制要求

(1) 根据审核无误后的原始凭证或原始凭证汇总表，运用复式记账原理，确定应借贷的会计科目，编制会计分录。

（2）按照记账凭证的格式、内容和要求，填制记账凭证。

（3）将记账凭证所属的原始凭证放在该记账凭证的后面，作为附件，并将记账凭证和原始凭证粘贴在一起。

（4）定期将记账凭证及所附的原始凭证送交审核人员审核。

（5）记账人员根据审核无误的记账凭证，登记相关会计账簿，并在记账凭证上标记"记账符号"。

2. 记账凭证填制的具体方法

（1）记账凭证的"摘要"栏要简单明了，能正确反映经济业务和主要内容。

（2）经济业务所使用的会计科目，必须根据国家统一会计制度的规定使用，不可张冠李戴。

（3）记账凭证中金额、小写的数字必须正确，符号和数字的书写要规范；如有空行，应当在"金额"栏自最后一笔金额数字下的空行处至合计数上的空行处画线注销。

（4）一张记账凭证填制完毕，应按借贷记账法的记账规则来检查它的平衡关系。

（5）记账凭证必须连续编号备查。

（6）每张记账凭证都要注明所附原始凭证的张数，原始凭证张数的计算一般以原始凭证的自然张数为准。

（7）记账凭证填制完毕之后，填制人员必须签名或盖章，以明确责任。

（五）记账凭证的审核

（1）内容是否真实。

（2）项目是否齐全。

（3）科目是否正确。

（4）书写是否正确。

四、会计凭证的传递与保管

（一）会计凭证的传递

会计凭证的传递是指会计凭证从填制或取得起，经过审核、记账、装订到归档为止，在有关部门和人员之间按规定的时间、路线办理业务手续和进行处理的过程。

（二）会计凭证的保管

各种会计凭证在办理各项业务手续并据以记账后，最终应由会计部门按《会计档案管理办法》的规定，加以整理、归类、编号，并妥善保管。

第二部分　练　习　题

一、名词解释

1. 会计凭证

2. 原始凭证

3. 记账凭证

4. 专用记账凭证
5. 记账汇总凭证

二、单项选择题

1. 向银行提取现金准备发放职工工资的业务，应根据有关原始凭证填制（　　）。
A. 收款凭证　　B. 付款凭证
C. 转账凭证　　D. 收款和付款凭证
2. 用转账支票支付前欠货款，应填制（　　）。
A. 转账凭证　　B. 收款凭证　　C. 付款凭证　　D. 原始凭证
3. 差旅费报销单属于（　　）。
A. 记账凭证　　B. 自制原始凭证　　C. 外来原始凭证　　D. 累计凭证
4. 记账凭证应根据合法的（　　）填列。
A. 收款凭证　　B. 原始凭证　　C. 付款凭证　　D. 转账凭证
5. 原始凭证按其填制的手续不同，可以分为（　　）。
A. 通用凭证和专用凭证　　B. 通知凭证、执行凭证和计算凭证
C. 外来凭证和自制凭证　　D. 一次凭证和累计凭证
6. “限额领料单”属于（　　）。
A. 累计凭证　　B. 外来凭证　　C. 汇总凭证　　D. 付款凭证
7. 记账凭证是（　　）的依据。
A. 编制报表　　B. 业务活动　　C. 登记账簿　　D. 原始凭证
8. 若发现原始凭证的金额有错误，下列做法中正确的是（　　）。
A. 由出具单位在原始凭证上更正
B. 由出具单位在原始凭证上更正，并加盖出具单位印章
C. 由出具单位重开
D. 本单位代替出具单位进行更正
9. 下列业务中，应该填制现金收款凭证的是（　　）。
A. 出售材料一批，款未收
B. 从银行提取现金
C. 出售设备，收到一张转账支票
D. 报废一台电脑，出售残料收到现金
10. 下列说法中，关于会计凭证概念不正确的是（　　）。
A. 检验账户记录准确性的方法　　B. 用以明确经济责任的证明文件
C. 会计核算的方法之一　　D. 据以登记账簿的证明文件
11. 下列各项中，企业自制原始凭证与外来原始凭证共有的种类是（　　）。
A. 一次原始凭证　　B. 累计原始凭证
C. 汇总原始凭证　　D. 重编原始凭证
12. 在交易或事项发生时取得或填制的会计凭证是（　　）。
A. 原始凭证　　B. 记账凭证　　C. 汇总凭证　　D. 重编凭证

13. 下列各种原始凭证中，不属于在交易或事项完成时由本企业经办人员填制的是（　　）。

A. 领料单　　B. 限额领料单

C. 入库单　　D. 制造费用分配表

14. 企业用库存现金购买了一批办公用品，对这项交易应填制的记账凭证是（　　）。

A. 收款记账凭证　　B. 付款记账凭证

C. 科目汇总表　　D. 转账记账凭证

15. 企业材料仓库发出材料一批用于产品生产，对该事项应填制的记账凭证是（　　）。

A. 收款记账凭证　　B. 付款记账凭证

C. 转账记账凭证　　D. 科目汇总表

16. 下列各项中，属于专用记账凭证的优点的是（　　）。

A. 会增加账簿登记的工作量　　B. 直接体现相关账户的对应关系

C. 填制记账凭证工作量较大　　D. 不便于进行记账凭证的汇总

17. 下列各项中，属于专用记账凭证的缺点的是（　　）。

A. 详细反映企业的各类交易或事项　　B. 直接体现相关账户的对应关系

C. 利于相关部门和人员相互牵制　　D. 会增加账簿登记的工作量

18. 下列各项说法中，不正确的是（　　）。

A. 企业在处理任何一项经济业务时，都必须及时取得或填制真实准确的书面证明

B. 会计人员在记账之前都必须严肃认真地对会计凭证进行逐项的审查和核对

C. 会计凭证的真实与否不一定会影响会计信息的质量高低

D. 会计人员必须根据审核无误的会计凭证登记账簿

19. 在填制会计凭证时，￥1 815.53 的大写金额写法正确的是（　　）。

A. 人民币壹仟捌佰拾伍元伍角叁分整　　B. 人民币壹仟捌佰壹拾伍元伍角叁分整

C. 人民币壹仟捌佰拾伍元伍角叁分　　D. 人民币壹仟捌佰壹拾伍元伍角叁分

20. 对于错误的原始凭证，正确的处理方法是（　　）。

A. 向单位负责人报告　　B. 退回，不予接受

C. 由出具单位重开或更正　　D. 本单位代为更正

三、多项选择题

1. 下列各项中，属于记账凭证编制基本要求的有（　　）。

A. 填写会计科目　　B. 附有原始凭证

C. 连续编号　　D. 摘要简明扼要

2. 填制原始凭证时，符合书写要求的有（　　）。

A. 阿拉伯金额数字前面应当填写货币币种符号

B. 币种符号与阿拉伯金额之间不得留有空白

C. 大写金额有分的，分字后面要写“整”或“正”字

D. 汉字大写金额可以用简化字代替

3. 下列各项中，不属于原始凭证审核内容的有（　　）。

A. 应借应贷方向是否正确　　B. 凭证是否符合规定的审核程序
C. 凭证是否符合有关计划和预算　　D. 会计科目使用是否正确

4. 下列各种原始凭证中，属于在交易或事项完成时由本企业经办人员填制的有(　　)。
A. 领料单　　B. 限额领料单
C. 入库单　　D. 发出材料汇总表

5. 下列各项中，属于原始凭证填制应遵循的要求有(　　)。
A. 记录真实　　B. 手续完备　　C. 内容齐全　　D. 书写规范

6. 下列记账凭证中，属于专用记账凭证的有(　　)。
A. 收款记账凭证　　B. 付款记账凭证
C. 转账记账凭证　　D. 汇总记账凭证

7. 下列各项中，属于外来原始凭证的有(　　)。
A. 本单位开具的销售发票　　B. 供货单位开具的发票
C. 职工出差取得的飞机票和火车票　　D. 银行收付款通知单

8. 下列各项中，属于自制原始凭证的有(　　)。
A. 本单位开具的增值税专用发票　　B. 出库单
C. 限额领料单　　D. 发料汇总表

9. 下列各项中，正确的有(　　)。
A. 一次凭证的填制手续一次完成、履行方便，但凭证数量较多
B. 累计凭证是多次有效的原始凭证
C. 累计凭证起到了简化填制手续、减少凭证张数的作用
D. 汇总原始凭证合并了同类经济业务，减少了记账工作量

10. 管理人员甲出差回来，报销差旅费 1 500 元，原预借 2 000 元，交回剩余现金 500 元，这笔业务应该编制的记账凭证有(　　)。
A. 付款凭证　　B. 收款凭证　　C. 转账凭证　　D. 原始凭证

四、判断题

1. 累计凭证是指在一定时期内多次记录发生的同类型经济业务且多次有效的原始凭证。(　　)

2. 原始凭证是在经济业务发生或完成时取得或编制的。它载明经济业务的具体内容，明确经济责任，是具有法律效力的书面证明。(　　)

3. 付款凭证是只用于银行存款付出业务的记账凭证。(　　)

4. 转账凭证是用于不涉及现金和银行存款收付业务的其他转账业务所用的记账凭证。(　　)

5. 会计循环即企业的资金循环。(　　)

6. 根据原始凭证可直接登记有关账户。(　　)

7. 一次原始凭证是指在一张凭证上只记载一项交易或事项，填制手续一次完成的原始凭证。(　　)

8. 原始凭证都是直接根据实际发生的交易或事项填制的。(　　)

9. 企业在交易中取得的增值税专用发票属于外来原始凭证。 ( )

10. 原始凭证与记账凭证的组成内容是完全一致的。 ( )

11. 单一记账凭证与专用记账凭证的组成内容是相同的。 ( )

12. 转账业务就是指库存现金和银行存款之间的相互划转业务。 ( )

13. 科目汇总表上反映的是若干项交易或事项的内容。 ( )

14. 科目汇总表根据企业在一定会计期间记录交易或事项所填制的所有会计账户编制。 ( )

15. 会计凭证的传递过程也是交易或事项的办理过程。 ( )

16. 在保管期未满前,经过批准可以销毁会计凭证。 ( )

17. 每项经济业务发生时都必须从外部取得原始凭证。 ( )

18. 商品销售合同、银行对账单、银行存款余额调节表等都可以作为会计核算的原始证据。 ( )

19. 对于不真实、不合法的原始凭证,会计人员有权不予接受;对于记载不准确、不完整的原始凭证,会计人员有权要求其重填。 ( )

20. 原始凭证的金额出现错误,正确的更正方法是由出具单位在原始凭证上更正。 ( )

21. 每张记账凭证都要注明所附原始凭证的张数,原始凭证张数的计算一般以原始凭证的自然张数为准。 ( )

22. 所有的记账凭证都必须附有原始凭证,否则不能作为记账依据。 ( )

五、业务计算题

习题一

(一) 目的

练习记账凭证的编制。

(二) 资料

烟台兴茂机械制造有限公司 2020 年 11 月份发生以下经济业务:

(1) 4 日,收到青岛山海机械有限公司归还前欠货款 20 000 元,并存入银行。

(2) 9 日,向烟台伟业有限公司购入原材料钢板,进价 45 200 元(含增值税,税率为 13%),货款以商业汇票支付。材料未到。

(3) 11 日,从银行提取现金 50 000 元。

(4) 16 日,销售抗性消音器一批,计 36 160 元(含增值税,税率为 13%),收到银行存款。

(5) 22 日,车间领原材料钢板 18 000 元用于生产抗性消音器。

(6) 23 日,销售部李强出差回来,报销差旅费 2 230 元,交回现金 270 元。

(7) 26 日,销售给济南西城机械有限公司铝合金油箱一批,计价 38 646 元(含增值税,税率为 13%),货款未收。

(8) 29 日,以银行存款支付电费 1 240 元,水费 480 元。

(三) 要求

1. 根据上列经济业务确定编制的记账凭证的种类。

2. 根据上列经济业务编制记账凭证。

（四）记账凭证的示例

收款凭证

收字第____号

借方科目： 年 月 日

摘要	贷方科目		金额										记账
	总账科目	明细科目	千	百	十	万	千	百	十	元	角	分	
合计													

附单据 张

会计主管 记账 出纳 复核 制单

付款凭证

付字第____号

贷方科目： 年 月 日

摘要	借方科目		金额										记账
	总账科目	明细科目	千	百	十	万	千	百	十	元	角	分	
合计													

附单据 张

会计主管 记账 出纳 复核 制单

转账凭证

转字第____号

年 月 日

摘要	一级科目	二级及明细科目	借方金额										贷方金额										记账
			千	百	十	万	千	百	十	元	角	分	千	百	十	万	千	百	十	元	角	分	
合计																							

附单据 张

会计主管 记账 出纳 复核 制单

习题二

（一）目的

练习专用记账凭证的填制方法，练习科目汇总表的编制方法。

（二）资料

鸿达公司2020年7月发生如下经济业务：

(1) 3日，收到投资者投入的货币资金200 000元，已存入银行。原始凭证为银行存款通知单1张。

(2) 5日，用银行存款40 000元购入不需要安装设备一台（不考虑应交税费）。原始凭证为银行存款转账支票存根1张，销售设备企业发票1张。

(3) 10日，发出材料一批，实际成本12 000元，用于产品生产。原始凭证为领料单1张。

(4) 15日，从银行提取现金2 000元。原始凭证为现金支票存根1张，银行付款通知单1张。

(5) 17日，借入短期借款20 000元，已存入银行。原始凭证为借款合同1份，银行收款通知单1张。

(6) 18日，用银行存款35 000元偿还应付账款。原始凭证为银行存款转账支票存根1张，银行付款通知单1张。

(7) 22日，用银行存款30 000元偿还短期借款。原始凭证为银行存款转账支票存根1张，银行付款通知单1张。

(8) 24日，从立发公司购入乙材料一批，实际成本20 000元，货款已用银行存款支付（不考虑已交税费）。材料暂未入库。原始凭证为银行存款转账支票存根1张，销售材料企业发票1张。

(9) 28日，用现金1 000元购买企业管理部门使用的办公用品。原始凭证为销售商店发票1张。

(10) 30日，用银行存款20 000元偿还应付账款。原始凭证为银行存款转账支票存根1张，银行付款通知单1张。

（三）要求

1. 根据所给经济业务逐笔确定应当填制的专用记账凭证名称。

2. 编制各项经济业务的会计分录，如表5-1所示。

表5-1　　鸿达公司2020年7月会计分录

序号	日期	摘要	会计分录		
1					
2					
3					
4					

（续表）

序号	日期	摘要	会计分录		
5					
6					
7					
8					
9					
10					

3. 根据填制的会计分录编制 T 形账户，如表 5-2 所示。

表 5-2　　鸿达公司 2020 年 7 月 T 形账户

借方	库存现金	贷方

借方	固定资产	贷方

借方	银行存款	贷方

借方	应付账款	贷方

借方	短期借款	贷方

借方	在途物资	贷方

借方	实收资本	贷方

借方	原材料	贷方

借方	管理费用	贷方

借方	生产成本	贷方

4. 编制该公司2020年7月的科目汇总表(全月汇总一次),如表5-3所示。

表5-3　　　　鸿达公司科目汇总表

2020年7月　　　　字第　　号

会计科目	账页	本期发生额		记账凭证起讫号
		借方	贷方	
库存现金				
银行存款				
在途物资				
原材料				
生产成本				
固定资产				
短期借款				
应付账款				
实收资本				
管理费用				
合　计				

第三部分　参考答案

一、名词解释

1. 会计凭证是原始凭证和记账凭证的统称,是用以记载交易或事项的发生或完成情况、明确经济责任,并据以登记账簿的证明文件。

2. 原始凭证是在经济业务发生时直接取得或填制的、载明经济业务的具体内容、明确经济责任、具有法律效力的书面证明。它是组织会计核算的原始资料和重要依据。

3. 记账凭证是指对审核无误的原始凭证,按照经济业务的内容加以归类,并据以确定会计分录后填制的会计凭证,它是登记账簿的直接依据。

4. 专用记账凭证是一种专门用于记录某一特定种类经济业务的记账凭证,按其所反映经济业务内容的不同,又可进一步分为收款凭证、付款凭证和转账凭证三种。

5. 汇总记账凭证是根据一定时期内单一的记账凭证按一定的方法加以汇总而重新填制的凭证。

二、单项选择题

1.B	2. C	3. B	4. B	5. D	6. A	7. C	8. C	9. D	10. A
11. A	12. A	13. D	14. B	15. C	16. B	17. D	18. C	19. D	20. C

重难点解析:

1. 从银行提现,只填制银行存款付款凭证,不填制现金收款凭证。

2. 用转账支票支付前欠货款，银行存款减少，应填制付款凭证。

3. 差旅费报销单属于自制原始凭证。

4. 记账凭证的依据是原始凭证。

5. 原始凭证按其填制的手续不同，分为一次凭证、累计凭证、汇总原始凭证和记账编制凭证。

7. 原始凭证是记账凭证的依据，记账凭证是登记账簿的依据。

8. 原始凭证金额错误的，只能由出具单位重新开具，不得更正。

9. 选项 A 未收到款项，填制转账凭证；选项 B 填制银行付款凭证；选项 C 填制银行收款凭证；选项 D 应填制现金收款凭证。

10. 检验账户记录准确性的方法是试算平衡法，而不是会计凭证方法。

11. 企业外来原始凭证一般是一次原始凭证，选项 A 正确。

12. 凭证是在交易或事项发生时取得或填制的会计凭证，是所有会计凭证中最原始的凭证。

13. 制造费用表一般由本企业会计人员根据账簿记录结果在会计期末整理填制。

14. 这项交易属于企业的付款交易，应填制付款记账凭证。

15. 这项交易属于企业的转账事项，应填制转账记账凭证。

16. 其余三项属于专用记账凭证的缺点。

17. 其余三项属于专用记账凭证的优点。

18. 会计凭证的真实与否直接影响会计信息的质量高低。

19. 分字后面不写“整”或“正”字，大写要按金额的第一位数来写，因此写成“壹拾伍”。

20. 原始凭证记载的内容有错误的，应当由出具单位重开或更正，更正处必须加盖出具单位印章。原始凭证金额出现错误的，不得更正，必须由原始凭证出具单位重开。

三、多项选择题

1. ABCD	2. AB	3. AD	4. ABC	5. ABCD
6. ABC	7. BCD	8. ABCD	9. ABCD	10. BC

重难点解析：

1. 记账凭证的填制要求有：

(1) 内容必须完整。

(2) 应连续编号。

(3) 日期填写正确。

(4) 摘要填写要确切、简明。

(5) 会计科目要填写准确。

(6) 书写应清楚、规范。

(7) 可以根据每一张原始凭证填制，或若干张同类原始凭证汇总编制，也可以根据原始凭证汇总表填制。

(8) 除结账和更正错误可以不附原始凭证外，其他必须附有原始凭证。

(9) 填制若发生错误,应当重新填制。

2. 在金额前要填写人民币符号"￥",且与阿拉伯数字之间不得留有空白,选项AB正确;大写金额到元或角为止的,后面要写"整"或"正"字;有分的,不写"整"或"正"字,选项C错误;大写金额用汉字壹、贰、叁、肆、伍、陆、柒、捌、玖、拾、佰、仟、万、亿、元、角、分、零、整等,一律用正楷或行书字书写,选项D错误。

3. 选项BC属于原始凭证审核内容的合理性。选项AD属于记账凭证的审核内容。

4. 发出材料汇总表一般由本企业会计人员定期汇总编制。

5. 原始凭证的填制要求包括:①记录真实。②手续完备。③内容齐全。④书写规范。⑤填制及时。

6. 汇总记账凭证不具有专用性,选项D错误。

7. 本单位开具的销售发票属于自制原始凭证。

8. 本单位开具的发票、出库单、领料单、发料汇总表都属于自制原始凭证。

10. 管理人员甲预借款时借记"其他应收款——甲",贷记"银行存款"或"库存现金"。报销时,借记"管理费用——差旅费",借记"库存现金",贷记"其他应收款——甲"。因此该笔业务应该编制付款凭证和转账凭证。

四、判断题

1. √	2. √	3. ×	4. √	5. ×	6. ×	7. ×	8. ×	9. √	10. ×
11. √	12. ×	13. √	14. ×	15. √	16. ×	17. ×	18. ×	19. √	20. ×
21. √	22. ×								

重难点解析:

3. 付款凭证可用于银行存款和现金付出业务。

5. 会计循环和资金循环不是一码事。

6. 原始凭证不可以直接登记有关账户。原始凭证只是证明发生了什么交易或事项,登记账户应根据原始凭证编制记账凭证,并依据记账凭证登记有关账户。

7. 在一次原始凭证上,也可同时记载若干项交易或事项。

8. 有些原始凭证是根据原始凭证加以整理汇总填制,或根据账簿提供的资料整理填制。

9. 企业在交易中取得的增值税专用发票属于外来原始凭证。企业在交易中开给客户的增值税专用发票属于自制原始凭证。

10. 原始凭证与记账凭证的组成内容不完全一致,在原始凭证上一般没有会计分录。

11. 单一记账凭证与专用记账凭证只是对记账凭证在不同分类方法下的不同叫法,都是指在一张凭证上只包含一项交易或事项内容的记账凭证。

12. 凡是涉及库存现金和银行存款的业务,应属于收款业务或付款业务,而不是转账业务。

13. 科目汇总表是根据若干份专用记账凭证或通用记账凭证汇总编制的,应当包含若干项交易或事项的内容。

14. 科目汇总表是根据企业在一定会计期间为交易或事项所填制的所有记账凭证而编

制的。

15. 交易或事项的每一个办理过程都要以会计凭证为依据。

16. 会计凭证只有在保管期满后，经过批准方可被销毁。

17. 在实践中，原始凭证的来源有两种，一种是外部取得，另一种是内部自制。

18. 银行对账单不是原始凭证，它不符合原始凭证的概念。因为它不是在经济业务发生或完成时填制的，只是银行和企业之间对资金流转情况进行核对和确认的凭单。银行存款余额调节表也不是原始凭证。银行存款余额调节表可作为银行存款科目的附列资料保存。该表主要目的是用于核对企业账目与银行账目的差异，也用于检查企业与银行账目的差错。银行存款余额调节表是一种对账记录的工具，并不是凭证。

20. 原始凭证金额有错误的，应当由出具单位重开，不得在原始凭证上更正。

22. 结账的记账凭证和更正错误的记账凭证可以不附原始凭证。其他记账凭证必须附有原始凭证。

六、业务计算题

习题一解答

1. 各业务编制的记账凭证的种类

(1) 收款凭证。

(2) 转账凭证。

(3) 付款凭证。

(4) 收款凭证。

(5) 转账凭证。

(6) 转账凭证和收款凭证。

(7) 转账凭证。

(8) 付款凭证。

2. 填制记账凭证

(1)

收款凭证

银收字第 1 号

借方科目：银行存款　　　　2020 年 11 月 04 日

摘要	贷方科目		金额										记账
	总账科目	明细科目	千	百	十	万	千	百	十	元	角	分	
收回前欠货款	应收账款	青岛山海机械有限公司				2	0	0	0	0	0	0	
合计					¥	2	0	0	0	0	0	0	

附单据　张

会计主管　　记账　　出纳　　复核　　制单

（2）

转账凭证

转字第 1 号

2020 年 11 月 09 日

摘要	一级科目	二级及明细科目	借方金额										贷方金额										记账
			千	百	十	万	千	百	十	元	角	分	千	百	十	万	千	百	十	元	角	分	
购入原材料汇票结算	在途物资	钢板				4	0	0	0	0	0	0											
	应交税费	应交增值税——进项税额					5	2	0	0	0	0											
	应付票据	烟台伟业有限公司														4	5	2	0	0	0	0	
合计					¥	4	5	2	0	0	0	0			¥	4	5	2	0	0	0	0	

附单据 张

会计主管　　记账　　复核　　制单

（3）

付款凭证

银付字第 2 号

贷方科目：银行存款　　2020 年 11 月 11 日

摘要	借方科目		金额										记账
	总账科目	明细科目	千	百	十	万	千	百	十	元	角	分	
提现	库存现金					5	0	0	0	0	0	0	
合计					¥	5	0	0	0	0	0	0	

附单据 张

会计主管　　记账　　出纳　　复核　　制单

（4）

收款凭证

银收字第 2 号

借方科目：银行存款　　2020 年 11 月 16 日

摘要	贷方科目		金额										记账
	总账科目	明细科目	千	百	十	万	千	百	十	元	角	分	
销售抗性消音器	主营业务收入	抗性消音器				3	2	0	0	0	0	0	
	应交税费	应交增值税——销项税额					4	1	6	0	0	0	
合计					¥	3	6	1	6	0	0	0	

附单据 张

会计主管　　记账　　出纳　　复核　　制单

（5）

转账凭证

转字第 2 号

2020 年 11 月 22 日

摘要	一级科目	二级及明细科目	借方金额										贷方金额										记账
			千	百	十	万	千	百	十	元	角	分	千	百	十	万	千	百	十	元	角	分	
领用原材料钢板	生产成本	抗性消音器				1	8	0	0	0	0	0											
	原材料	钢板														1	8	0	0	0	0	0	
合计					¥	1	8	0	0	0	0	0			¥	1	8	0	0	0	0	0	

附单据 张

会计主管 记账 复核 制单

（6）

转账凭证

转字第 3 号

2020 年 11 月 23 日

摘要	一级科目	二级及明细科目	借方金额										贷方金额										记账
			千	百	十	万	千	百	十	元	角	分	千	百	十	万	千	百	十	元	角	分	
报销差旅费	销售费用	差旅费					2	2	3	0	0	0											
	其他应收款	李强															2	2	3	0	0	0	
合计						¥	2	2	3	0	0	0				¥	2	2	3	0	0	0	

附单据 张

会计主管 记账 复核 制单

收款凭证

银收字第 3 号

借方科目：库存现金

2020 年 11 月 23 日

摘要	贷方科目		金额										记账
	总账科目	明细科目	千	百	十	万	千	百	十	元	角	分	
预借差旅费退回	其他应收款	李强						2	7	0	0	0	
合计							¥	2	7	0	0	0	

附单据 张

会计主管 记账 出纳 复核 制单

（7）

转账凭证

转字第 4 号

2020 年 11 月 26 日

摘　要	一级科目	二级及明细科目	借方金额										贷方金额										记账
			千	百	十	万	千	百	十	元	角	分	千	百	十	万	千	百	十	元	角	分	
销售铝合金油箱	应收账款	济南西城机械有限公司				3	8	6	4	6	0	0											
	应交税费	应交增值税——销项税额														3	4	2	0	0	0	0	
	主营业务收入	铝合金油箱															4	4	4	6	0	0	
合　计					¥	3	8	6	4	6	0	0			¥	3	8	6	4	6	0	0	

附单据　张

会计主管　　记账　　复核　　制单

（8）

付款凭证

银付字第 3 号

贷方科目：银行存款　　2020 年 11 月 29 日

摘　要	贷方科目		金　额										记账
	总账科目	明细科目	千	百	十	万	千	百	十	元	角	分	
支付水电费	管理费用	水费					1	2	4	0	0	0	
	管理费用	电费						4	8	0	0	0	
合　计						¥	1	7	2	0	0	0	

附单据　张

会计主管　　记账　　出纳　　复核　　制单

注：因为资料未给原始凭证，所以参考答案未标注原始凭证张数。同理，会计主管、记账、出纳、复核、制单人员也未标注。

习题二解答

1. 根据所给经济业务逐笔确定应当填制的专用记账凭证名称：

（1）应填制收款记账凭证。

（2）应填制付款记账凭证。

（3）应填制转账记账凭证。

（4）应填制付款记账凭证。

（5）应填制收款记账凭证。

（6）应填制付款记账凭证。

（7）应填制付款记账凭证。

(8) 应填制付款记账凭证。

(9) 应填制付款记账凭证。

(10) 应填制付款记账凭证。

2. 编制各经济业务的会计分录。

鸿达公司 2020 年 7 月会计分录,如表 5-4 所示。

表 5-4　　鸿达公司 2020 年 7 月会计分录

序号	日期	摘要	账户名称	借方金额	贷方金额
1	2020-07-03	收到投资	银行存款 　实收资本	200 000	 200 000
2	2020-07-05	购买设备	固定资产 　银行存款	40 000	 40 000
3	2020-07-10	生产用料	生产成本 　原材料	12 000	 12 000
4	2020-07-15	提取现金	库存现金 　银行存款	2 000	 2 000
5	2020-07-17	借款	银行存款 　短期借款	20 000	 20 000
6	2020-07-18	支付货款	应付账款 　银行存款	35 000	 35 000
7	2020-07-22	偿还借款	短期借款 　银行存款	30 000	 30 000
8	2020-07-24	购入材料	在途物资 　银行存款	20 000	 20 000
9	2020-07-28	购入办公用品	管理费用 　库存现金	1 000	 1 000
10	2020-07-30	偿还应付账款	应付账款 　银行存款	20 000	 20 000

3. 编制 T 形账户,如表 5-5 所示。

表 5-5　　鸿达公司 2020 年 7 月 T 形账户

库存现金

借方			贷方
④	2 000	⑨	1 000
本期发生额	2 000	本期发生额	1 000

固定资产

借方			贷方
②	40 000		
本期发生额	40 000	本期发生额	—

银行存款

借方			贷方
①	200 000	②	40 000
⑤	20 000	④	2 000
		⑥	35 000
		⑦	30 000
		⑧	20 000
		⑩	20 000
本期发生额	220 000	本期发生额	147 000

应付账款

借方			贷方
⑥	35 000		
⑩	20 000		
本期发生额	55 000	本期发生额	—

短期借款

借方		贷方	
⑦	30 000	⑤	20 000
本期发生额	30 000	本期发生额	20 000

在途物资

借方		贷方	
⑧	20 000		
本期发生额	20 000	本期发生额	—

实收资本

借方		贷方	
		①	200 000
本期发生额	—	本期发生额	200 000

原材料

借方		贷方	
		③	12 000
本期发生额	—	本期发生额	12 000

管理费用

借方		贷方	
⑨	1 000		
本期发生额	1 000	本期发生额	—

生产成本

借方		贷方	
③	12 000		
本期发生额	12 000	本期发生额	—

4. 编制科目汇总表，如表 5-6 所示。

表 5-6　　鸿达公司科目汇总表

2020 年 7 月　　字第　号

会计科目	账页	本期发生额		记账凭证起讫号
		借方	贷方	
库存现金		2 000	1 000	银收 1-2 号 银付 1-6 号 现付 1 号 转 1 号
银行存款		220 000	147 000	
在途物资		20 000		
原材料			12 000	
生产成本		12 000		
固定资产		40 000		
短期借款		30 000	20 000	
应付账款		55 000		
实收资本			200 000	
管理费用		1 000		
合　计		380 000	380 000	

第六章　会 计 账 簿

第一部分　内 容 概 要

一、会计账簿概述

（一）会计账簿的概念

会计账簿简称账簿，是由具有一定格式的账页组成的，以审核无误的会计凭证为依据，用以连续、系统、综合及全面地记录和反映企业各项交易或事项的簿籍。

（二）会计账簿的意义

（1）会计账簿全面记录和反映会计信息。

（2）会计账簿可为考核财务状况，评价经营者业绩等提供依据。

（3）会计账簿为企业财务报表的编制提供了主要数据。

（三）会计账簿的种类

1. 会计账簿按照用途分类，可分为序时账簿、分类账簿和备查账簿三种。

（1）序时账簿又称日记账，是按照交易或事项发生时间的先后顺序，逐日逐笔进行登记的账簿。日记账按其记录交易或事项内容不同，可分为普通日记账和特种日记账。

（2）分类账簿是指对发生的全部交易或事项按照会计科目进行分门别类登记的账簿。分类账簿按照反映交易或事项内容的详细程度不同，分为总分类账簿和明细分类账簿。

（3）备查账簿又称辅助账簿，是对一些在序时账簿和分类账簿中不能记载或记载不全的交易或事项进行补充登记，以备查考的账簿。

2. 会计账簿按照外表形式分类，可分为订本式账簿、活页式账簿和卡片式账簿。

（1）订本式账簿又称订本账，是指在账簿启用前就把若干账页装订成册，并按顺序进行编号的账簿。

（2）活页式账簿又称活页账，是指在账簿启用前不对账簿进行装订，也不按顺序编号，其账页放置在活页账夹中，可随时取用，年末将本年所登记的账页装订成册并连续编号的账簿。

（3）卡片式账簿又称卡片账，是指使用印有记账格式和特定内容的卡片登记交易或事项的账簿。

3. 会计账簿按照账页格式分类，分为三栏式账簿、多栏式账簿、数量金额式账簿和横线登记式账簿。

（1）三栏式账簿是指将账页登记金额的部分分为三栏：借方、贷方和余额的账簿。

（2）多栏式账簿是指将账页登记金额的栏目中根据需要分设若干专栏的账簿，可设在借方或在贷方，或者两方同时设置。

(3) 数量金额式账簿是指将账页登记金额的部分分为:借方、贷方和余额三个基础栏目,并在每个栏目下分设数量、单价和金额三小栏,用来反映企业财产物资的具体数量和价值。

(4) 横线登记式账簿是指利用平行式账页,将同一交易或事项的若干内容在同一行进行登记的账簿,可以反映其完成及变动情况。

二、会计账簿的设置与登记

(一) 会计账簿的设置

1. 会计账簿的设置要求

(1) 满足需要。

(2) 组织严密。

(3) 精简灵便。

2. 会计账簿的基本内容

(1) 封面。

(2) 扉页。

(3) 账页。

(4) 封底。

(二) 会计账簿的设置和登记

1. 现金日记账的设置和登记

现金日记账是按照涉及库存现金的交易或事项发生或完成时间的先后顺序,逐日逐笔连续登记库存现金增减变动及结存情况的账簿。在实务中,出纳人员依据审核无误的库存现金收款凭证、库存现金付款凭证以及银行存款付款凭证,按交易或事项发生的先后顺序逐日逐笔进行登记。

2. 银行存款日记账的设置和登记

银行存款日记账是按照涉及银行存款的交易或事项发生或完成时间的先后顺序,逐日逐笔连续登记银行存款增减变动及结存情况的账簿。在实务中,出纳人员依据审核无误的银行存款收款凭证、银行存款付款凭证以及库存现金付款凭证,按交易或事项发生的先后顺序逐日逐笔进行登记。

3. 总分类账簿的设置和登记

总分类账也称总账,是按照总分类科目设置,用于对各项交易或事项进行分类核算,总括地反映和记录交易、事项增减变动情况的账簿,总分类账可以根据记账凭证,按照交易或事项发生时间的先后顺序逐笔登记,也可以先将记账凭证定期汇总,编成汇总记账凭证或者科目汇总表,根据汇总金额进行登记。

4. 明细分类账簿的设置和登记

明细分类账是按照二级或明细会计科目设置,用于提供明细核算交易或事项资料,明细分类账簿通常设置三栏式、多栏式、数量金额式及横线登记式。明细分类账可根据记账凭证及所附原始凭证或原始凭证汇总表逐日逐笔登记,也可定期汇总登记。

三、会计账簿的启用及登记规则

1. 会计账簿的启用规则

(1) 账簿封面上应清晰写明单位名称、账簿名称和会计年度，如现金日记账、总分类账等。

(2) 账簿扉页上应填写启用和经管人员，包括单位名称、账簿名称、启用日期、记账人员和主管人员姓名等。

2. 会计账簿的登记规则

(1) 登记时应及时准确完整。

(2) 登记时应使用蓝黑墨水。

(3) 登记时应连续。

(4) 登记时应书写规范。

(5) 结出余额。

(6) 账页结转处理。

(7) 正确更正登记错误。

四、对账与结账

(一) 对账

1. 对账的概念

对账是指定期对各类会计账簿进行核对，及时发现记账过程中的错误，以保证账簿登记准确、完整，做到账证相符、账账相符及账实相符。

2. 对账的内容

(1) 账证核对是指将各类账簿记录与据以登记入账的会计凭证进行核对。

(2) 账账核对是指在账证核对的基础上，将各类账簿之间的相关记录进行核对。

(3) 账实核对是指将各财产物资的账面结存数额与实有数额进行核对。

(二) 结账

1. 结账的概念

结账是指在将一定时期发生的经济业务全部登记入账的基础上，在会计期末对会计账簿记录进行汇总，计算出各个账户的本期发生额和期末余额并作相应结转的工作。

2. 结账的方法

结账按其时间不同，可分为月结、季结和年结。结账一般采用划线的方法进行，月末、季末结账划通栏单红线，年末结账划通栏双红线。

(三) 错账更正方法

在实务中，当发现账簿记录错误时，不得随意更正，而应根据错误的具体情况，采用不同的错账更正方法进行更正。

(1) 划线更正法适用于记账凭证正确但登记账簿发生错误。

(2) 红字更正法适用于记账凭证上会计科目正确，金额写多，导致账簿登记错误；记账凭证上会计科目用错，导致账簿登记错误。

(3) 补充登记法适用于记账凭证上会计科目正确，金额写少，导致账簿登记错误。

五、会计账簿的更换与保管

（一）会计账簿更换

1. 会计账簿更换的概念

会计账簿更换是指在会计年度终了时，将本年度的账簿更换为次年度新账簿的工作。

2. 会计账簿更换的程序

（1）全部账户结清。

（2）账户结转处理。

（二）会计账簿的保管

1. 账簿管理的要求

（1）专人管理。

（2）查阅、复制须经批准。

（3）除非必要，不得外带。

2. 使用过的账簿归档保管要求

（1）归类整理，保证齐全。

（2）装订成册。

（3）编制清单。

（4）妥善保存。

保管期满后，应按照规定的审批程序，报经批准后方可销毁。根据规定需要永久保存的账簿不能销毁。

第二部分　练　习　题

一、名词解释

1. 会计账簿
2. 序时账簿
3. 数量金额式账簿
4. 对账
5. 结账

二、单项选择题

1. 账簿是由具有一定格式的账页组成的，以审核无误的（　　）为依据，用以连续、系统、综合及全面地记录和反映企业各项交易或事项的簿籍。

A. 原始凭证　　B. 记账凭证　　C. 会计凭证　　D. 账页

2. 下列各项中，会计账簿按照用途分类，可以分为（　　）。

A. 序时账簿　　B. 订本式账簿　　C. 活页式账簿　　D. 卡片式账簿

3. 原材料明细分类账簿的外表形式可采用（　　）。

A. 三栏式账簿　　B. 数量金额式账簿

C. 订本式账簿　　　　D. 活页式账簿

4. 下列各项中,不能直接作为登记总分类账依据的是(　　)。

A. 原始凭证　　B. 记账凭证　　C. 科目汇总表　　D. 汇总记账凭证

5. 一般情况下,银行存款日记账账簿应采用(　　)。

A. 订本式账簿　　　　B. 活页式账簿

C. 卡片式账簿　　　　D. 任何形式的账簿

6. 下列各明细分类账簿中,其账页格式应采用数量金额式的是(　　)。

A. 制造费用明细分类账　　　　B. 管理费用明细分类账

C. 库存商品明细分类账　　　　D. 应付账款明细分类账

7. 下列关于会计账簿的登记要求,不正确的是(　　)。

A. 登记后在记账凭证上注明已经登账的符号

B. 使用圆珠笔或铅笔登账

C. 账簿中书写的数字占格距的 1/2

D. 按账簿页次顺序登记,不得跳行、跳页

8. 在根据审核无误的收款凭证登记现金日记账时,将“2 000 元”错记为“200 元”,则应采用的错账更正方法是(　　)。

A. 红字更正法　　B. 划线更正法　　C. 补充登记法　　D. 注销登记法

9. 订本式账簿主要适用于(　　)。

A. 债权、债务明细账　　　　B. 收入、费用明细账

C. 材料、商品明细账　　　　D. 总账、日记账

10. 下列各项中,可以采用卡片账的是(　　)。

A. 库存商品总分类账　　　　B. 银行存款日记账

C. 固定资产明细分类账　　　　D. 固定资产总分类账

11. 下列经济业务事项中,应登记备查账簿的是(　　)。

A. 经营租入固定资产　　　　B. 融资租入固定资产

C. 支付固定资产租金　　　　D. 收取固定资产租金

12. 下列情形中,不可以用红色墨水记账的是(　　)。

A. 冲账的记账凭证,冲销错误记录

B. 在不设借贷等栏的多栏式账页中,登记减少数

C. 在三栏式账户的余额栏前,注明余额方向的,在余额栏内登记负数余额

D. 在三栏式账户的余额栏前,未注明余额方向的,在余额栏内登记负数余额

13. 如果在登记账簿时发生跳行,正确的处理方法是(　　)。

A. 用蓝色墨水笔划线注销

B. 用红色墨水笔划线注销

C. 用红色墨水笔划斜线注销,同时注明“此行空白”

D. 用红色墨水笔划斜线注销,同时注明“此行空白”并由记账人员盖章

14. 下列明细分类账账页格式中,适宜采用贷方多栏式的是(　　)。

A. 生产成本　　B. 销售费用　　C. 营业外收入　　D. 营业外支出

15. 下列各项对账的内容中，属于账实核对的是（　　）。

A. 银行存款日记账余额与银行对账单余额的核对

B. 现金日记账余额与库存现金总分类账余额的核对

C. 总分类账账户借方发生额合计数与其所属明细分类账账户借方发生额合计数的核对

D. 总分类账账户贷方发生额合计数与其所属明细分类账账户贷方发生额合计数的核对

16. 结账时应结出每个账户的余额，有些账户还需结出发生额。对于企业来说，进行结账的具体时间是（　　）。

A. 每笔经济业务事项完成时　　B. 每日营业终了时

C. 一定时期终了时　　D. 财务报表编制完成时

17. 负责登记账簿的会计人员根据记账凭证登记完账簿后，除了要在记账凭证下方记账处签上自己的名字或加盖印章以示负责外，还要在记账凭证设定的位置处注明已经登账的符号“√”，是为了（　　）。

A. 防止凭证散失　　B. 防止错行或隔页

C. 明确记账责任　　D. 防止重记或漏记

18. 登记现金日记账和银行存款日记账时，当每一账页登记完毕结转下页时，结计“过次页”的本页合计数是（　　）。

A. 本页的发生额合计数

B. 自本月初起至本页末止的发生额合计数

C. 本月的发生额合计数

D. 自本年初起至本页末止的发生额合计数

19. 年度结账时，在结出本期借、贷方发生额和期末余额后，应在该行（　　）。

A. 上面划通栏双红线　　B. 下面划通栏双红线

C. 上、下划通栏双红线　　D. 上、下金额栏划双红线

20. 下列账簿中，可跨年度连续使用，不必每年更换新账的是（　　）。

A. 总分类账　　B. 银行存款日记账

C. 固定资产明细账　　D. 财务费用明细账

21. 关于明细分类账的登记方法，下列各项中，表述错误的是（　　）。

A. 不同类型经济业务的明细分类账，可根据管理需要，依据记账凭证、原始凭证或汇总原始凭证逐日逐笔或定期汇总登记

B. 固定资产、债权、债务等明细账可以定期汇总登记

C. 库存商品、原材料、产成品收发明细账可以逐笔登记

D. 收入、费用明细账可以定期汇总登记

22. 下列各项中，不能用来登记现金日记账的是（　　）。

A. 现金收款凭证　　B. 现金付款凭证

C. 银行存款收款凭证　　D. 银行存款付款凭证

23. 关于总分类科目与明细科目的平行登记，下列说法中，不正确的是（　　）。

A. 可以实现补充说明

B. 可检查会计科目记录的正确性

C. 可根据明细科目汇总登记总分类科目
D. 可检查会计科目记录的完整性
24. 银行存款日记账与银行对账单之间的核对属于(　　)。
A. 账证核对　B. 账账核对　C. 账实核对　D. 余额核对
25. 更正错账时,补充更正法的适用范围是(　　)。
A. 记账凭证上会计科目或记账方向错误,导致账簿记录错误
B. 记账凭证正确,在记账时发生错误,导致账簿记录错误
C. 记账凭证上会计科目或记账方向正确,所记金额大于应记金额,导致账簿记录错误
D. 记账凭证上会计科目或记账方向正确,所记金额小于应记金额,导致账簿记录错误

三、多项选择题

1. 下列关于会计账簿作用的说法中,正确的有(　　)。
A. 可以提供连续、系统、全面的核算资料
B. 为编制财务报表提供依据
C. 确保财产物资的安全完整
D. 为考核经营绩效提供依据
2. 会计账簿按其用途可分为(　　)。
A. 订本式账簿　B. 备查账簿　C. 序时账簿　D. 分类账簿
3. 下列各种会计账簿中,应采用订本式账簿的有(　　)。
A. 应付账款总分类账　B. 原材料明细账
C. 现金日记账　D. 银行存款日记账
4. 明细分类账的账页格式可以采用(　　)。
A. 三栏式　B. 数量金额式　C. 多栏式　D. 横线登记式
5. 下列会计账簿中,属于备查账簿的有(　　)。
A. 租入固定资产登记簿　B. 受托加工材料登记簿
C. 代管商品物资登记簿　D. 固定资产卡片账
6. 采用活页式账簿相对于订本式账簿来说,其优点在于(　　)。
A. 可以根据实际需要随时添加或减少账页
B. 可以避免账页的浪费
C. 可以防止账页散失
D. 便于多人分工记账
7. 下列各项处理中,正确的有(　　)。
A. 现金日记账采用三栏式账簿
B. 原材料明细账采用数量金额式账簿
C. 应收账款明细账采用三栏式账簿
D. 财务费用明细账采用多栏式账簿
8. 银行存款日记账账簿属于(　　)。
A. 序时账簿　B. 总分类账簿　C. 订本式账簿　D. 活页式账簿

9. 现金日记账借方的登记依据包括(　　)。

A. 库存现金收款凭证　　B. 库存现金付款凭证

C. 银行存款收款凭证　　D. 银行存款付款凭证

10. 下列关于银行存款日记账的表述中,正确的有(　　)。

A. 必须采用订本式

B. 由出纳人员逐日逐笔登记

C. 每日结出余额并与银行进行核对

D. 收入栏只能依据银行存款收款凭证登记

11. 下列有关总分类账登记的说法中,不正确的有(　　)。

A. 总分类账的登记依据和方法取决于账务处理程序

B. 总分类账不能根据记账凭证直接登记

C. 总分类账可以根据原始凭证直接登记

D. 总分类账可以根据汇总记账凭证登记

12. 下列各项目中,属于账账核对的有(　　)。

A. 银行存款总分类账余额与银行存款日记账余额的核对

B. 总分类账户余额与其所属明细账户余额之和的核对

C. 本企业应收账款明细账余额与债务企业应付账款明细账余额的核对

D. 会计部门财产物资明细账余额与保管部门财产物资明细账余额的核对

13. 下列各项中,符合会计账簿登记规则的有(　　)。

A. 登记账簿必须以审核无误的会计凭证为依据

B. 登记账簿时书写的文字和数字应占格距的3/4,不可顶格

C. 登记账簿时不得使用圆珠笔和铅笔书写

D. 登记账簿时应按页次顺序登记,不得跳行、隔页

14. 下列各项中,属于错账更正方法的有(　　)。

A. 划线更正法　　B. 补充登记法　　C. 蓝字冲销法　　D. 红字更正法

15. 在会计账簿扉页上"账簿启用及接交表"中填列的内容不应包括(　　)。

A. 单位名称　　B. 账簿名称　　C. 账户名称　　D. 账户编号

16. 下列各项说法中,正确的有(　　)。

A. 总分类账提供总括核算资料

B. 总分类账应根据明细账的资料进行登记

C. 总分类账应采用订本式账簿

D. 明细账提供详细核算资料

17. 结账前发现账簿记录错误,进行错账更正时不能采用划线更正法的有(　　)。

A. 记账凭证上会计科目错误,导致账簿记录错误

B. 记账凭证正确,在登账时借贷方向记错,导致账簿记录错误

C. 记账凭证上会计科目正确,但所记金额小于应记金额,导致账簿记录错误

D. 记账凭证上会计科目正确,但所记金额大于应记金额,导致账簿记录错误

18. 下列错账更正方法中,适用于结账前发现因记账凭证错误而导致账簿记录错误的

有（　　）。

A. 划线更正法　　B. 红字更正法　　C. 补充登记法　　D. 平行登记法

19. 错账更正方法中，红字更正法适用于（　　）。

A. 记账凭证中应记科目、借贷方向错误，金额正确

B. 记账凭证中应记科目、借贷方向正确，金额多记

C. 登记账簿后发现的记账凭证中应记科目、借贷方向错误，而所记金额正确

D. 登记账簿后发现的记账凭证中应记科目、借贷方向正确，但所记金额大于应记金额

20. 下列各项中，属于账实核对的有（　　）。

A. 现金日记账的账面余额与库存现金实际库存数核对

B. 银行存款日记账的账面余额与开户银行对账单余额核对

C. 各种应收、应付款项明细分类账账面余额与有关债务人债权人相关账面余额核对

D. 各种财产物资明细分类账账面结存数额与财产物资的实存数额核对

21. 下列情形中，可以用红色墨水记账的是（　　）。

A. 按照红字冲账的记账凭证，冲销错误记录

B. 在不分设借和贷栏的多栏式账页中，登记减少数

C. 在三栏式账户的余额栏前，如未印明余额方向的，在余额栏内登记负数余额

D. 期末结账时划线

22. 下列说法中，正确的有（　　）。

A. 现金、银行存款日记账，每月要结出本月发生额和余额，在摘要栏内注明“本月合计”字样，并在下面通栏划单红线

B. 需要结计本年累计发生额的明细账，每月结账时应在“本月合计”行下结出自年初起至本月末止的累计发生额

C. 总分类账账户平时只需结出月末余额。年终结账时，将所有总分类账账户结出全年发生额和年末余额，在摘要栏内注明“本年合计”字样，并在合计数下通栏划双红线

D. 年度终了时，对有余额的账户，要将其余额结转下年，并在摘要栏注明“结转下年”字样

23. 下列账簿中，可以跨年度连续使用的有（　　）。

A. 主营业务收入明细账账簿　　B. 应付账款明细账账簿

C. 固定资产卡片账账簿　　D. 租入固定资产登记簿

24. 年度结束后，对于账簿的保管应做到（　　）。

A. 归类整理，保证齐全。归档前应对更换下来的旧账簿进行分类整理，检查使用过的账簿是否齐全

B. 装订成册，手续完备。对更换下来的账簿应分类装订成册或予以封扎处理，并办理必要的手续

C. 编制清单，归档保管。对更换下来的账簿应填写移交清单，办理移交手续，及时交由单位档案管理部门归档保管。保管人员应按照档案管理办法的要求编制索引、分类储存，以便于日后查阅

D. 妥善保存，期满销毁。对更换下来的账簿，应采取一定的安全措施妥善保存，不得任

意销毁。保管期满后，应按照规定的审批程序，报经批准后方可销毁

25. 下列关于“过次页”和“承前页”的说法中，正确的有(　　)。

A. 每一账页登记完毕结转下页时，应当结出本页合计数及余额，写在本页最后一行和下页第一行有关栏内，并在摘要栏内注明“过次页”和“承前页”字样

B. 也可以将本页合计数及金额只写在下页第一行有关栏内，并在摘要栏内注明“承前页”字样

C. 对需要结计本月发生额的账户，结计“过次页”的本页合计数应当为自本月初起至本页末止的发生额合计数

D. 对既不需要结计本月发生额，也不需要结计本年累计发生额的账户，可以只将每页末的余额结转次页

四、判断题

1. 会计账簿的记录是编制会计报表的前提和依据，也是检查、分析和控制单位经济活动的重要依据。(　　)

2. 活页式账簿便于账页的重新排列和记账人员的分工，但账页容易散失和被随意抽换。(　　)

3. 备查账簿是对某些在序时账簿和分类账簿中未能记载或记载不全的事项进行补充登记的账簿，因此，任何企业都必须设置备查账簿。(　　)

4. 日记账应逐日逐笔按顺序登记，总分类账可以逐笔登记，也可以汇总登记。(　　)

5. 企业进行会计核算时，并非对所有的总分类账户都需要开设明细分类账户。(　　)

6. 为便于管理，“应收账款”“应付账款”的明细账必须采用多栏式明细分类账格式。(　　)

7. 银行存款日记账可以采用三栏式，也可以采用多栏式；多栏式银行存款日记账一般适用于银行存款收、付业务较多而与“银行存款”科目对应的科目不多和比较固定的企业。(　　)

8. 银行存款收付业务较少的企业，可以不设置银行存款日记账而以银行对账单代替银行存款日记账，以简化会计核算。(　　)

9. 无论是三栏式明细账还是多栏式明细账都是由会计人员根据审核无误的原始凭证或原始凭证汇总表，按经济业务发生的先后顺序逐日逐笔登记的。(　　)

10. 横线登记式明细分类账可以将前后密切相关的经济业务在同一横线内进行登记，这样可以检查每笔经济业务的完成和变动情况。(　　)

11. 会计账簿登记中，如果不慎发生隔页，应立即将空页撕掉，并更改页码。(　　)

12. 登记账簿时要用蓝黑墨水或者碳素墨水笔书写，红色墨水笔任何情况下均不能使用。(　　)

13. 在不设置贷方栏的生产成本多栏式明细账簿中，月末结转时，金额可用红墨水笔在借方有关明细项目的专栏内登记。(　　)

14. 划线更正法适用于结账后发现账簿记录中的文字或数字有误，而其所依据的记账凭证无误的情况。(　　)

15. 记账后发现记账凭证中借记“管理费用 5 000 元”错记为借记“管理费用 50 000 元”，则可以采用红字更正法更正错账。 ( )

16. 对账，就是核对账目，即对各种会计账簿之间相对应记录进行核对。 ( )

17. 账实核对是指将各财产物资的账面余额与实有数额进行核对。因此，银行存款日记账的账面余额与开户银行对账单余额的核对属于账实核对。 ( )

18. 对账是指在将一定时期发生的经济业务全部登记入账的基础上，在会计期末对会计账簿记录进行汇总，计算出各个账户的本期发生额和期末余额并作相应结转的工作。

( )

19. 结账一般采用划线的方法进行，平时（月末、季末）结账划通栏单红线，年末结账划通栏双红线。 ( )

20. 年终结账时有余额的账户，其余额结转下年的方法是：将余额直接记入下一会计年度新建会计账簿同一账户的第一行余额栏内，并在摘要栏注明“上年结转”字样。 ( )

21. 会计年度终了进行年度结账后，必须按规定更换新账。 ( )

22. 已归档的会计账簿原则上不得借出，有特殊需要的经单位领导批准后可以出借，但应尽快归还。 ( )

23. 企业任一会计人员发生调动或离职时，都应办理账簿交接手续并填列“账簿启用及接交表”。 ( )

24. 企业年度结账后，更换下来的账簿，可暂由本单位财务会计部门保管一年，期满后，原则上应由财会部门移交本单位档案部门保管。 ( )

25. 会计账簿保管期满后，应按照规定的审批程序，报经批准后方可销毁。根据规定需要永久保存的账簿不能销毁。 ( )

五、业务题

习题一

（一）目的

练习日记账、三栏式明细账、数量金额式明细账的登记。

（二）资料

烟台兴茂机械制造有限公司 2020 年 11 月有关资料如下：

(1) 公司“银行存款”账户 2020 年 11 月期初余额为 1 979 307.00 元。

(2) 公司“库存现金”账户 2020 年 11 月期初余额为 7 130.00 元。

(3) 公司“库存商品”总分类账及所属明细分类账期初余额如表 6-1 所示。

表 6-1　　库存商品总分类账及所属明细分类账的期初余额　　单位:元

账户名称	商品名称	数量(件)	单价	金额
库存商品	抗性消音器	150	900	135 000
	铝合金油箱	200	500	100 000
合　计				235 000

（4）公司“应收账款”总分类账及所属明细分类账期初余额如表 6-2 所示。

表 6-2　　应收账款总分类账及所属明细分类账的期初余额　　单位：元

账户名称	供应单位	金额
应收账款	青岛山海机械有限公司	2 168
	济南西城机械有限公司	50 000
	重庆华宇机械有限公司	18 000
合　计		70 168

2020 年 10 月份发生下列经济业务：

（1）2 日，从银行提取现金 3 000 元，以备零星开支之用。

（2）4 日，收到青岛山海机械有限公司所欠上月销货款余款 2 168 元，已存入银行。

（3）7 日，销售部李强出差预借差旅费 2 500 元，以现金付讫。

（4）8 日，以现金支付公司办公用品费 800 元。

（5）9 日，从银行取得短期借款 50 000 元，存入开户银行。

（6）10 日，销售给济南西城机械有限公司抗性消音器 100 件，并开出增值税专用发票（号码：03454031），列明价款 98 000 元，税额 12 740 元，单位成本 900 元，货已发出，货款尚未收到。

（7）12 日，行政管理部门报销业务招待费 1 000 元，以库存现金付讫。

（8）14 日，销售部李强出差回来，报销差旅费 2 230 元，交回现金 270 元。

（9）15 日，开出转账支票一张，金额 500 元，支付本月水电费。

（10）16 日，从银行提取现金 24 000 元，以备发放工资。

（11）17 日，以库存现金发放本月工资 24 000 元。

（12）18 日，销售给重庆华宇机械有限公司铝合金油箱 100 件，并开出增值税专用发票（号码：03454052），列明价款 58 400 元，税额 7 592 元，单位成本是 500 元，货已发出，货款尚未收到。

（13）20 日，以现金支付员工培训费 1 200 元。

（14）25 日，签发转账支票一张，用于支付前欠中通工业集团货款 10 000 元。

（15）30 日，本月生产的产品完工入库。其中，抗性消音器 200 件，单位成本 900 元；铝合金油箱 200 件，单位成本 500 元。

（三）要求

1. 根据上述经济业务编制记账凭证（以会计分录代替）。
2. 根据凭证登记如表 6-3 所示的现金日记账，表 6-4 所示的银行存款日记账。
3. 根据凭证登记如表 6-5 所示的应收账款总分类账。
4. 根据凭证登记如表 6-6、表 6-7、表 6-8 所示的应收账款明细分类账。
5. 根据凭证登记如表 6-9、表 6-10 所示的库存商品明细分类账。
6. 月末结出账簿的本月发生额和月末余额。

（四）格式

表 6-3 现金日记账

年		凭 证		摘 要	对方科目	借方金额	贷方金额	借或贷	余额
月	日	种类	编号						

表 6-4 银行存款日记账

年		凭 证		摘 要	对方科目	借方金额	贷方金额	借或贷	余额
月	日	种类	编号						

表 6-5 应收账款总分类账

年		凭 证		摘 要	对方科目	借方金额	贷方金额	借或贷	余额
月	日	种类	编号						

表 6-6　　应收账款明细分类账

明细科目名称或编号：________________

年		凭证		摘要	对方科目	借方金额	贷方金额	借或贷	余额
月	日	种类	编号						

表 6-7　　应收账款明细分类账

明细科目名称或编号：________________

年		凭证		摘要	对方科目	借方金额	贷方金额	借或贷	余额
月	日	种类	编号						

表 6-8　　应收账款明细分类账

明细科目名称或编号：________________

年		凭证		摘要	对方科目	借方金额	贷方金额	借或贷	余额
月	日	种类	编号						

表 6-9　　库存商品明细分类账

商品名称：____________　单位：__________

年		凭证		摘要	收入			发出			结存		
月	日	种类	编号		数量	单价	金额	数量	单价	金额	数量	单价	金额

表 6-10 库存商品明细分类账

商品名称：________ 单位：________

年		凭证		摘要	收入			发出			结存		
月	日	种类	编号		数量	单价	金额	数量	单价	金额	数量	单价	金额

习题二

（一）目的

练习错账的正确更正方法。

（二）资料

烟台兴茂机械制造有限公司 2020 年 11 月有关资料如下：

（1）5 日，采购员李强到重庆出差，预借差旅费 2 000 元，以现金付讫。会计凭证编制如下，并已根据凭证入账。

借：管理费用 2 000

　　贷：库存现金 2 000

表 6-11 管理费用总分类账

2020 年		凭证		摘要	对方科目	借方金额	贷方金额	借或贷	余额
月	日	种类	编号						
11	5	付	1	预借差旅费	库存现金	2 000		借	2 000

表 6-12 库存现金总分类账

2020 年		凭证		摘要	对方科目	借方金额	贷方金额	借或贷	余额
月	日	种类	编号						
11	1			期初余额				借	4 000
11	5	付	1	预借差旅费	管理费用		2 000	借	2 000

（2）7 日，公司行政管理部门发生业务招待费 860 元，收到增值税电子普通发票 1 张，以转账支票付讫。会计凭证编制如下，并已根据凭证入账。

借：管理费用 680

　　贷：银行存款 680

表 6-13 管理费用总分类账

2020年		凭证		摘要	对方科目	借方金额	贷方金额	借或贷	余额
月	日	种类	编号						
11	7	付	2	支付业务招待费	银行存款	680		借	680

表 6-14 银行存款总分类账

2020年		凭证		摘要	对方科目	借方金额	贷方金额	借或贷	余额
月	日	种类	编号						
11	1			期初余额				借	4 000
11	7	付	2	支付业务招待费	管理费用		680	借	3 320

(3) 13 日，车间领用一般消耗材料一批，价值 2 000 元，会计凭证编制如下，并已根据凭证入账。

借：制造费用　　20 000

　贷：原材料　　20 000

表 6-15 制造费用总分类账

2020年		凭证		摘要	对方科目	借方金额	贷方金额	借或贷	余额
月	日	种类	编号						
11	13	转	1	车间一般消耗	原材料	20 000		借	20 000

表 6-16 原材料总分类账

2020年		凭证		摘要	对方科目	借方金额	贷方金额	借或贷	余额
月	日	种类	编号						
11	1			期初余额				借	40 000
11	13	转	1	车间一般消耗	制造费用		20 000	借	20 000

(4) 20 日，支付烟台财经大学培训公司财务部门员工的培训费，金额 1 200 元，以现金付讫。会计凭证编制如下，根据凭证入账时，发现管理费用的金额被写成了 12 000。

借：管理费用　　1 200

　贷：库存现金　　1 200

表 6-17　　管理费用总分类账

2020年		凭证		摘要	对方科目	借方金额	贷方金额	借或贷	余额
月	日	种类	编号						
11	20	付	3	支付培训费	库存现金	12 000		借	

表 6-18　　库存现金总分类账

2020年		凭证		摘要	对方科目	借方金额	贷方金额	借或贷	余额
月	日	种类	编号						
11	1			期初余额				借	4 000
11	20	付	3	支付培训费	管理费用		1 200	借	2 800

（三）要求

请采用适当的方法，对可能存在的错账进行更正。

第三部分　参考答案

一、名词解释

1. 会计账簿又称账簿，是指具有一定格式的账页组成的，以审核无误的会计凭证为依据，用以连续、系统、综合及全面地记录和反映企业各项交易或事项的簿籍。

2. 序时账簿又称日记账，是按照交易或事项发生时间的先后顺序，逐日逐笔进行登记的账簿。

3. 数量金额式账簿是指将账页登记金额的部分分为借方、贷方和余额三个基础栏目，并在每个栏目下分设数量、单价和金额三小栏，用来反映企业财产物资的具体数量和价值。

4. 对账是指定期对各类会计账簿进行核对，及时发现记账过程中的错误，以保证账簿登记准确、完整，做到账证相符、账账相符及账实相符。

5. 结账，是指在将一定时期发生的经济业务全部登记入账的基础上，在会计期末对会计账簿记录进行汇总，计算出各个账户的本期发生额和期末余额并作相应结转的工作。

二、单项选择题

1. C	2. A	3. D	4. A	5. A	6. C	7. B	8. B	9. D	10. D
11. A	12. C	13. D	14. C	15. A	16. C	17. D	18. B	19. B	20. C
21. B	22. C	23.C	24.C	25.D					

难点解析：

1. 考查会计账簿的概念，会计账簿以会计凭证为登记依据，答案选 C。

2. 会计账簿按照用途分类，可分为序时账簿、分类账簿和备查账簿三种。选项 BCD 属于按照外表形式分类。

3. 会计账簿按照外表形式分类，可分为订本式账簿、活页式账簿和卡片式账簿。其中，活页式账簿适用于一般明细分类账，其优点是可根据实际需要灵活使用，便于分工记账；其缺点是账页容易散失和被抽换。所以，原材料明细账按外表形式分类，一般采用的是“活页式账簿”，答案选 D。

4. 总分类账可以根据记账凭证，按照交易或事项发生时间的先后顺序逐笔登记，也可以先将记账凭证定期汇总，编成汇总记账凭证或者科目汇总表，根据汇总金额进行登记，原始凭证不能直接作为登记总分类账的依据，答案选 A。

5. 一般具有统驭作用的账簿和记录特别重要的交易或事项的账簿均采用订本式账簿，如总分类账、现金日记账和银行存款日记账等，答案选 A。

6. 数量金额式账簿用来反映企业财产物资的具体数量和价值，选项 C 适用库存商品明细账，选项 AB 适用多栏式，选项 D 适用三栏式账簿。

7. 考查会计账簿的登记要求，不得使用铅笔登账，答案选 B。

8. 记账凭证填制正确，登记账簿数字出错时，应采用划线更正法，答案选 B。

9. 一般具有统驭作用的账簿和记录特别重要的交易或事项的账簿均采用订本式账簿，如总分类账、现金日记账和银行存款日记账等，答案选 D。

10. 卡片账主要适用于在企业经营过程中长期存续，需要在多个会计期间进行连续账务处理的交易或事项，如固定资产总分类账，答案选 D。

11. 备查账簿是对一些在序时账簿和分类账簿中不能记载或记载不全的交易或事项进行补充登记，以备查考的账簿，如租入的固定资产登记簿、应收票据备查簿、代销商品登记等，选项 A 正确。

12. 红色墨水只能在某些特殊情况可以使用：

(1) 根据红字冲账的记账凭证，使用红色墨水登记账簿，冲销账簿错误记录。

(2) 在不设“借方”或“贷方”等栏的多栏式账页中，使用红色墨水登记减少额。

(3) 在三栏式账户的余额栏前，如未注明余额方向的，在余额栏内可使用红色墨水登记负数余额，选项 C 错误。

(4) 根据国家统一会计制度的规定可以用红字登记的其他会计记录。

13. 如果出现跳行、隔页，应当将空行、空页划线注销，注明“此行空白”“此页空白”字样，并由记账人员签名或盖章，答案选 D。

14. 贷方多栏式明细分类账的账页格式是指只在账户的“贷方”栏按明细项目设置若干专栏，它适用于收入账户的明细分类账，如“主营业务收入”“其他业务收入”“营业外收入”明细分类账等，答案选 C。

15. 账实核对是指将各财产物资的账面结存数额与实有数额进行核对，选项 A 正确，选项 BCD 均属于账账核对。

16. 考核结账的概念。结账可分为月结、季结和年结，选项 C 正确。

17. 在会计凭证上所设的专栏中注明“√”，表示已经记账，以避免发生重记或漏记，选项 D 正确。

18. 对需要结计本月发生额的账户,结计“过次页”的本页合计数应当为自本月初起至本页末止的发生额合计数,选项B正确。

19. 结账一般采用划线的方法进行,平时(月末、季末)结账划通栏单红线,年末结账通栏双红线,选项B正确。

20. 总分类账簿、序时账簿和绝大多数明细分类账簿需要每年度更换一次,而用来登记企业财产物资的卡片式账簿,其连续记录的要求比较强,可以跨年度使用,答案选C。

21. 明细分类账可根据记账凭证及所附原始凭证或原始凭证汇总表逐日逐笔登记,也可定期汇总登记,固定资产、债权和债务等明细分类账应逐笔登记,选项B表述错误;种类多、收发频繁的库存商品、原材料等明细分类账可以逐笔登记,也可定期汇总登记;有关收入、费用、成本等明细分类账可以逐日汇总登记,也可以定期汇总登记,选项ACD表述正确。

22. 现金日记账的登记依据是现金收款凭证、现金付款凭证、银行存款付款凭证,答案选C。

23. 考查平行登记相关知识点。总分类账户是所属明细分类账户的统驭账户,明细分类账户隶属于特定的总分类账户,对其对应的总分类账户起着补充说明的作用,二者结合起来能够全面地反映出同一经济业务的核算内容,选项A表述正确。平行登记时方向相同,可以检查会计科目的正确性及记录的完整性,选项BD表述正确。在会计核算中,每一笔经济业务,既要根据会计凭证在总分类账户中进行登记,又要在其所属的有关明细分类账户中进行登记,选项C表述错误。

24. 银行存款日记账属于企业登记账簿,银行对账单属于银行登记企业银行存款实有数额,银行存款日记账与银行对账单的核对属于账实核对,答案选C。

25. 补充更正法的适用范围是记账凭证上会计科目或记账方向正确,所记金额小于应记金额,导致账簿记录,答案选D。

三、多项选择题

1. ABCD	2. BCD	3. ACD	4. ABCD	5. ABC
6. ABD	7. ABCD	8. AC	9. AD	10. AB
11. BC	12. ABD	13. ACD	14. ABD	15. CD
16. ACD	17. ACD	18. BC	19. CD	20. ABCD
21. ABCD	22. ABCD	23. BCD	24. ABCD	25. ABCD

1. 会计账簿作用包括:提供连续、系统、全面的核算资料;为编制财务报表提供依据;确保财产物资的安全完整;为考核经营绩效提供依据,答案选ABCD。

2. 会计账簿按照用途分类可分为序时账簿、分类账簿和备查账簿三种,选项A属于按照外表形式分类。

3. 一般具有统驭作用的账簿和记录特别重要的交易或事项的账簿均采用订本式账簿,如总分类账、现金日记账和银行存款日记账等,选项ACD采用订本式账簿,选项B采用活页式账簿。

4. 在格式上,明细分类账簿通常设置三栏式、多栏式、数量金额式及横线登记式,答案选

ABCD。

5. 备查账簿是对一些在序时账簿和分类账簿中不能记载或记载不全的交易或事项进行补充登记，以备查考的账簿，如租入的固定资产登记簿、受托加工材料登记簿、代管商品物资登记簿等，选项ABC正确，选项D是按照外表形式划分的账簿类型，不属于备查账簿。

6. 采用活页式账簿相对于订本式账簿来说，可以根据实际需要随时添加或减少账页，可以避免账页浪费，便于多人分工记账，选项C错误。

8. 银行存款日记账账簿在用途上属于序时账簿，在外表形式上属于订本式账簿，答案选AC。

9. 现金日记账借方登记库存现金金额增加的依据是库存现金收款凭证和银行存款付款凭证，答案选AD。

10. 银行存款日记账由出纳人员依据审核无误的会计凭证按交易或事项发生的先后顺序逐日逐笔进行登记，选项B表述正确。银行存款日记账企业的银行存款日记账必须采用订本式账簿，选项A表述正确。银行存款日记账需做到日清月结，将银行存款日记账的账面余额与开户银行对账单余额每月核对至少一次，不要求每日核对，选项C表述错误。收入栏可根据银行存款收款凭证及库存现金付款凭证登记，选项D表述错误。

11. 总分类账可以根据记账凭证，按照交易或事项发生时间的先后顺序逐笔登记，也可以先将记账凭证定期汇总，编成汇总记账凭证或者科目汇总表，根据汇总金额进行登记，答案选BC。

12. 账账核对主要包括：总分类账的核对、总分类账户与其所属明细分类账户的核对、总分类账与日记账之间的核对以及财产物资明细分类账与财产物资保管账(卡)的核对等。选项C属于账实核对。

13. 会计账簿登记时书写的文字和数字应占格距的1/2，不可顶格，选项B表述错误。

14. 错账更正方法的有划线更正法、补充登记法和红字更正法，选项C不正确。

15. 账簿扉页上应填写启用和经管人员一览表，包括单位名称、账簿名称、启用日期、记账人员和主管人员姓名等，不包括选项CD提到的账户名称及编号。

16. 总分类账户是所属明细分类账户的统驭账户，提供总括核算资料。总分类账和明细分类账要依据审核无误的会计凭证进行平行登记，选项B表述错误。

17. 记账凭证填制正确，记账时数字或文字有错误，应采用划线更正法，选项AD需采用红字更正法更正，选项C需采用补充更正法更正。

18. 结账前发现因记账凭证错误而导致账簿记录错误的有红字更正法和补充登记法，答案选C。

19. 红字更正法适用范围是：登记账簿后发现的记账凭证中应记科目、借贷方向错误，所记金额正确；登记账簿后发现的记账凭证中应记科目、借贷方向正确，所记金额大于应记金额，选项CD正确，选项AB表述不清楚，无法判断。

23. 选项A主营业务收入账簿属于损益类账簿，需要每年度更换一次，应付账款明细账固定资产卡片账、租入固定资产登记簿可以跨年度使用，选项BCD正确。

四、判断题

1. √	2. √	3. ×	4. √	5. √	6. ×	7. √	8. ×	9. ×	10. √
11. ×	12. ×	13. √	14. ×	15. √	16. ×	17. √	18. ×	19. √	20. √
21. √	22. ×	23. ×	24. √	25. √					

2. 活页式账簿的优点是便于账页的重新排列和记账人员的分工,缺点是账页容易散失及被随意抽换。

3. 备查账簿是对某些在序时账簿和分类账簿中未能记载或记载不全的事项进行补充登记的账簿,因此,不是任何企业都必须设置备查账簿。

6. "应收账款""应付账款"的明细账可采用三栏式明细分类账格式。

8. 银行存款收付业务较少的企业,不可以用银行对账单代替银行存款日记账。

9. 明细分类账可根据记账凭证及所附原始凭证或原始凭证汇总表逐日逐笔登记,也可定期汇总登记。

11. 会计账簿登记中,如果不慎发生隔页,应按照规定注明"此页空白"。

12. 红色墨水笔在特殊情况下可以使用。

14. 划线更正法适用于结账前发现账簿记录中的文字或数字有误,而其所依据的记账凭证无误,即纯属登记入账时笔误或计算上的错误可采用此种方法更正。

15. 记账后发现记账凭证中科目没错,金额写多了,可以采用红字更正法更正错账。

16. 对账的内容主要包括账证核对、账账核对和账实核对。其中,账账核对是指核对不同会计账簿之间的账簿记录是否相符。

18. 结账是指在将一定时期发生的经济业务全部登记入账的基础上,在会计期末对会计账簿记录进行汇总,计算出各个账户的本期发生额和期末余额并作相应结转的工作。

22. 已归档的会计账簿不得借出。

23. 账簿扉页上应填写启用和经管人员一览表,主要包括记账人员和主管人员姓名等,不是任一会计人员。

五、业务计算题

习题一解答

1. 根据经济业务编制记账凭证(以会计分录代替),如表 6-19 所示。

表 6-19　　烟台兴茂机械制造有限公司 2020 年 11 月经济业务凭证　　单位:元

序号	日期	摘要	凭证种类及编号	账户名称	借方金额	贷方金额
1	2020-11-02	提现备用	银付 01	库存现金 　银行存款	3 000	 3 000
2	2020-11-04	收到企业欠款	银收 01	银行存款 　应收账款——青岛山海机械有限公司	2 168	 2 168
3	2020-11-07	预借差旅费	现付 01	其他应收款——李强 　库存现金	2 500	 2 500

（续表）

序号	日期	摘要	凭证种类及编号	账户名称	借方金额	贷方金额
4	2020-11-08	支付办公用品	现付 02	管理费用 　库存现金	800	 800
5	2020-11-09	借入短期借款	银收 02	银行存款 　短期借款	50 000	 50 000
6	2020-11-10	销售商品，货款未收	转字 01	应收账款——济南西城机械有限公司 　主营业务收入 　应交税费——应交增值税(进项税额)	110 740	 98 000 12 740
			转字 02	主营业务成本 　库存商品——抗性消音器	90 000	 90 000
7	2020-11-12	报销业务招待费	现付 03	管理费用 　库存现金	1 000	 1 000
8	2020-11-14	报销差旅费，余款退回	现收 01	库存现金 　其他应收款——李强	270	 270
			转字 03	销售费用 　其他应收款——李强	2 230	 2 230
9	2020-11-15	支付水电费	银付 02	管理费用 　银行存款	500	 500
10	2020-11-16	提现备用	银付 03	库存现金 　银行存款	24 000	 24 000
11	2020-11-17	发放工资	现付 04	应付职工薪酬 　库存现金	24 000	 24 000
12	2020-11-18	销售商品，货款未收	转字 04	应收账款——重庆华宇机械有限公司 　主营业务收入 　应交税费——应交增值税(进项税额)	65 992	 58 400 7 592
			转字 05	主营业务成本 　库存商品——铝合金油箱	50 000	 50 000
13	2020-11-20	支付培训费	现付 05	管理费用 　库存现金	1 200	 1 200
14	2020-11-25	还款	银付 04	应付账款——中通工业集团 　银行存款	10 000	 10 000
15	2020-11-30	产品完工入库	转字 06	库存商品——抗性消音器 库存商品——铝合金油箱 　生产成本——抗性消音器 　生产成本——铝合金油箱	180 000 100 000	 180 000 100 000

2. 根据凭证登记现金日记账如表 6-20 所示，银行存款日记账如表 6-21 所示。

表 6-20 现金日记账

2020年		凭证		摘要	对方科目	借方金额	贷方金额	借/贷	余额
月	日	种类	编号						
11	1			期初余额				借	7 130.00
11	2	银付	01	提现	银行存款	3 000.00		借	10 130.00
11	7	现付	01	预借差旅费	其他应收款		2 500.00	借	7 630.00
11	8	现付	02	支付办公用品	管理费用		800.00	借	6 830.00
11	12	现付	03	支付业务招待费	管理费用		1 000.00	借	5 830.00
11	14	现收	01	交回余款	其他应收款	270.00		借	6 100.00
11	16	银付	03	提现	银行存款	24 000.00		借	30 100.00
11	17	现付	04	发放工资	应付职工薪酬		24 000.00	借	6 100.00
11	20	现付	05	员工培训费用	管理费用		1 200.00	借	4 900.00
11	30			本月合计		27 270.00	29 500.00	借	4 900.00

表 6-21 银行存款日记账

2020年		凭证		摘要	对方科目	借方金额	贷方金额	借/贷	余额
月	日	种类	编号						
11	1			期初余额				借	1 979 307.00
11	2	银付	01	提现	库存现金		3 000.00	借	1 976 307.00
11	4	银收	01	收货款余额	应收账款	2 168.00		借	1 978 475.00
11	9	银收	02	银行借款	短期借款	50 000.00		借	2 028 475.00
11	15	银付	02	支付水电费	管理费用		500.00	借	2 027 975.00
11	16	银付	03	提现	库存现金		24 000.00	借	2 003 975.00
11	25	银付	04	支付前欠货款	应付账款		10 000.00	借	1 993 975.00
11	30			本月合计		52 168.00	37 500.00	借	1 993 975.00

3. 根据凭证登记应收账款总分类账，如表 6-22 所示。

表 6-22 应收账款总分类账

2020年		凭证		摘要	对方科目	借方金额	贷方金额	借/贷	余额
月	日	种类	编号						
11	1			期初余额				借	70 168.00
11	4	银收	01	收货款余额	银行存款		2 168.00	借	68 000.00
11	10	转	01	销售抗性消音器	主营业务收入	98 000.00		借	166 000.00
					应交税费	12 740.00		借	178 740.00
11	18	转	04	销售铝合金油箱	主营业务收入	58 400.00		借	237 140.00
					应交税费	7 592.00		借	244 732.00
11	30			本月合计		176 732.00	2 168.00	借	244 732.00

4. 根据凭证登记如表 6-23、表 6-24、表 6-25 所示的应收账款明细分类账。

表 6-23　　应收账款明细分类账

明细科目名称或编号：青岛山海机械有限公司

2020 年		凭证		摘要	对方科目	借方金额	贷方金额	借/贷	余额
月	日	种类	编号						
11	1			期初余额				借	2 168.00
11	4	银收	01	收货款余额	银行存款		2 168.00	平	0
11	30			本月合计			2 168.00	平	0

表 6-24　　应收账款明细分类账

明细科目名称或编号：济南西城机械有限公司

2020 年		凭证		摘要	对方科目	借方金额	贷方金额	借/贷	余额
月	日	种类	编号						
11	1			期初余额				借	50 000.00
11	10	转	01	销售抗性消音器	主营业务收入	98 000.00		借	138 000.00
11	30			本月合计		98 000.00		借	138 000.00

表 6-25　　应收账款明细分类账

明细科目名称或编号：重庆华宇机械有限公司

2020 年		凭证		摘要	对方科目	借方金额	贷方金额	借/贷	余额
月	日	种类	编号						
11	1			期初余额				借	18 000.00
11	18	转	04	销售铝合金油箱	主营业务收入	58 400.00		借	76 400.00
11	30			本月合计		58 400.00		借	76 400.00

5. 根据凭证登记如表 6-26、表 6-27 所示的库存商品明细分类账。

表 6-26　　库存商品明细分类账

商品名称：抗性消音器　　单位：件

2020 年		凭证		摘要	收入			发出			结存		
月	日	种类	编号		数量	单价	金额	数量	单价	金额	数量	单价	金额
11	1			期初余额							150	900	135 000.00
11	10	转	02	销售				100	900	90 000.00			
11	30	转	06	完工入库	200	900	180 000.00						

（续表）

2020年		凭证		摘要	收入			发出			结存		
月	日	种类	编号		数量	单价	金额	数量	单价	金额	数量	单价	金额
11	30			本月合计	200	900	180 000.00	100	900	90 000.00	250	900	225 000.00

表 6-27　　库存商品明细分类账

商品名称：铝合金油箱　　单位：件

2020年		凭证		摘要	收入			发出			结存		
月	日	种类	编号		数量	单价	金额	数量	单价	金额	数量	单价	金额
11	1			期初余额							200	500	100 000.00
11	18	转	04	销售				100	500	50 000			
11	30	转	06	完工入库	200	500	100 000.00						
11	30			本月合计	200	500	100 000.00	100	500	50 000	300	500	150 000.00

习题二解答

(1) 凭证科目错误，采用红字更正法更正。错账更正方法如下：

首先，用红字（加框数字，下同）金额填制一张与原错误记账凭证内容完全相同的记账凭证，并据以入账，如表 6-28、表 6-29 所示。

借：管理费用　　[2 000]

　　贷：库存现金　　[2 000]

然后，用蓝黑字填制一张正确的记账凭证，并据以入账，如表 6-29、表 6-30 所示。

借：其他应收款　　2 000

　　贷：库存现金　　2 000

表 6-28　　管理费用总分类账

2020年		凭证		摘要	对方科目	借方金额	贷方金额	借或贷	余额
月	日	种类	编号						
11	5	付	1	预借差旅费	库存现金	2 000		借	2 000
		付	10	冲销付1凭证	库存现金	[2 000]			0

表 6-29　　库存现金总分类账

2020年		凭证		摘要	对方科目	借方金额	贷方金额	借或贷	余额
月	日	种类	编号						
11	1			期初余额				借	4 000
11	5	付	1	预借差旅费	管理费用		2 000	借	2 000

（续表）

2020年		凭证		摘要	对方科目	借方金额	贷方金额	借或贷	余额
月	日	种类	编号						
		付	10	冲销付1凭证	管理费用		2 000	借	4 000
		付	11	预借差旅费	其他应收款		2 000	借	2 000

表6-30　　其他应收款总分类账

2020年		凭证		摘要	对方科目	借方金额	贷方金额	借或贷	余额
月	日	种类	编号						
11		付	11	预借差旅费	库存现金	2 000		借	2 000

（2）凭证金额少记，采用补充登记法更正。错账更正方法如下：

用蓝字补充填制一张记账凭证，并据以入账，如表6-31、表6-32所示。

借：管理费用　　180

　贷：银行存款　　180

表6-31　　管理费用总分类账

2020年		凭证		摘要	对方科目	借方金额	贷方金额	借或贷	余额
月	日	种类	编号						
11	7	付	2	支付业务招待费	银行存款	680		借	680
		付	12	更正付2凭证	银行存款	180		借	860

表6-32　　银行存款总分类账

2020年		凭证		摘要	对方科目	借方金额	贷方金额	借或贷	余额
月	日	种类	编号						
11	1			期初余额				借	4 000
11	7	付	2	支付业务招待费	管理费用		680	借	3 320
		付	12	更正付2凭证	管理费用		180	借	3 140

（3）凭证金额多记，采用红字更正法更正。错账更正方法如下：

将多记的金额用红字填制一张与原错误记账凭证会计科目及借贷方向相同的记账凭证，并据以入账，如表6-33、表6-34所示。

借：制造费用　　18 000

　贷：原材料　　18 000

表 6-33 制造费用总分类账

2020 年		凭证		摘要	对方科目	借方金额	贷方金额	借或贷	余额
月	日	种类	编号						
11	13	转	1	车间一般消耗	原材料	20 000		借	20 000
		转	10	冲销转 1 凭证多记金额	原材料	18 000		借	2 000

表 6-34 原材料总分类账

2020 年		凭证		摘要	对方科目	借方金额	贷方金额	借或贷	余额
月	日	种类	编号						
11	1			期初余额				借	40 000
11	13	转	1	车间一般消耗	制造费用		20 000	借	20 000
		转	10	冲销转 1 凭证多记金额	制造费用		18 000	借	38 000

（4）记账凭证填制正确，记账时数字有错误，应采用划线更正法。更正时，先在错误的文字或数字正中划一条单红线，然后将正确的文字或数字用蓝字写在划线处的上方，并由记账人员在更正处盖章，如表 6-35 所示。

表 6-35 管理费用总分类账

2020 年		凭证		摘要	对方科目	借方金额	贷方金额	借或贷	余额
月	日	种类	编号						
11	20	付	3	支付培训费	库存现金	1 200	张强	借	

第七章　企业主要经济业务的核算

第一部分　内容概要

一、企业主要经济业务概述

制造业是以产品的生产和销售为主要活动内容的经济组织，经济业务的内容最为完整，主要包括采购、生产、销售三个阶段。企业要想进行生产经营活动，生产适销对路的产品，必须筹集一定数量的资金，而这些资金都是从一定的渠道取得的。经营资金在生产经营过程中被具体运用时，表现为不同的占用形态，而且随着生产经营过程的不断进行，这些资金形态不断转化，形成经营资金的循环与周转。

企业经营过程中发生的主要经济业务内容包括：筹资过程业务、采购过程业务、生产过程业务、销售过程业务、利润形成与分配业务。

二、筹资业务过程的会计核算

（一）筹资过程主要经济业务内容

筹资业务是指企业为了满足生产经营对资金的需求而发生的筹措资金的业务活动。一个企业的生存和发展，离不开资产要素，资产是企业进行生产经营活动的物质基础。对于任何企业而言，形成其资产的资金来源主要有两条渠道：权益资金以及债权资金。

筹资业务过程主要涉及的经济业务可以总结为投入资本和借入资金两类。

投入资本是指企业所有者按照企业章程、合同或协议的约定，实际投入企业的资本，即企业在工商行政管理部门登记注册的资金。借入资金是指企业通过发行债券、向银行或其他金融机构借款等方式筹集的资金。

（二）筹资过程的业务核算

1. 投入资本的业务核算

为了明确核算和监督，投资者投入资本及其变动情况，企业一般需要设置“银行存款”“固定资产”“无形资产”“实收资本”“资本公积”等账户。

投入资金是投资者投入企业的资本金，包括货币和实物等，它是所有者权益的主要来源和表现形式。企业收到的投资者以货币形式投入的投资，应按实际收到的金额入账；以实物资产、无形资产等形式投入的投资，应按各投资方确认的价值金额入账。通常借记“银行存款”“固定资产”“无形资产”等账户，贷记“实收资本”“资本公积”等账户。

2. 借入资金的业务核算

为了明确核算和监督，向债权人借入资金及其变动情况，企业一般需要设置“短期借款”“长期借款”“应付利息”“财务费用”等账户。

企业在生产经营过程中，由于周转资金不足，可以向银行或其他金融机构借款，以补充资本的不足，企业从银行或其他金融机构借入的款项，必须按贷款单位借款规定办理手续、支付利息、到期归还。

1）短期借款的会计核算

企业为满足其生产经营活动对资金的临时需要，而向银行或其他金融机构等借入偿还期限在1年以内的各种款项，通常借记“银行存款”账户，贷记“短期借款”账户。

短期借款必须按期归还本金并按时支付利息，企业应将利息作为期间费用（财务费用）加以确认。计提或偿付利息，通常借记“财务费用”等账户，贷记“应付利息”“银行存款”等账户。偿还本金时，通常借记“短期借款”账户，贷记“银行存款”账户。

2）长期借款的会计核算

企业向银行或其他金融机构借入的偿还期限在1年以上或超过1年的1个经营周期以上的借款即为长期借款，通常借记“银行存款”账户，贷记“长期借款”账户。

一般来说，长期借款的本金及利息的取得和还款情况，均可在“长期借款”账户中登记核算，通常借记“长期借款”账户，贷记“银行存款”等账户。

三、采购业务过程的会计核算

（一）采购过程主要经济业务内容

制造企业生产经营过程的第一个阶段，即为采购阶段，也称生产准备阶段。企业用货币资金购买各种材料物资保证生产的进行，企业的生产经营活动是以一定的房屋建筑物与机器设备等固定资产、专利权与专有技术等无形资产、原材料等存货为基础的。通过筹资环节企业取得了生产经营所需的资金，再利用这些资金购置固定资产、无形资产，购入原材料等存货，为生产经营做准备。

1. 采购成本核算

1）固定资产购置成本

《企业会计准则》规定，固定资产应当按照成本进行初始计量。固定资产取得时的实际成本是指企业购建固定资产达到预定可使用状态前，所发生的一切合理的必要的支出，如支付的固定资产买价、包装费、运杂费、安装费等，反映了固定资产处于预定可使用状态时的实际成本。

2）材料物资采购成本

购买材料所支付的买价和采购费用是材料物资采购成本的主要构成内容。买价是企业采购材料物资时按发票价格支付的货款。采购费用是企业在材料采购材料物资过程中发生的各项费用，具体包括运杂费（装卸费、保险费、包装费、仓储费等）以及运输途中的合理损耗、入库前的挑选整理费用等。

2. 增值税核算

增值税是对在中华人民共和国境内，销售货物或者提供加工修理修配劳务以及进口货物的单位和个人，就其取得的货物或应税劳务销售额计算税款，并实行税款抵扣制的一种流转税。

企业应缴纳的增值税采用税款抵扣的办法，根据公式“应纳税额＝销项税额－进项税额”进行计算，纳税人以销项税额抵扣其进项税额的余额，为实际应向税务机关缴纳的增值税税额。

（二）采购过程的业务核算

1. 固定资产购入的业务核算

为了明确核算和监督固定资产购置业务，企业一般需要设置“在建工程”“固定资产”“应交税费”等账户。

固定资产购入一般分为两种情况：一是购置不需要安装的固定资产，二是企业购置需要安装的固定资产。

（1）企业购入不需安装的固定资产，应将固定资产的买价、包装费、运杂费和保险费等作为固定资产的成本计入“固定资产”账户，通常借记“固定资产”“应交税费——应交增值税（进项税额）”账户，贷记“银行存款”等账户。

（2）企业购入需要安装的固定资产，由于购入后需要发生安装调试成本，因此应将购入的固定资产的成本计入“在建工程”账户，然后将安装调试成本计入“在建工程”账户的借方，通常借记“在建工程”“应交税费——应交增值税（进项税额）”账户，贷记“银行存款”等账户。

安装完毕，达到预定可使用状态并交付使用时，再转入“固定资产”账户，通常借记“固定资产”账户，贷记“在建工程”等账户。

2. 材料物资采购业务的核算

为了明确核算和监督材料物资采购业务，企业一般需要设置“在途物资”“原材料”“库存现金”“应付账款”“应付票据”“预付账款”等账户。

购进材料时，可分为以下几种情形：材料验收入库的同时支付款项；材料已验收入库，货款尚未支付；前期支付材料款项，本期材料验收入库，支付材料采购费用；结转材料采购成本等经济业务，通常借记“在途物资”“原材料”“应交税费——应交增值税（进项税额）”等账户，贷记“银行存款”“应付账款”“预付账款”等账户。

四、生产业务过程的会计核算

（一）生产过程主要经济业务内容

企业的主要经济活动是生产符合社会需要的产品，产品的生产过程，同时也是生产的耗费过程。生产业务是制造业企业的核心经济业务，生产过程既是产品的制造过程，也是固定资产、原材料以及劳动力等的消耗过程。

企业在生产过程中发生的，用货币形式表现的生产耗费称作生产费用，这些费用最终都要归集分配到一定种类的产品上去，从而形成各种产品的成本。企业为生产一定种类，一定数量产品所支出的各种生产费用的总和，对象化于产品就形成了这些产品的成本。

1. 生产费用的定义及内容

产品生产过程中发生的一切资金耗费称为生产费用，生产费用按其计入产品成本的方式不同，可以分为直接费用和间接费用，直接费用是指企业生产产品过程中实际消耗的直接材料和直接人工；间接费用是指企业为生产产品和提供劳务而发生的各项间接支出，通常称为制造费用。

2. 期间费用的定义及内容

期间费用是指企业在生产经营过程中发生的，与特定产品生产没有直接关系，不能直接归属于某种产品成本，而应计入当期损益的各种费用，包括管理费用、销售费用和财务费用。

（二）产品生产成本的计算

产品生产成本是指为生产一定种类、数量的产品所发生的耗费，是对象化的费用。生产过程发生的主要经济业务是归集和分配生产费用，计算产品生产成本。产品生产成本公式如下：

产品生产成本＝直接费用（直接材料、直接人工）＋ 间接费用（制造费用）

直接为产品生产而发生的各项费用，直接计入产品成本。生产车间为组织和管理产品生产而发生的间接费用，月末归集分配后再计入产品成本；企业行政管理部门为组织和管理生产经营活动而发生的管理费用，属于期间费用不计入产品成本，月末直接计入当期损益。

（三）存货发出成本的计算

不同的存货流转假设基础上，产生了不同的存货发出计价方法，如先进先出法、加权平均法和个别计价法等。

1. 先进先出法

先进先出法是假设先入库的存货先发出，即按照存货入库的先后顺序，用先入库存货的单位成本，确定发出存货成本的一种方法。

2. 加权平均法

加权平均法是把可供发出的存货总成本平均分配给所有可供发出的存货数量，因此本期发出存货成本和期末存货成本都要按这一平均单价计算。月末一次加权平均法是指以月初结存存货数量和本月各批收入存货数量作为权数，计算本月存货的加权平均单位成本，据以确定本月发出存货成本和月末结存存货成本的一种方法。相关计算公式如下：

$$\text{加权平均单位成本}=\frac{\text{月初结存存货成本}+\text{本月收入存货成本}}{\text{月初结存存货数量}+\text{本月收入存货数量}}$$

本月发出存货成本＝加权平均单位成本×本月发出存货的数量

月末结存存货成本＝加权平均单位成本×本月结存存货的数量

3. 个别计价法

个别计价法又称个别认定法或具体辨认法，是指本期发出存货和期末结存存货的成本，完全按照该存货所属购进批次或生产批次入账时的实际成本进行确定的一种方法。

（四）生产制造过程业务的核算

为了明确核算和监督生产制造业务，企业一般需要设置“生产成本”“制造费用”“库存商品”“应付职工薪酬”“累计折旧”“管理费用”等账户。

1. 生产费用的归集与分配

为了更好地进行材料费用的核算，一般按领用部门和用途进行归集，并按其用途分配，计入产品成本或期间费用。生产某种产品领用的材料，可直接计入该产品生产成本明细账中的直接材料成本项目；对于几种产品共同耗用的原材料，应采用适当的方法将材料费用在各种产品之间进行分配，分别计入各产品生产成本明细账中。生产车间用于间接消耗的材料应计入“制造费用”账户，行政管理部门消耗的材料应计入“管理费用”账户，通常借记“生产成本”“制造费用”“管理费用”等账户，贷记“原材料”账户。

人工费用是产成品生产成本和期间费用的重要组成部分，应按其发生的地点进行归集，并按其用途分别计入产品生产成本和期间费用。直接从事产品生产的工人工资及各种职工薪酬等属于生产费用，应计入“生产成本”账户；对几种产品共同发生的人工费用，应采用适当的标准和方法，将人工费用在各种产品之间进行分配，分别计入各产品生产成本明细账中。管理部门人员的薪酬应计入“管理费用”账户；销售机构人员的工资及职工薪酬等，应计入“销售费用”账户，通常借记“生产成本”“制造费用”“管理费用”“销售费用”等账户，贷记“应付职工薪酬”账户。

制造费用是企业为生产产品发生的间接费用，间接生产费用是生产多种产品或劳务的共同耗费，不能直接计入某成本核算对象，应先在“制造费用”账户进行归集汇总，通常借记“制造费用”等账户，贷记“累计折旧”“银行存款”等账户。期末采用恰当的分配标准和方法，分配计入相关的成本核算对象中。制造费用的分配应根据不同的情况选择适当的分配标准，如生产工人的工时、机器、工时、生产工人工资等，都可以作为制造费用的分配标准。通常借记“生产成本”账户，贷记“制造费用”账户。

2. 产品生产成本的计算和结转

在制造费用分配至各种产品的生产成本中后，应计入产品生产成本的直接材料费用，直接人工费用和制造费用等都已归集在“生产成本”账户的借方，在此基础上可以进行产品生产成本的计算。产品生产成本计算是指在产品生产完工之后，编制产品生产成本计算表，计算验收入库的完工产品生产总成本和单位成本，通常借记“库存商品”账户，贷记“生产成本”账户。

五、销售业务过程的会计核算

（一）销售过程主要经济业务内容

企业销售过程的主要经济业务包括：通过销售产品确认和计量商品销售收入，计算增值税销项税额，记录同客户之间的款项结算；根据配比原则在确认销售收入的当期，将售出产品的成本确认为销售成本；按照国家税法的规定计算缴纳的各项销售税金；确认在销售过程中发生的运输、包装、广告等销售费用。

（二）销售过程业务的核算

为了明确核算和监督销售业务，企业一般需要设置“应收账款”“应收票据”“预收账款”“主营业务收入”“其他业务收入”“主营业务成本”“其他业务成本”“税金及附加”“销售费用”等账户。

1. 营业收入的确认

营业收入包括主营业务收入和其他业务收入。企业取得的收入，应当按照从购货方已收或应收的合同或协议价款，确定销售商品收入金额，但已收或应收的合同或协议价款不公允的除外，通常借记“银行存款”“应收账款”“预收账款”等账户，贷记“主营业务收入”“其他业务收入”“应交税费——应交增值税（销项税额）”等账户。

2. 营业成本的会计核算

企业在销售商品过程中，一方面减少了库存的存货，另一方面作为取得主营业务收入而垫支的资金，表明企业发生了费用，我们把这项费用称为主营业务成本（也称销售成本）。销售发出的商品成本转为主营业务成本，应遵循配比原则的要求，主营业务成本的结转应与主营业务收入在同一会计期间加以确认，且应与主营业务收入在数量上保持一致，通常借记“主营业务成本”“其他业务成本”账户，贷记“库存商品”“原材料”等账户。

3. 销售税金及销售费用的会计核算

企业销售商品持有特定财产或发生特定行为，就应该向国家税务机关缴纳相应的税金及附加，主要反映企业经营主要业务应负担的消费税、城市维护建设税、资源税、教育费附加及房产税、城镇土地使用税、车船税、印花税等，但不包括增值税，通常借记“税金及附加”账户，贷记“应交税费——应交消费税”“应交税费——应交城建税”“应交税费——应交教育费附加”等账户。

企业在销售过程中，为了销售产品，还要发生各种销售费用，包括由企业负担的包装费、运输费、广告费、装卸费、保险费、委托代销手续费、展览费、租赁费和销售服务费、销售部门固定资产折旧费等，通常借记“销售费用”账户，贷记“银行存款”等账户。

六、利润形成与分配业务的会计核算

（一）利润的形成

1. 利润形成过程的主要经济业务

利润是一个反映企业获利能力的综合指标，利润水平的高低不仅反映企业的盈利水平，而且还反映企业对整个社会所做贡献的大小，同时还是各有关方面对本企业进行财务预测和投资决策的重要依据。利润是企业一定期间内从事经济活动取得的经营成果，是企业全部收入抵扣全部费用后的总成果。

（1）营业利润是指企业所获得的经营业务范围内的利润，其计算公式如下：

营业利润＝营业收入－营业成本－税金及附加－销售费用－管理费用－财务费用－研发费用－资产减值损失－信用减值损失±公允价值变动损益±投资损益±资产处置损益

（2）利润总额是指税前会计利润，其计算公式如下：

利润总额＝营业利润＋营业外收入－营业外支出

（3）净利润是指扣除所得税之后的利润，其计算公式如下：

净利润＝利润总额－所得税费用

利润形成包括营业收入的确认与营业成本的结转；核算营业利润构成项目中的期间费用、投资收益；核算利润总额构成项目中的营业外收入和营业外支出；净利润构成项目中的所得税费用进行会计核算等业务。期末对损益类账户进行结转，运用“本年利润”账户，结算出企业本期的利润总额和净利润。

2. 利润形成过程的业务核算

为了明确核算和监督利润形成业务，企业一般需要设置“本年利润”“资产减值损失”“信用减值损失”“坏账准备”“投资收益”“公允价值变动损益”“营业外收入”“营业外支出”“所得税费用”等账户。

1）各损益类账户的核算

企业利润的形成，除主营业务利润外，还有其他业务利润、投资收益、营业外收入、营业外支出等。

2）结转损益类账户

期末，企业对各损益类账户进行结转，首先结转各项收入、收益，即结转收入类账户计入“本年利润”账户，通常借记“主营业务收入”“其他业务收入”“营业外收入”“投资收益”“公允价值变动损益”等账户，贷记“本年利润”账户。

结转各项成本、费用、支出，即结转费用类账户计入“本年利润”账户，通常借记“本年利润”账户，贷记“主营业务成本”“其他业务成本”“税金及附加”“销售费用”“管理费用”“财务费用”“资产减值损失”“信用减值损失”等账户。

经过初步结转，全部收支反映到“本年利润”账户中，得出企业利润总额。

接下来需根据“本年利润”账户形成的利润总额计算企业所得税费用，通常借记“所得税费用”账户，贷记“应交税费——应交所得税”账户。结转所得税费用至“本年利润”账户，借记“本年利润”账户，贷记“所得税费用”账户。计算出本期净利润，经过结转后，各损益类账户期末均无余额。

（二）利润的分配

1. 利润分配过程的主要经济业务

企业净利润分配的去向主要有：以利润的形式分配给投资者，作为投资者对企业投资的回报；以公积金的形式留给企业，用于企业扩大生产经营；以未分配利润的形式留存于企业，以备将来分配之用。企业当年实现的净利润，首先应弥补以前年度尚未弥补的亏损，对于剩余部分应按照下列顺序进行分配：

（1）提取法定盈余公积。按照《公司法》有关规定，公司制企业应按净利润的10%提取法定盈余公积；非公司制企业可以根据自行确定法定盈余公积提取比例，但不得低于10%。企业提取的法定盈余公积金累计额，超过注册资本50%以上的，可以不再提取。

（2）提取任意盈余公积。企业提取法定盈余公积后，经股东大会或类似权力机构决议，还可以按照净利润的一定比例提取任意盈余公积金。

（3）向投资者分配利润或股利。企业实现的净利润在扣除上述项目后，再加上年初未分配利润和其他转入数（公积金弥补的亏损等），形成可供投资者分配的利润，按顺序分配。

2. 利润分配过程的业务核算

为了明确核算和监督利润分配业务，企业一般需要设置“利润分配”“盈余公积”“应付股利”等账户。

利润分配业务核算第一步，需要将“本年利润”账户中本期的净利润结转至“利润分配”账户，如果期末形成净利润，通常借记“本年利润”账户，贷记“利润分配”账户；如果期末发生净亏损，做相反会计分录。

下一步提取盈余公积以及分配股利或利润的业务核算，通常借记“利润分配——提取法定盈余公积”“利润分配——应付现金股利”等账户，贷记“盈余公积——法定盈余公积”“应付股利”等账户。

最后将利润分配账户所属各明细账余额结清，结转至“利润分配——未分配利润”账户，通常借记“利润分配——未分配利润”账户，贷记“利润分配——提取法定盈余公积”“利润分配——应付现金股利”等账户。

第二部分　练　习　题

一、名词解释

1. 采购成本
2. 生产费用
3. 期间费用
4. 先进先出法
5. 月末一次加权平均法
6. 主营业务收入
7. 营业利润
8. 利润总额
9. 净利润
10. 利润分配的去向

二、单项选择题

1. 投资者按照企业章程和合同、协议的约定，实际投入企业的资本称为(　　)。

A. 实收资本　　B. 未分配利润　　C. 资本溢价　　D. 银行存款

2. 企业为了满足其生产经营对资金的临时性需要而向银行或其他金融机构等借入的偿还期限在1年以内(含1年)的各种借款称为(　　)。

A. 短期借款　　B. 长期借款　　C. 应付债券　　D. 应付账款

3. 用来核算企业为筹集生产经营所需资金等而发生的筹资费用(如利息支出等)的会计账户是(　　)。

A. “短期借款”　　B. “长期借款”　　C. “财务费用”　　D. “应付利息”

4. 有限责任公司增资扩股时，如果有新的投资者加入，则新加入的投资者缴纳的出资额大于按约定比例计算的其在注册资本中所占份额的部分，应计入的贷方账户是(　　)。

A. “实收资本”　　B. “股本”　　C. “资本公积”　　D. “盈余公积”

5. 某有限责任公司由A、B两个股东各出资50万元设立。设立时实收资本为100万元。经过三年运营，该公司盈余公积和未分配利润合计为50万元。这时C投资者想要加盟本公司，经各方协商确定C投资者以80万元现金出资，占该公司股份的1/3比例，该公司在接受C投资者投资时，应借记“银行存款”80万元，贷记(　　)。

A. “实收资本”账户80万元

B. “实收资本”账户75万元，“资本公积”账户5万元

C. “实收资本”账户50万元，“资本公积”账户30万元

D. “实收资本”账户55万元，“资本公积”账户25万元

6. 某企业“盈余公积”账户的年初余额为400万元，本年提取盈余公积540万元，用盈余

公积转增资本 320 万元，则该企业“盈余公积”账户的年末余额为(　　)万元。

A. 540　　B. 620　　C. 1 260　　D. 940

7. 采购过程中，贷款已付但尚未验收入库的商品、物资的实际成本应计入(　　)账户。

A.“原材料”　　B.“材料采购”　　C.“在途物资”　　D.“应收账款”

8. 企业“应付账款”账户的借方余额反映的是(　　)。

A. 应付未付供货单位的款项　　B. 预收购货单位的款项

C. 预付购货单位的款项　　D. 应收购货单位的款项。

9. 某企业为增值税一般纳税人，购入材料一批，增值税专用发票上标明的价款为 100 万元，增值税额为 13 万元，另支付材料的保险费 2 万元、装卸费 1 万元。该批材料的采购成本为(　　)万元。

A. 100　　B. 116　　C. 113　　D. 103

10. 增值税一般纳税人购进生产用机器设备所支付的增值税应记入(　　)账户。

A.“材料采购”　　B.“固定资产”　　C.“应交税费”　　D.“在建工程”

11. 使用寿命超过(　　)会计年度的资产，才有可能作为固定资产来核算。

A. 一个　　B. 两个　　C. 三个　　D. 四个

12. 购入需要安装的固定资产，应先通过(　　)账户进行核算。

A.“应收账款”　　B.“固定资产”　　C.“应交税费”　　D.“在建工程”

13. 企业设置“固定资产”账户是用来反映固定资产的(　　)。

A. 磨损价值　　B. 累计折旧　　C. 原始价值　　D. 净值

14. 某制造企业为增值税一般纳税人。本期外购材料一批，发票注明买价 20 000 元，增值税额为 2 600 元，入库前发生的挑选整理费为 1 000 元，则该批原材料的入账价值为(　　)元。

A. 20 000　　B. 22 600　　C. 21 000　　D. 23 600

15. 分配生产车间直接参加产品生产工人的职工薪酬时，应借记的账户是(　　)。

A.“生产成本”　　B.“制造费用”　　C.“管理费用”　　D.“应付职工薪酬”

16. 应在“应付职工薪酬”账户贷方登记的是(　　)。

A. 本月实际支付的工资数　　B. 本月应分配的工资总额

C. 本月结转的代扣款项　　D. 本月多支付的工资数

17. 下列各账户中，在期末结转后一般没有余额的是(　　)。

A. 生产成本　　B. 制造费用　　C. 库存商品　　D. 应付职工薪酬

18. 按照“先购进的先发出，后购进的后发出”的基本原理，对本期发出存货和期末存货进行计价的方法为(　　)。

A. 先进先出法　　B. 月末一次加权平均法

C. 后进先出发　　D. 移动加权平均法

19. 下列各项中，不通过“制造费用”账户核算的是(　　)。

A. 生产用设备的日常修理费用　　B. 车间的折旧费

C. 车间的办公费　　D. 车间的机物料消耗

20. 某企业生产车间月初在产品成本为 4 000 元，本月生产产品耗用材料 80 000 元，生产工人薪酬为 16 000 元，该车间管理人员薪酬为 8 000 元，车间水电费用为 8 000 元，月末在产品生产成本为 8 800 元，则该车间本月完工产品生产成本总额为(　　)元。

A. 112 400　　B. 116 400　　C. 107 200　　D. 107 800

21. 下列各项中，企业在计提固定资产折旧时，不可能涉及的账户是(　　)。

A. “固定资产”　　B. “累计折旧”　　C. “制造费用”　　D. “管理费用”

22. 下列账户中，与“制造费用”账户不可能发生对应关系的账户是(　　)。

A. “库存现金”　　B. “银行存款”　　C. “应付职工薪酬”　　D. “库存商品”

23. 某企业 2020 年 8 月份发生如下的费用:计提车间用固定资产折旧 30 万元，发生车间管理人员薪酬 120 万元，支付销售产品广告费 90 万元，预提短期借款利息 60 万元，支付管理部门业务招待费 30 万元，支付捐赠支出 20 万元，则该企业本期的期间费用总额为(　　)万元。

A. 160　　B. 180　　C. 300　　D. 350

24. 某企业只生产和销售 A 产品，2020 年 8 月 1 日在产品成本为 17.5 万元。8 月份如果发生如下费用:产品领用材料 30 万元，产品生产工人工资 10 万元，负担的制造费用 5 万元，行政管理部门物料消耗 7.5 万元，月末在产品成本 15 万元，则该企业 8 月份完工，A 产品的生产成本为(　　)万元。

A. 45　　B. 47.5　　C. 41.5　　D. 59

25. 某企业“生产成本”账户的期初余额为 80 万元，本期为生产产品发生直接材料费用 640 万元，直接人工费用 120 万元，制造费用 160 万元，企业行政管理费用 80 万元，本期结转完工产品成本 640 万元。假定该企业只生产一种产品，则企业期末“生产成本”账户的余额为(　　)万元。

A. 200　　B. 280　　C. 360　　D. 440

26. 企业购买材料时发生的途中合理损耗应(　　)。

A. 由供应单位赔偿　　B. 计入材料采购成本

C. 由保险公司赔偿　　D. 计入管理费用

27. 某企业本月生产 A 产品，耗用生产工时 240 小时，B 产品耗用生产工时 360 小时，本月发生车间管理人员工资 6 万元，产品生产人员工资 60 万元，该企业按生产工时分配制造费用，假设不考虑其他项目，则本月 B 产品应负担的制造费用为(　　)万元。

A. 2.4　　B. 2.64　　C. 3.6　　D. 3.96

28. “生产成本”账户期末有借方余额，表示(　　)。

A. 本期完工产品成本　　B. 本期投入生产费用

C. 期末库存产品成本　　D. 期末在产品成本

29. 下列各项中，不在“税金及附加”账户核算的是(　　)。

A. 消费税　　B. 城市维护建设税　　C. 资源税　　D. 增值税

30. 某企业 2020 年 6 月 1 日销售商品一批，售价为 20 000 元，增值税税额为 2 600 元，销售过程中发生运费 200 元，增值税税额为 18 元，则该企业应确认的收入为(　　)元。

A. 20 000　　B. 22 600　　C. 25 800　　D. 25 782

31. “预收账款”账户贷方用来核算(　　)。

A. 企业根据合同或协议预收的款项

B. 发货后与购货单位结算的款项

C. 应收未收款项

D. 已预收但尚未用产品或劳务偿付的款项

32. 产品销售过程的核算，不涉及的账户是（　　）。

A. “主营业务收入”　B. “其他业务收入”　C. “税金及附加”　D. “制造费用”

33. 企业出租固定资产所取得的租金收入属于（　　）。

A. 主营业务收入　B. 其他业务收入　C. 投资收益　D. 营业外收入

34. 某企业销售一批商品，增值税专用发票上标明的价款为 300 万元，适用的增值税税率为 13%，为购买方代垫运杂费 10 万元，款项尚未收回，该企业确认的应收账款为（　　）万元。

A. 300　B. 310　C. 339　D. 349

35. 某企业本期已销产品的制造成本为 50 000 元，销售费用为 4 500 元，税金及附加为 6 000 元，其产品销售成本应为（　　）元。

A. 56 000　B. 54 500　C. 60 000　D. 50 000

36. 企业发生的下列税金中，与企业损益计算无关的是（　　）。

A. 消费税　B. 一般纳税人企业的增值税

C. 所得税　D. 城市维护建设税

37. 某企业 2020 年主营业务收入为 2 000 万元，主营业务成本为 1 200 万元，税金及附加为 100 万元，其他业务收入为 500 万元，其他业务成本为 300 万元，期间费用为 150 万元，投资收益为 250 万元，营业外收入为 180 万元，营业外支出为 230 万元，所得税费用为 300 万元，则该企业的营业利润为（　　）万元。

A. 650　B. 1 200　C. 1 000　D. 950

38. 根据企业会计准则的规定，企业支付的税收滞纳金应计入（　　）账户。

A. “财务费用”　B. “其他业务成本”　C. “营业外支出”　D. “管理费用”

39. 某企业年初未分配利润为 200 万元，本年实现的净利润为 2 000 万元，按 10%提法定盈余公积，按 5%提计提任意盈余公积，宣告发放现金股利 160 万元，则企业本年末的未分配利润为（　　）万元。

A. 1 710　B. 1 734　C. 1 740　D. 1 748

40. 下列各项中，不会引起利润总额增减变化的是（　　）。

A. 销售费用　B. 管理费用　C. 所得税费用　D. 营业外支出

三、多项选择题

1. 下列各项中，投资者可以用来投资的有（　　）。

A. 货币资金　B. 原材料　C. 固定资产　D. 无形资产

2. 企业归还短期借款利息时，可能涉及的相关账户有（　　）。

A. “短期借款”　B. “应付利息”　C. “财务费用”　D. “银行存款”

3. 企业吸收投资时，下列账户的余额可能发生变化的有（　　）。

A. “盈余公积”　B. “资本公积”　C. “实收资本”　D. “本年利润”

4. 某企业为增值税一般纳税人，购入原材料价值 11 600 元，其中以银行存款支付 1 600元，另开出一张面值为 10 000 元的商业汇票。所编制分录涉及的科目和金额有（　　）。

A. 原材料 11 600 元　　B. 应付票据 10 000 元
C. 银行存款 1 600 元　　D. 应付账款 10 000 元

5. 下列各项中，应计入增值税一般纳税人企业材料采购成本的有（　　）。

A. 购入材料支付的买价　　B. 支付的材料运杂费
C. 购入材料发生的增值税　　D. 采购过程中的保险费

6. 下列各项中，与购入固定资产核算可能相关的账户有（　　）。

A. 在建工程　　B. 在途物资　　C. 应交税费　　D. 固定资产

7. 外购固定资产的成本包括（　　）。

A. 买价　　B. 进口关税　　C. 运杂费　　D. 安装成本

8. 下列各项中，不能在“固定资产”账户核算的有（　　）。

A. 购入正在安装的设备　　B. 自行建造完成投入使用的厂房
C. 购入不需安装的设备　　D. 为建厂房购入的各种材料

9. 可以用来作为分配材料采购费用标准的有（　　）。

A. 材料的买价　　B. 材料的重量　　C. 材料的种类　　D. 材料的体积

10. “生产成本”账户的借方，登记应计入产品生产成本的各项费用，包括（　　）。

A. “直接材料”　　B. “直接人工”　　C. “制造费用”　　D. “管理费用”

11. 领用材料进行产品生产的业务核算中，可能计入的账户有（　　）。

A. “生产成本”　　B. “制造费用”　　C. “管理费用”　　D. “销售费用”

12. 制造费用在进行分配时，可以采用的分配标准，包括（　　）。

A. 机器工时　　B. 人工工时　　C. 人工工资　　D. 约当产量

13. 企业结转生产完工验收入库产品的生产成本时，编制的会计分录可能涉及的账户有（　　）。

A. “生产成本”　　B. “制造费用”　　C. “主营业务成本”　　D. “库存商品”

14. 下列各项中，应在“管理费用”账户中核算的有（　　）。

A. 工会经费　　B. 业务招待费
C. 车间管理人员的工资　　D. 采购人员的差旅费

15. 下列各项中，应计入营业收入的有（　　）。

A. 商品销售收入　　B. 原材料销售收入
C. 固定资产租金收入　　D. 无形资产使用费收入

16. 下列各项中，应计入企业销售费用的有（　　）。

A. 销售产品的广告费　　B. 产品展览费
C. 代买方垫付的运杂费　　D. 业务招待费

17. 利润分配的明细科目包括（　　）。

A. 提取法定盈余公积　　B. 提取任意盈余公积
C. 未分配利润　　D. 应付现金股利或利润

18. 企业当年实现净利润100万元(假设净利润与应纳税所得额相等),按25%的所得税税率计算,本年度应纳税为25万元,则该项经济业务涉及的账户有(　　)。

A. “应交税费”　　B. “税金及附加”　　C. “银行存款”　　D. “所得税费用”

19. 下列各项中,影响营业利润计算的有(　　)。

A. “营业外收入”　　B. “税金及附加”　　C. “主营业务成本”　　D. “销售费用”

20. 关于本年利润账户,下列说法正确的有(　　)。

A. 借方登记期末转入的各项支出额

B. 贷方登记期末转入的各项收入额

C. 贷方余额为实现的累计净利润

D. 借方余额为发生的累计净亏损

四、判断题

1. 实收资本代表一个企业的实力,是创办企业的“本钱”,反映企业所有者投入企业的外部资金来源。(　　)

2. 投资者以实物资产投资的,应按照投资各方确认的价值作为实际投资额入账。(　　)

3. 投资者以货币资金投资的,应按协议约定的款项作为投资者的投资入账。(　　)

4. 企业在生产经营过程中所取得的收入和收益、所发生的费用和损失,可以直接增减投入资本。(　　)

5. 企业向银行等金融机构借入的资金,按归还期限的长短不同,可以分为短期借款和长期借款。(　　)

6. “短期借款”账户的借方登记企业借入的各种短期借款,贷方登记企业归还的短期借款。(　　)

7. 短期借款的利息不可以预提,均应在实际支付时直接计入当期损益。(　　)

8. 采购过程是指企业用货币资金购买各种材料物资,用于满足生产需要的供应过程。(　　)

9. “原材料”账户应按材料的类别、品种及规格设置明细分类账,进行明细分类核算。(　　)

10. 购入物资的采购成本,一般由买价和采购费用组成。(　　)

11. 采购费用是指企业在采购物资过程中所支付的各项费用,包括增值税、运输费、装卸费、保险费、包装费、运输途中的合理损耗以及入库前的整理挑选费用等。(　　)

12. 购入需要安装的固定资产应通过“在建工程”科目核算 。(　　)

13. 固定资产的价值包括企业为购进某项固定资产达到预定可使用状态前所发生的一切合理、必要的支出。(　　)

14. 企业的实收资本是企业独立承担民事责任的资金保证 ,在数量上应等于企业在工商行政管理部门登记的注册资金总额。(　　)

15. 核算企业向银行或其他金融机构借入的款项,应通过“应付账款”账户和“其他应付款”账户进行核算。(　　)

16. 购买固定资产时所缴纳的任意税金都应计入固定资产的成本。（ ）

17. 从理论上讲，采购人员在采购材料过程中发生的差旅费应计入材料采购成本，但是依据重要性原则，为了简化处理，我国会计制度规定，将采购人员的差旅费直接进入管理费用。（ ）

18. 企业为生产一定种类、一定数量的产品所消耗的直接费用和间接费用的总和，就是这些产品的生产成本。（ ）

19. "生产成本"账户是用来归集和分配产品生产过程中所发生的各项费用，计算产品生产成本的账户。（ ）

20. 企业根据有关规定应付给职工的各种薪酬，包括职工工资、奖金、津贴和补贴、社会保险费等，应通过"应付职工薪酬"科目进行核算。（ ）

21. 生产车间使用的固定资产所计提的折旧应计入生产成本。（ ）

22. 对于因折旧而减少的固定资产的价值，应直接计入"固定资产"账户的贷方。（ ）

23. 对于直接用于某种产品生产的材料费用，要先通过"制造费用"科目进行归集，期末再同其他间接费用一起按照一定的标准分配计入有关产品成本。（ ）

24. "制造费用"和"管理费用"账户都属于成本类账户。（ ）

25. 无论是加权平均法，还是先进先出法，都是为了确定发出材料物资的成本而采用的计价方法。（ ）

26. 车间发生的机物料消耗，在会计处理上应增加管理费用。（ ）

27. 成本是以产品为对象进行归集的资金耗费。（ ）

28. "生产成本"账户贷方用来记录结转的是完工产品的制造成本。（ ）

29. 不单独设置"预收账款"账户的企业预收的账款，在"应收账款"账户核算。（ ）

30. 销售商品取得的收入均属于主营业务收入，而提供劳务取得的收入则属于其他业务收入。（ ）

31. 工业企业因销售而发出的商品、材料等存货资产，应选用适当的方法计算、确定销售成本发出存货的计价方法，可根据企业自身的需要随时变更。（ ）

32. 税金及附加反映企业经营主要业务应负担的增值税消费税、城市维护、建设税、教育税和教育费附加等。（ ）

33. 管理费用、财务费用、销售费用和制造费用均属于企业的期间费用。（ ）

34. 企业利润由营业利润、利润总额、净利润构成。（ ）

35. "盈余公积"账户属于所有者权益类账户，该账户借方登记提取的盈余公积，贷方登记实际使用的盈余公积，期末借方余额反映结余的盈余公积。（ ）

36. 企业计算所得税费用时，应以净利润为基础，根据适用税率计算确定。（ ）

37. 营业外支出是指与主营业务相关的支出。（ ）

38. 利润总额＝营业利润＋营业外收入－营业外支出。（ ）

39. 年度终了，只有在企业盈利的情况下，才需要将"本年利润"账户的累计余额转入"利润分配——未分配利润"账户。（ ）

40. 为了遵循配比原则的要求，企业应将营业外收入减去营业外支出，进而确定营业外利润。（ ）

五、业务计算题

习题一

（一）目的

练习筹资过程的会计核算，编制相关会计分录。

（二）资料

烟台兴茂机械制造有限公司 2020 年 3 月份发生以下经济业务：

(1) 1 日，从银行取得为期 4 个月的借款 600 000 元，款项已存入开户银行。

(2) 3 日，接受投资者投入企业的资本 200 000 元，款项存入银行。

(3) 4 日，收到某投资者投入的一套全新设备投资，双方确认的价值为 250 000 元，设备交付使用，不考虑增值税。

(4) 15 日，从银行取得为期 2 年的借款 1 000 000 元，借款已存入开户银行。

(5) 26 日，收到投资者投入企业的专利权，一项投资双方确认的价值为 500 000 元，相关手续已办妥，不考虑增值税。

(6) 30 日，若本月 1 日借入借款年利率为 4%，根据银行签署的借款协议，该项借款的利息按季度支付，本金于到期后一次归还，计提本月应负担的借款利息。

(7) 30 日，通过银行偿还到期短期借款本金 300 000 元，偿还利息 3 750 元（均已计提）。

（三）要求

根据上述经济业务，编制相关会计分录，如表 7-1 所示。

表 7-1　　烟台兴茂机械制造有限公司 2020 年 3 月会计分录

序号	日期	摘要	会计分录
1			
2			
3			
4			
5			
6			
7			

习题二

（一）目的

练习筹资过程和采购过程的会计核算，编制相关会计分录。

（二）资料

烟台兴茂机械制造有限公司 2020 年 4 月～8 月发生以下经济业务：

(1) 4 月 1 日，从银行借入期限为 4 个月的短期借款 800 000 元，年利率为 6%，按月计提利息，到期一次还本付息。

(2) 4 月～7 月，按月计提 4 月 1 日借入的 800 000 元短期借款的利息。

(3) 6 月 1 日，购入甲材料 300 吨，乙材料 200 吨，甲材料每吨单价 400 元，乙材料每吨单价 200 元。两种材料共发生运杂费 8 000 元，所有款项均已用银行存款付清，增值税专用发票上显示，甲材料的增值税额共为 20 800 元，运杂费的增值税额为 720 元。材料尚未验收入库(按照材料重量分配运杂费)。

(4) 7 月 1 日，接受某投资者投入设备一台，双方确认价值为 500 000 元，不考虑增值税。

(5) 7 月 31 日，6 月购入的材料验收入库。

(6) 8 月 1 日，以银行存款偿还 4 月取得的短期借款的本金及利息。

(7) 8 月 2 日，向 A 公司预付 100 吨乙材料的货款 60 000 元。

(8) 8 月 25 日，收到 A 公司购入乙材料并验收入库，增值税专用发票上显示该批材料的实际成本为 65 000 元，增值税额为 8 450 元。

(9) 8 月底，以银行存款结清与 A 公司上述乙材料款项。

（三）要求

根据上述经济业务，编制相关会计分录，如表 7-2 所示。

表 7-2　　烟台兴茂机械制造有限公司 2020 年 4 月～8 月会计分录

序号	日期	摘要	会计分录
1			
2			
3			
4			
5			
6			
7			
8			
9			

习题三

（一）目的

练习生产过程的会计核算，编制相关会计分录。

（二）资料

烟台兴茂机械制造有限公司 2020 年 5 月份发生以下经济业务：

(1) 18 日，生产车间从仓库领用各种原材料进行产品生产。A 材料单位成本 10.50 元/千克，B 材料单位成本 16.50 元/千克。领用用于生产甲产品的 A 材料 150 千克、B 材料 100 千克；领用用于生产乙产品的 A 材料 120 千克、领用 B 材料 80 千克。

(2) 20 日，车间报销办公费及其他零星开支 400 元，以现金支付。

(3) 25 日，车间管理人员出差报销差旅费 237 元，原预支 300 元，余额归还现金。

(4) 月底，结算本月应付职工工资 14 000 元。其中，甲产品生产工人工资 5 000 元，乙产品生产工人工资 4 000 元，车间管理人员工资 2 000 元，管理部门职工工资 3 000 元。

(5) 计提本月份固定资产折旧 900 元，其中车间固定资产折旧 600 元，管理部门使用的固定资产 300 元。

(6) 月底，以银行存款支付本月车间负担的水电费 200 元。

(7) 将本月制造费用 3 437 元全额转入“生产成本”账户。（甲乙产品生产工时一致，按工时分配制造费用）

(8) 本月甲产品 100 件和乙产品 80 件全部制造完成，并验收入库。

（三）要求

根据上述经济业务，编制相关会计分录，如表 7-3 所示。

表 7-3　　　　烟台兴茂机械制造有限公司 2020 年 5 月会计分录

序号	日期	摘要	会计分录
1			
2			
3			
4			
5			
6			
7			
8			

习题四

（一）目的

练习生产过程的会计核算，编制相关会计分录。

（二）资料

烟台兴茂机械制造有限公司生产甲、乙两种产品。2020 年 7 月初，甲、乙两种产品的生产成本明细账月初余额分别为 10 000 元、5 000 元，7 月发生以下经济业务：

（1）本月发料记录显示用于生产甲产品的材料为 60 000 元，用于生产乙产品的材料为 50 000 元，生产车间一般耗用材料 6 000 元，行政管理部门耗用 5 000 元。

（2）结算本月应付职工薪酬 75 000 元，其中，生产甲产品人员薪酬 20 000 元，生产乙产品人员薪酬 30 000 元，车间管理人员薪酬 10 000 元，行政管理部门人员薪酬 15 000 元。

（3）计提本月固定资产折旧 79 000 元，其中，生产用固定资产折旧费为 59 000 元，行政管理部门固定资产折旧费为 20 000 元。

（4）按照甲、乙产品生产人员薪酬分配并结转本月发生的制造费用。

（5）月末甲产品全部完工，月末没有在产品，结转完工甲产品的成本；乙产品未完工。

（三）要求

根据上述经济业务，编制相关会计分录，如表 7-4 所示。

表 7-4　　烟台兴茂机械制造有限公司 2020 年 7 月会计分录

序号	日期	摘要	会计分录
1			
2			
3			
4			
5			

习题五

（一）目的

练习销售过程的会计核算，编制相关会计分录。

（二）资料

烟台兴茂机械制造有限公司 2020 年 9 月份发生以下经济业务：

（1）8 日，销售产品 18 台，每台 2 000 元，增值税税率为 13%，价税款暂未收到。

（2）12 日，销售产品总价款 126 000 元，增值税销项税额为 16 380 元，价税款收到并存入银行。

（3）21 日，用银行存款 1 500 元支付销售产品的展览费。

（4）22 日，预收某公司订货款 20 000 元存入银行。

(5) 25 日,销售产品价款为 478 000 元,增值税销项税额为 62 140 元,收到一张商业承兑汇票。

(6) 月末,结转本月已销产品成本 350 000 元。

(7) 经计算本月销售产品的城市维护建设税为 1 600 元。

(三) 要求

根据上述经济业务,编制相关会计分录,如表 7-5 所示。

表 7-5　　烟台兴茂机械制造有限公司 2020 年 9 月会计分录

序号	日期	摘要	会计分录
1			
2			
3			
4			
5			
6			
7			
8			

习题六

(一) 目的

练习利润的计算,编制相关会计分录。

(二) 资料

烟台兴茂机械制造有限公司 2020 年有关收支项目及其金额的情况,如表 7-6 所示。

表 7-6　　烟台兴茂机械制造有限公司 2020 年度收支表　　单位:元

项目	金额	项目	金额
主营业务收入	7 000 000	税金及附加	400 000
其他业务收入	3 000 000	管理费用	260 000
营业外收入	100 000	财务费用	150 000
主营业务成本	3 000 000	销售费用	650 000
其他业务成本	2 500 000	营业外支出	80 000
公允价值变动损益	−700 000	投资收益	2 500 000

（三）要求

1. 计算该公司2020年度的营业利润。

2. 计算该公司2020年度的利润总额。

3. 按该公司2020年度净利润的25%计算其应负担的所得税费用，并计算其净利润。

习题七

（一）目的

练习销售过程、利润形成与分配过程的会计核算，编制相关会计分录。

（二）资料

烟台兴茂机械制造有限公司2020年6月份发生以下经济业务：

（1）5日，销售甲产品300件，每件售价200元，货款共计60 000元，增值税专用发票上显示增值税额为7 800元，产品已经发出，款项已通过银行收讫。

（2）10日，销售乙产品200件，每件售价450元，货款共计90 000元，增值税专用发票上显示增值税额为11 700元，产品已发出，款项尚未收到。

（3）15日，收到客户A公司交来的违约罚款9 000元，已存入银行。

（4）20日，用银行存款支付本月产品的广告费用8 000元。

（5）月末，计算本月应交消费税、城市维护建设税、教育费附加等税费6 000元。

（6）结转本月已出售甲产品和乙产品成本，甲产品每件成本100元，丁产品每件成本200元。

（7）将本月各损益类账户结转至本年利润。

（8）按照本月利润的25%，确认并结转所得税费用。

（9）将本年净利润结转至“利润分配”账户。

（10）按本年净利润的10%提取盈余公积。

（三）要求

根据上述经济业务，编制相关会计分录，如表7-7所示。

表7-7　　烟台兴茂机械制造有限公司2020年6月会计分录

序号	日期	摘要	会计分录
1			
2			
3			
4			
5			

（续表）

序号	日期	摘要	会计分录
6			
7			
8			
9			
10			

习题八

（一）目的

综合练习企业主要经济业务的会计核算，编制相关会计分录。

（二）资料

烟台兴茂机械制造有限公司 2020 年 10 月份发生以下经济业务：

(1) 4 日，收到青岛山海机械有限公司归还前欠货款 30 000 元，并存入银行。

(2) 9 日，向烟台伟业有限公司购入原材料钢板，进价 67 800 元（含增值税，税率为 13%），货款以商业汇票支付。材料未到。

(3) 11 日，从银行提取现金 40 000 元。

(4) 16 日，销售抗性消音器一批计 33 900 元（含增值税，税率为 13%），收到银行存款。

(5) 22 日，车间领原材料钢板 17 000 元用于生产抗性消音器。

(6) 23 日，销售部李强出差回来，报销差旅费 2 300 元，交回现金 700 元。

(7) 25 日，以银行存款支付广告费 22 000 元。

(8) 26 日，销售给济南西城机械有限公司铝合金油箱一批，计价 56 500 元（含增值税，税率 13%），货款未收。

(9) 29 日，以银行存款支付公司电费 1 240 元，水费 460 元。

(10) 30 日，结转本月销售成本 55 000 元，其中，抗性消音器成本 23 000 元，铝合金油箱成本 32 000 元。

（三）要求

根据上述经济业务，编制相关会计分录，如表 7-8 所示。

表 7-8　　烟台兴茂机械制造有限公司 2020 年 10 月会计分录

序号	日期	摘要	会计分录
1			

（续表）

序号	日期	摘要	会计分录
2			
3			
4			
5			
6			
7			
8			
9			
10			

习题九

（一）目的

综合练习企业主要经济业务的会计核算，编制相关会计分录。

（二）资料

烟台兴茂机械制造有限公司 2020 年 11 月份发生以下经济业务：

（1）4 日，从烟台伟业购进 A 材料 10 吨，每吨 1 800 元，增值税税率为 13%，材料尚在运输途中，发票账单已到，全部款项尚未支付。

（2）6 日，上述 A 材料验收入库，结转材料的采购成本。

（3）9 日，收到某公司作为投资投入的新设备一台，双方确认价值为 170 000 元，不考虑增值税。

（4）13 日，用银行存款偿还本月 4 日，采购 A 材料前欠烟台伟业公司货款。

（5）20 日，从仓库领用材料 30 000 元，其中，生产产品用材料 18 000 元，车间一般耗用材料 7 000 元，管理部门耗用材料 5 000 元。

（6）23 日，签发转账支票一张，向灾区捐赠 20 000 元。

（7）25 日，从银行借入资金 500 000 元存入银行，借款期限为 6 个月。

（8）30 日，结算本月应付职工薪酬 36 000 元，其中，生产工人薪酬 18 000 元，车间管理人员薪酬 6 000 元，行政管理人员薪酬 12 000 元。

(9) 30 日，计提本月固定资产折旧 12 000 元，其中生产车间负担 60%，其余由行政管理部门负担。

(10) 30 日，计提本月应交城市维护建设税 3 000 元。

(11) 30 日，结转本月发生的部分收入和费用，其中：主营业务收入 360 000 元、其他业务收入 80 000 元、营业外收入 40 000 元；主营业务成本 240 000 元、销售费用 14 000 元、管理费用 20 000 元、其他业务成本 60 000 元、营业外支出 16 000 元。

(三) 要求

根据上述经济业务，编制相关会计分录，如表 7-9 所示。

表 7-9　　烟台兴茂机械制造有限公司 2020 年 11 月会计分录

序号	日期	摘要	会计分录
1			
2			
3			
4			
5			
6			
7			
8			
9			
10			
11			

习题十

(一) 目的

综合练习企业主要经济业务的会计核算，编制相关会计分录。

(二) 资料

烟台兴茂机械制造有限公司 2020 年 12 月份发生以下经济业务：

(1) 3 日，企业收到某公司作为投资投入的机器一台，双方协商价为 60 000 元。

(2) 5 日，企业从银行取得借款 200 000 元，期限为 6 个月，年利率为 6%，款项已存入银行。

(3) 8 日，企业以银行存款 10 000 元，向烟台伟业公司预付购买材料的货款。

(4) 11 日，采购员报销差旅费 2 560 元，曾预借 2 000 元，超出款项以现金支付。

(5) 12 日，接到银行通知，上月销货款 56 000 元已收到。

(6) 13 日，以银行存款发放上月职工工资 25 000 元。

(7) 15 日，生产车间领用材料及用途如表 7-10 所示。

表 7-10　　烟台兴茂机械制造有限公司 2020 年 12 月发出材料汇总表　　单位：元

项目	A 材料	B 材料	合计
生产产品耗用，其中：			
甲产品	14 000	12 000	26 000
乙产品	8 000	4 000	12 000
车间一般耗用	3 000	2 000	5 000
合计	25 000	18 000	43 000

(8) 16 日，企业收到烟台伟业公司发来的已预付货款的材料，该批材料买价 15 000 元，运杂费 1 000 元，增值税税率为 13%，材料验收入库。

(9) 18 日，企业将闲置仓库出租给唐山公司，预收包括本月在内的 6 个月租金 12 000 元存入银行。

(10) 25 日，处罚违反公司规章制度的员工，收到罚款收入库存现金 1 000 元。

(11) 31 日，月末计提本月固定资产折旧费 5 000 元，其中：车间使用的固定资产计提 3 500 元，厂部管理部门使用的固定资产计提 1 500 元。

(12) 31 日，本月销售甲产品 350 件，单位售价 160 元；销售乙产品 300 件，单位售价 120 元。增值税税率为 13%，货款均未收到。

(13) 31 日，本月应计存款利息收入 365 元。

(14) 31 日，本月应负担的借款利息 1 000 元。

(15) 31 日，结清与烟台伟业公司预付账款往来款项，余款以银行存款支付。

(16) 31 日，结转本月已销产品成本，其中甲产品单位成本为 125 元，乙产品成本为 88 元。

(17) 31 日，结转 12 月各损益类账户余额。

(18) 31 日，计提 12 月份的所得税，并结转所得税费用。

(19) 31 日，假设烟台兴茂机械制造有限公司 12 月初本年利润贷方余额 680 350 元，结转本年净利润。

(20) 31 日，按本年净利润的 10%提取盈余公积。

(三) 要求

根据上述经济业务，编制相关会计分录，如表 7-11 所示。

表 7-11　　烟台兴茂机械制造有限公司 2020 年 12 月会计分录

序号	日期	摘要	会计分录
1			
2			
3			
4			
5			
6			
7			
8			
9			
10			
11			
12			
13			
14			
15			
16			
17			

（续表）

序号	日期	摘要	会计分录
18			
19			
20			

第三部分　参考答案

一、名词解释

1. 采购成本是指固定资产取得时的实际成本，是企业购建固定资产达到预定可使用状态前，所发生的一切合理的必要的支出，如支付的固定资产买价、包装费、运杂费、安装费等，反映了固定资产处于预定可使用状态时的实际成本。购买材料所支付的买价和采购费用是材料物资采购成本的主要构成内容。

2. 生产费用是指产品生产过程中发生的一切资金耗费。生产费用按其计入产品成本的方式不同，可以分为直接费用和间接费用，直接费用是指企业生产产品过程中实际消耗的直接材料和直接人工；间接费用是指企业为生产产品和提供劳务而发生的各项间接支出，通常称为制造费用。

3. 期间费用是指企业在生产经营过程中发生的，与特定产品生产没有直接关系，不能直接归属于某种产品成本，而应计入当期损益的各种费用，包括管理费用、销售费用和财务费用。

4. 先进先出法是假设先入库的存货先发出，即按照存货入库的先后顺序，用先入库存货的单位成本，确定发出存货成本的一种方法。

5. 月末一次加权平均法是指以月初结存存货数量和本月各批收入存货数量作为权数，计算本月存货的加权平均单位成本，据以确定本月发出存货成本和月末结存存货成本的一种方法。

6. 主营业务收入主要包括销售商品、自制半成品、代制品、代修品、提供工业性劳务等实现的收入；商业企业的主营业务收入，主要包括销售商品实现的收入；咨询公司的主营业务收入，主要包括提供咨询服务实现的收入；安装公司的主营业务收入，主要包括提供安装服务实现的收入。

7. 营业利润是企业所获得的经营业务范围内的利润。营业利润的计算公式为：营业利润＝营业收入－营业成本－税金及附加－销售费用－管理费用－财务费用－研发费用－资产减值损失－信用减值损失±公允价值变动损益±投资损益±资产处置损益。

8. 利润总额是指税前会计利润。利润总额的计算公式为：利润总额＝营业利润＋营业外收入－营业外支出。

9. 净利润是指扣除所得税之后的利润。净利润的计算公式为：净利润＝利润总额－所得税费用。

10. 利润分配的去向主要有，以利润的形式分配给投资者，作为投资者对企业投资的回报；以公积金的形式留给企业，用于企业扩大生产经营；以未分配利润的形式留存于企业，以备将来分配之用。

二、单项选择题

1. A	2. A	3. C	4. C	5. C	6. B	7. C	8. C	9. D	10. C
11. A	12. D	13. C	14. C	15. A	16. B	17. B	18. A	19. A	20. C
21. A	22. D	23. B	24. B	25. C	26. B	27. C	28. D	29. D	30. A
31. A	32. D	33. B	34. D	35. D	36. B	37. C	38. C	39. C	40. C

重难点解析：

1. 所有者实际投入企业的，注册资本份额内的，计入“实收资本”。

2. 企业向银行或其他金融机构借入的，为了生产经营用的1年以内的借款为短期借款，1年以上的借款为长期借款。

3. 财务费用核算企业为筹集资金而发生的筹资费用，如借款利息。

4. 有限责任公司“资本公积”账户核算投资者投入资本溢价的部分，计入“资本公积——资本溢价账户。

5. C投资者投入的80万元中，注册资本份额内的部分只有50万元，形成了30万的资本溢价，计入“资本公积”账户。

6. 提取盈余公积540万元，盈余公积增加；用盈余公积转增资本320万元，盈余公积减少。结合期初余额400万元，期末余额＝400＋540－320＝620(万元)。

8. “应付账款”账户性质为负债类账户。账户结构为贷方登记应付供应单位款项的增加(即应付未付的款项)，借方登记应付供应单位款项的减少(即应付款项的清偿)，期末余额一般在贷方反映尚未偿还的应付账款结余额，若为借方余额则表示预付的款项。

9. 企业采购成本为买价和采购费用，买价为100万元，采购费用为保险费为2万元、装卸费1万元，所以采购成本＝100＋2＋1＝103(万元)。

10. 企业在采购时涉及的增值税的核算，应该借记“应交税费——应交增值税(进项税额)”账户。

11. 固定资产是企业使用的，使用寿命超过1个会计年度(或1个经营周期)的资产。

12. 需要安装的固定资产还没有达到预定可使用状态，所以不能计入“固定资产”账户，应通过“在建工程”来核算。

13. “固定资产”账户核算企业为生产产品、提供劳务、出租或经营管理而持有的，使用寿命超过1个会计年度的有形资产的原价。

14. 企业外购材料采购成本为买价和采购费用，买价为20 000元，入库前发生的挑选整理费为1 000元，所以采购成本20 000＋1 000＝21 000(元)，增值税额2 600元计入“应交税费——应交增值税(进项税额)”账户。

15. 直接参与生产产品的工人的工资是直接人工，直接计入“生产成本”账户。

16.“应付职工薪酬”账户性质为负债类账户。账户结构为贷方登记应支付给职工的薪酬,借方登记实际支出的金额,期末贷方余额反映企业应付未付的职工薪酬。

17.“制造费用”账户,期末按照一定分配标准分配费用,结转至“生产成本”账户,结转后期末没有余额。

18.先进先出法是假设先入库的存货先发出,即按照存货入库的先后顺序,用先入库存货的单位成本,确定发出存货成本的一种方法。

19.生产用设备的日常修理费用计入“管理费用”账户。

20.本期完工产品成本=期初在产品成本+本期投产产品成本-期末在产品成本。因此完工产品生产成本=4 000+(80 000+16 000+8 000+8 000)-8 800=107 200(元),因此选项C正确。

21.固定资产折旧按照用途,借记“制造费用”或者“管理费用”账户,贷记“累计折旧”账户。选项A,“固定资产”账户,核算固定资产的原值。

22.选项A,用库存现金支付车间间接费用时,借记“制造费用”账户,贷记“库存现金”账户;选项B,用银行存款支付车间间接费用时,借记“制造费用”账户,贷记“库存现金”账户;选项C,计提车间管理人员工资时,借记“制造费用”账户,贷记“应付职工薪酬”账户。选项D,“库存商品”账户不可能和“制造费用”账户出现在同一笔经济业务中。

23.本期期间费用涉及“销售产品广告费90万元”“短期借款利息60万元”“管理部门业务招待费30万元”,因此,期间费用总额=90+60+30=180(万元)。其中,车间固定资产折旧是制造费用,车间管理人员薪酬是管理费用,捐赠支出是营业外支出。

24.本期完工产品成本=期初在产品成本+本期投产产品成本-期末在产品成本。其中,产品领用材料30万元为直接材料,产品生产工人工资10万元为本期直接人工,本期制造费用5万元,因此完工产品生产成本=17.5+(30+10+5)-15=47.5(万元)。

25.“生产成本”账户期末余额=期初余额+本期借方发生额-本期贷方发生额,即期末在产品成本=期初在产品成本+本期投产产品成本-本期完工产品成本。因此,期末“生产成本”账户的余额=80+(640+120+160)-640=360(万元)。

26.材料采购成本=买价+采购费用,采购费用包括材料运输途中的合理损耗。

27.按照生产工时分配制造费用,分配率=6/(240+360)=1/100,因此B产品应负担的制造费用=360×1/100=3.6(万元)。

28.“生产成本”账户为成本类账户。账户结构为借方登记产品生产过程中发生的直接材料费用、直接人工费用和分配结转的制造费用;贷方登记验收入库的完工产品生产成本的结转数;期末余额在借方,反映尚未完工的在产品的生产成本。

29.税金及附加核算企业经营活动中发生的消费税、城市维护建设税、资源税、教育费附加及房产税、土地使用税、车船使用税、印花税等相关税费。增值税不通过此内容核算。

30.销售过程中,确认售价金额为主营业务收入。

31.“预收账款”账户贷方登记预收购货单位的款项,由于还没有履行合同规定的发出商品等义务,无法确认销售收入,因此预收的款项实际上是负债,以后需要提供商品或劳务进行偿还;借方登记发货后与购货单位结算的款项,即履行相关义务,实现销售时,应借记本账户。期末余额若在贷方反映企业预收的款项,即已预收但尚未用产品或劳务偿付的款项;若为借方余额则反映应由购货单位补付的款项，实质为企业应收但尚未收回的款项。

32. "制造费用"账户，是生产过程会计核算中涉及的账户，用来归集生产车间发生的各项间接费用。

33. 对于一般企业，出租固定资产取得的收入属于其他业务收入。

34. 应收账款的金额包括销售收入、增值税销项税额以及代垫运杂费。因此，该企业应确认的应收账款＝300×(1＋13%)＋10＝349(万元)。

35. 已销产品成本即主营业务成本结转的是"库存商品"账户的成本，即产品的制造成本50 000元。

36. 选项AD，消费税和城市维护建设税计入"税金及附加"，影响企业营业利润的计算，与损益计算有关；选项C，所得税影响净利润的计算，与损益计算有关。

37. 根据利润计算公式，营业利润＝(2 000＋500)－(1 200＋300)－100－150＋250＝1 000万元。利润总额＝1 000＋180－230＝950(万元)。净利润＝950－300＝650(万元)。

38. 税收滞纳金属于非日常活动形成的罚款支出，因此应计入选项C，营业外支出。

39. 本年实现净利润2 000万元，根据规定，提取盈余公积并发放股利后，本年未分配利润为2000×(1－10%－5%)－160＝1 540(万元)，年初未分配利润200万元，因此，年末未分配利润＝1 540＋200＝1 740(万元)。

40. 选项C，所得税费用，影响净利润的计算。

三、多项选择题

1. ABCD	2. BCD	3. BC	4. ABC	5. ABD
6. ACD	7. ABCD	8. AD	9. ABD	10. ABC
11. AB	12. ABC	13. AD	14. ABD	15. ABCD
16. AB	17. ABCD	18. AD	19. BCD	20. ABCD

重难点解析：

1. 投资者投入企业的资本可以是货币资金，也可以是设备、原材料等实物资产，还可以是知识产权、土地使用权等无形资产。

2. 企业归还短期借款利息，有可能做的会计分录是：借方登记"应付利息""财务费用"账户，贷方登记"银行存款"账户。

3. 企业吸收投资时，投入资本占注册资本份额内的计入"实收资本"账户，超出注册资本份额的计入"资本公积"账户。

4. 企业开出商业汇票购入原材料，应编制的会计分录，借记"原材料"账户11 600元，贷记"银行存款"账户1 600元，贷记"应付票据"账户10 000元。

5. 购买材料所支付的买价和采购费用是材料物资采购成本的主要构成内容。买价是企业采购材料物资时按发票价格支付的货款。采购费用是企业在材料采购材料物资过程中发生的各项费用，具体包括运杂费(装卸费、保险费、包装费、仓储费等)以及运输途中的合理损耗、入库前的挑选整理费用等。选项C，增值税单独核算，计入"应交税费——应交增值税(进项税额)"账户。

6.“在途物资”账户是采购材料物资时，材料尚未入库时的核算账户。

7. 固定资产取得时的实际成本是指企业购建固定资产达到预定可使用状态前，所发生的一切合理的必要的支出，如支付的固定资产买价、包装费、运杂费、安装费等，反映了固定资产处于预定可使用状态时的实际成本。

8. 选项A，正在安装的尚未达到预定可使用状态的设备用“在建工程”账户核算；选项B，经营租入不属于资产，不计入“固定资产”账户。

9. 材料的买价、重量、体积都可以作为分配采购费用的标准。

10. 产品的生产成本包括：直接材料、直接人工、属于该产品的制造费用。

11. 领用原材料，根据材料的用途和作用，确定计入的账户。直接用于生产的材料，计入“生产成本”账户；车间发生的一般耗用，计入“制造费用”账户；行政管理部门耗用的，计入“管理费用”账户。题干中说明是生产业务，因此选项CD错误。

12. 制造费用期末分配时，可以按照机器工时、人工工时、人工工资、材料耗费等标准分配。

13. 企业结转生产完工验收入库产品的生产成本时，应借记“库存商品”账户，贷记“生产成本”账户，所以选项AD正确。

14. 选项C，车间管理人员工资应在“制造费用”账户中进行核算。

15. 对于一般制造类企业，商品销售收入属于主营业务收入，原材料销售收入属于其他业务收入，固定资产租金收入属于其他业务收入，无形资产使用费收入属于其他业务收入。

16. 选项C，代垫费用买方会予以支付，计入应收账款即可；选项D，业务招待费属于管理费用。

17.“利润分配”账户的明细账户包括“提取法定盈余公积”“提取任意盈余公积”“盈余公积补亏”“应付现金股利或利润”“未分配利润”等。

18. 计算所得税费用，应借记“所得税费用”账户，贷记“应交税费——应交所得税”账户。

19. 选项A，营业外收入，影响利润总额的计算。

20.“本年利润”账户用来核算企业实现的净利润或发生的净亏损，所有者权益类账户。账户结构为贷方登记期末从损益类账户转入的利润增加项目的金额，如主营业务收入、投资收益、营业外收入等；借方登记期末从损益类账户转入的利润减少项目的金额，如主营业务成本、管理费用、营业外支出等。结转后账户的贷方余额为当期实现的净利润，借方余额为当期发生的净亏损。年度终了，将本年实现的净利润，从“本年利润”账户的借方结转至“利润分配”账户。年末结转后，该账户没有余额。

四、判断题

1. √	2. √	3. ×	4. ×	5. √	6. ×	7. ×	8. √	9. √	10. √
11. ×	12. √	13. √	14. √	15. ×	16. ×	17. √	18. √	19. √	20. √
21. ×	22. ×	23. ×	24. ×	25. √	26. ×	27. √	28. √	29. √	30. ×
31. ×	32. ×	33. ×	34. √	35. ×	36. ×	37. ×	38. √	39. ×	40. ×

重难点解析：

3. 投资者以货币资金投资的，应按实际投入金额入账。

4. 生产经营过程中发生的收入、费用，计入当期损益，不能增减投入资本。

6. “短期借款”账户，负债类账户，贷方登记企业借入的各种短期借款；借方登记企业归还的短期借款。

7. 短期借款利息一般在月末进行计提，按照具体要求，到期一次还本付息。

11. 采购费用不包括增值税，增值税应该单独计量。

15. 核算企业向银行或其他金融机构借入的款项，应通过“短期借款”和“长期借款”两个账户进行核算。

16. 购买固定资产时缴纳的增值税应计入“应交税费”单独核算。

21. 生产车间使用的固定资产所计提的折旧，属于间接费用，应计入制造费用。

22. 对于因折旧而减少的固定资产的价值，应计入“累计折旧”账户的贷方。

23. 车间发生的各项间接费用，通过“制造费用”归集后，期末按一定的标准计入有关成本。

24. “管理费用”属于损益类账户。

26. 车间发生的机物料消耗，在会计处理上应增加制造费用。

30. 提供劳务取得的收入，对于服务行业的企业来说，应属于主营业务收入。

31. 为保证会计信息可比，发出存货的计价方法，一经确定不得随意变更。

32. 税金及附加核算企业经营活动中发生的消费税、城市维护建设税、资源税、教育费附加及房产税、土地使用税、车船使用税、印花税等相关税费。增值税不通过此内容核算。

33. 制造费用不属于期间费用，属于生产费用。

35. “盈余公积”账户核算企业从税后利润中提取的盈余公积金，包括法定盈余公积、任意盈余公积的增减变动及其结余情况。账户性质为所有者权益类账户。账户结构为贷方登记提取的盈余公积，即盈余公积金的增加；借方登记实际使用的盈余公积，即盈余公积金的减少。期末余额在贷方，反映企业盈余公积的余额。

36. 企业计算所得税费用时，应以利润总额为基础计算。

37. 营业外支出是指与非日常经营活动形成的支出，例如罚款支出、捐赠支出。

39. 年度终了，无论企业形成净利润或者发生净亏损，都需要将“本年利润”账户的累计余额转入“利润分配——未分配利润”账户。

40. 营业外收入与营业外支出相对独立，不需符合配比原则。

五、业务计算题

习题一解答，如表 7-12 所示。

表 7-12　　烟台兴茂机械制造有限公司 2020 年 3 月会计分录　　单位：元

序号	日期	摘要	账户名称	借方金额	贷方金额
1	2020-03-01	借入短期借款	银行存款 　短期借款	600 000	 600 000

（续表）

序号	日期	摘要	账户名称	借方金额	贷方金额
2	2020-03-03	接受投资	银行存款 　实收资本	200 000	 200 000
3	2020-03-04	接受投资	固定资产 　实收资本	250 000	 250 000
4	2020-03-15	借入长期借款	银行存款 　长期借款	1 000 000	 1 000 000
5	2020-03-26	接受投资	无形资产 　实收资本	500 000	 500 000
6	2020-03-30	计提利息	财务费用 　应付利息	2 000	 2 000
7	2020-03-30	还本付息	短期借款 应付利息 　银行存款	300 000 3 750	 303 750

习题二解答，如表7-13所示。

表7-13　　烟台兴茂机械制造有限公司2020年4月～8月会计分录　　单位：元

序号	日期	摘要	账户名称	借方金额	贷方金额
1	2020-04-01	借入短期借款	银行存款 　短期借款	800 000	 800 000
2	2020-04-30	计提借款利息	财务费用 　应付利息	4 000	 4 000
3	2020-06-01	采购材料	在途物资——甲材料 　　　　——乙材料 应交税费——应交增值税 （进项税额） 　银行存款	124 800 43 200 21 520	 189 520
4	2020-07-01	接受投资	固定资产 　实收资本	500 000	 500 000
5	2020-07-31	材料入库	原材料——甲材料 　　　——乙材料 　在途物资——甲材料 　　　　——乙材料	124 800 43 200	 124 800 43 200
6	2020-08-01	偿还借款本利	短期借款 应付利息 　银行存款	800 000 16 000	 816 000
7	2020-08-02	预付货款	预付账款 　银行存款	60 000	 60 000
8	2020-08-25	采购材料	原材料——乙材料 应交税费——应交增值税 （进项税额） 　预付账款——A公司	65 000 8 450	 73 450
9	2020-08-31	结清款项	预付账款——A公司 　银行存款	13 450	 13 450

习题三解答，如表 7-14 所示。

表 7-14　　烟台兴茂机械制造有限公司 2020 年 5 月会计分录　　单位：元

序号	日期	摘要	账户名称	借方金额	贷方金额
1	2020-05-18	领用原材料	生产成本——甲产品 ——乙产品 原材料——A 材料 ——B 材料	3 225 2 580	 2 835 2 970
2	2020-05-20	支付车间办公费	制造费用——办公费 库存现金	400	 400
3	2020-05-25	车间管理人员报销差旅费	制造费用——差旅费 库存现金 其他应收款	237 63	 300
4	2020-05-31	结算工人工资	生产成本——甲产品 ——乙产品 制造费用 管理费用 应付职工薪酬	5 000 4 000 2 000 3 000	 14 000
5	2020-05-31	计提折旧	制造费用 管理费用 累计折旧	600 300	 900
6	2020-05-31	支付车间水电费	制造费用——水电费 银行存款	200	 200
7	2020-05-31	结转制造费用	生产成本——甲产品 ——乙产品 制造费用	1 718.5 1 718.5	 3 437
8	2020-05-31	结转完工产品成本	库存商品——甲产品 ——乙产品 生产成本——甲产品 ——乙产品	9 943.5 8 298.5	 9 943.5 8 298.5

习题四解答，如表 7-15 所示。

表 7-15　　烟台兴茂机械制造有限公司 2020 年 7 月会计分录　　单位：元

序号	日期	摘要	账户名称	借方金额	贷方金额
1	2020-07-30	领用原材料	生产成本——甲产品 ——乙产品 制造费用 管理费用 原材料	60 000 50 000 6 000 5 000	 121 000
2	2020-07-30	结算工人工资	生产成本——甲产品 ——乙产品 制造费用 管理费用 应付职工薪酬	20 000 30 000 10 000 15 000	 75 000

（续表）

序号	日期	摘要	账户名称	借方金额	贷方金额
3	2020-07-30	计提折旧	制造费用 管理费用 　累计折旧	59 000 20 000	 79 000
4	2020-07-30	结转制造费用	生产成本——甲产品 　　　　——乙产品 制造费用	30 000 45 000	 75 000
5	2020-07-30	结转完工产品成本	库存商品——甲产品 　生产成本——甲产品	120 000	 120 000

习题五解答，如表 7-16 所示。

表 7-16　**烟台兴茂机械制造有限公司 2020 年 9 月会计分录**　单位：元

序号	日期	摘要	账户名称	借方金额	贷方金额
1	2020-09-08	赊销产品	应收账款 　主营业务收入 　应交税费——应交增值税（销项税额）	40 680	 36 000 4 680
2	2020-09-12	销售产品	银行存款 　主营业务收入 　应交税费——应交增值税（销项税额）	142 380	 126 000 16 380
3	2020-09-21	支付展览费	销售费用 　银行存款	1 500	 1 500
4	2020-09-22	预收货款	银行存款 　预收账款	20 000	 20 000
5	2020-09-25	销售产品	应收票据 　主营业务收入 　应交税费——应交增值税（销项税额）	540 140	 478 000 62 140
6	2020-9-30	结转已销产品成本	主营业务成本 　库存商品	350 000	 350 000
7	2020-9-30	计算税金	税金及附加 　应交税费——应交城建税	1 600	 1 600

习题六解答

1. 营业利润＝7 000 000＋3 000 000－（3 000 000＋2 500 000）－400 000－260 000－150 000－650 000－700 000＋2 500 000＝4 840 000（元）

2. 利润总额＝4 840 000＋100 000－800 000＝4 860 000（元）

3. 所得税费用＝4 860 000×25％＝1 215 000（元）

　净利润＝4 860 000－1 215 000＝3 645 000（元）

习题七解答，如表 7-17 所示。

表 7-17　　烟台兴茂机械制造有限公司 2020 年 6 月会计分录　　单位：元

序号	日期	摘要	账户名称	借方金额	贷方金额
1	2020-06-05	销售甲产品	银行存款 　主营业务收入 　应交税费——应交增值税(销项税额)	67 800	60 000 7 800
2	2020-06-10	销售乙产品	银行存款 　主营业务收入 　应交税费——应交增值税(销项税额)	101 700	90 000 11 700
3	2020-06-15	收到违约金	银行存款 　营业外收入	9 000	9 000
4	2020-06-20	支付广告费	销售费用 　银行存款	8 000	8 000
5	2020-06-30	计算税金	税金及附加 　应交税费	6 000	6 000
6	2020-06-30	结转已销产品成本	主营业务成本 　库存商品——甲产品 　　　　　——乙产品	70 000	30 000 40 000
7-1	2020-06-30	结转收入	主营业务收入 营业外收入 　本年利润	150 000 9 000	159 000
7-2	2020-06-30	结转费用	本年利润 　主营业务成本 　税金及附加 　销售费用	84 000	70 000 6 000 8 000
8	2020-06-30	计算所得税	所得税费用 　应交税费——应交所得税	18 750	18 750
8	2020-06-30	结转所得税	本年利润 　所得税费用	18 750	18 750
9	2020-06-30	结转净利润	本年利润 　利润分配	56 250	56 250
10	2020-06-30	提取盈余公积	利润分配 　盈余公积	5 625	5 625

习题八解答，如表 7-18 所示。

表 7-18　　烟台兴茂机械制造有限公司 2020 年 10 月会计分录　　单位：元

序号	日期	摘要	账户名称	借方金额	贷方金额
1	2020-10-04	收到应收货款	银行存款 　应收账款	30 000	30 000
2	2020-10-09	购买原材料	在途物资 应交税费——应交增值税(进项税额) 　应付票据	60 000 7 800	67 800

（续表）

序号	日期	摘要	账户名称	借方金额	贷方金额
3	2020-10-11	提现	库存现金 　银行存款	40 000	 40 000
4	2020-10-16	销售商品	银行存款 　主营业务收入 　应交税费——应交增值税（销项税额）	33 900	 30 000 3 900
5	2020-10-22	生产领用材料	生产成本 　原材料	17 000	 17 000
6	2020-10-23	报销差旅费	销售费用 库存现金 　其他应收款	2 300 700	 3 000
7	2020-10-25	支付广告费	销售费用 　银行存款	22 000	 22 000
8	2020-10-26	赊销商品	应收账款 　主营业务收入 　应交税费——应交增值税（销项税额）	56 500	 50 000 6 500
9	2020-10-29	支付水电费	管理费用 　银行存款	1 700	 1 700
10	2020-10-30	结转销售成本	主营业务成本——抗性消音器 　　　　　　——铝合金油箱 　库存商品——抗性消音器 　　　　　——铝合金油箱	23 000 32 000	 23 000 32 000

习题九解答，如表 7-19 所示。

表 7-19　　烟台兴茂机械制造有限公司 2020 年 11 月会计分录　　单位：元

序号	日期	摘要	账户名称	借方金额	贷方金额
1	2020-11-04	采购材料	在途物资 应交税费——应交增值税（进项税额） 　应付账款	18 000 2 340	 20 340
2	2020-11-06	材料验收入库	原材料 　在途物资	18 000	 18 000
3	2020-11-09	接受设备投资	固定资产 　实收资本	170 000	 170 000
4	2020-11-13	偿还前欠货款	应付账款 　银行存款	20 340	 20 340
5	2020-11-20	领用材料	生产成本 制造费用 管理费用 　原材料	18 000 7 000 5 000	 30 000
6	2020-11-23	对外捐赠	营业外支出 　银行存款	20 000	 20 000

（续表）

序号	日期	摘要	账户名称	借方金额	贷方金额
7	2020-11-25	借入资金	银行存款 　短期借款	500 000	 500 000
8	2020-11-30	结算工资	生产成本 制造费用 管理费用 　应付职工薪酬	18 000 6 000 12 000	 36 000
9	2020-11-30	计提折旧	制造费用 管理费用 　累计折旧	7 200 4 800	 12 000
10	2020-11-30	计提税费	税金及附加 　应交税费——应交城建税	3 000	 3 000
11-1	2020-11-30	结转收入	主营业务收入 其他业务收入 营业外收入 　本年利润	360 000 80 000 40 000	 480 000
11-2	2020-11-30	结转费用	本年利润 　主营业务成本 　销售费用 　管理费用 　其他业务成本 　营业外支出	350 000	 240 000 14 000 20 000 60 000 16 000

习题十解答，如表 7-20 所示。

表 7-20　　烟台兴茂机械制造有限公司 2020 年 12 月会计分录　　单位：元

序号	日期	摘要	账户名称	借方金额	贷方金额
1	2020-12-03	接受投资	固定资产 　实收资本	60 000	 60 000
2	2020-12-05	借入借款	银行存款 　短期借款	200 000	 200 000
3	2020-12-08	预付购货款	预付账款 　银行存款	10 000	 10 000
4	2020-12-11	报销差旅费	管理费用 　其他应收款 　库存现金	2 560	 2 000 560
5	2020-12-12	收到上月销货款	银行存款 　应收账款	56 000	 56 000
6	2020-12-13	发放工资	应付职工薪酬 　银行存款	25 000	 25 000
7	2020-12-15	生产领料	生产成本——甲产品 　　　　——乙产品 制造费用 　原材料——A 材料 　　　　——B 材料	26 000 12 000 5 000	 25 000 18 000

（续表）

序号	日期	摘要	账户名称	借方金额	贷方金额
8	2020-12-16	收到材料	原材料 应交税费——应交增值税（进项税额） 　预付账款	16 000 1 950	17 950
9	2020-12-18	预收租金	银行存款 　其他业务收入 　预收账款	12 000	2 000 10 000
10	2020-12-25	收到罚款收入	库存现金 　营业外收入	1 000	1 000
11	2020-12-31	计提折旧	制造费用 管理费用 　累计折旧	3 500 1 500	5 000
12	2020-12-31	销售商品	应收账款 　主营业务收入——甲产品 　　　　　　　——乙产品 　应交税费——应交增值税（销项税额）	103 960	56 000 36 000 11 960
13	2020-12-31	计提利息收入	应收利息 　财务费用	365	365
14	2020-12-31	计提利息费用	财务费用 　应付利息	1 000	1 000
15	2020-12-31	结清预付款项	预付账款 　银行存款	7 950	7 950
16	2020-12-31	结转销售成本	主营业务成本——甲产品 　　　　　　　——乙产品 　库存商品——甲产品 　　　　　——乙产品	43 750 26 400	43 750 26 400
17-1	2020-12-31	结转收入类账户	主营业务收入——甲产品 　　　　　　　——乙产品 其他业务收入 营业外收入 　本年利润	56 000 36 000 2 000 1 000	95 000
17-2	2020-12-31	结转费用类账户	本年利润 　管理费用 　财务费用 　主营业务成本——甲产品 　　　　　　　——乙产品	64 845	4 060 635 43 750 26 400
18-1	2020-12-31	计算所得税	所得税费用 　应交税费——应交所得税	5 038.75	5 038.75

（续表）

序号	日期	摘要	账户名称	借方金额	贷方金额
18-2	2020-12-31	结转所得税	本年利润 所得税费用	5 038.75	 5 038.75
19	2020-12-31	结转净利润	本年利润 利润总额——未分配利润	695 466.25	 695 466.25
20	2020-12-31	提取盈余公积	利润总额——提取法定盈余公积 盈余公积——法定盈余公积	695 466.25	 695 466.25

第八章　账务处理程序

第一部分　内容概要

一、账务处理程序概述

账簿组织、记账程序和记账方法及其不同的结合方式，形成了不同种类的账务处理程序。企业根据规模大小、经济业务量多少，对其发生的经济业务的处理、登记总分类账户就会有不同的做法。

(一) 会计循环的概念及过程

1. 会计循环的概念

会计循环是指一个会计主体在一定的会计期间内，从经济业务(也称交易或事项)发生取得或填制会计凭证起，到登记账簿，编制会计报表止的一系列处理程序。

2. 会计循环的基本内容

一个完整的会计循环具体包括以下内容：

(1) 对于发生的经济业务进行初步的确认和记录，即填制和审核原始凭证。

(2) 填制记账凭证，即在审核的原始凭证的基础上，通过编制会计分录填制记账凭证。

(3) 登记账簿，包括日记账、总分类账和明细分类账。

(4) 根据总分类账和明细分类账编制结账(调整)前试算平衡表，进行试算平衡，以检查账簿记录的正确性。

(5) 编制调整分录，其目的是将收付实现制转换为权责发生制。

(6) 结账，即结清损益类账户和利润类账户，结出资产、负债和所有者权益类账户余额并转入下期。

(7) 试算平衡，即根据借贷记账法的基本原理进行全部总分类账户的借方与贷方总额的试算平衡。

(8) 编制会计报表和其他财务报告。

(二) 账务处理程序的意义及原则

账务处理程序也称为会计核算组织程序或会计核算形式，是指在会计循环中，会计主体所采用的会计凭证、会计账簿、会计报表的种类和格式与一定的记账程序相结合的方式。

1. 账务处理程序的意义

账务处理程序是否科学合理，会对整个会计核算工作产生诸多方面的影响。确定科学合理的账务处理程序，对于保证能够准确、及时地提供系统而完整的会计信息，具有十分重要的意义，也是会计部门和会计人员的一项重要工作。其具体意义如下：①有利于规范账务处理工作。②有利于保证企业会计信息质量。③有利于提高账务处理工作效率。④有利于节约账务处理工作成本。⑤有利于发挥账务处理工作的作用。

2. 账务处理程序的原则

财务处理程序的原则有：①账务处理原则要与本单位的业务性质、规模大小、繁简程度、经营管理的要求和特点等相适应，有利于加强会计核算工作的分工协作，有利于实现会计核算和监督目标。②账务处理程序要能正确、及时、完整的提供会计信息使用者需要的会计核算资料。③账务处理程序要在保证会计核算工作质量的前提下，力求简化核算手续，节约人力和物力，降低会计信息成本，提高会计核算的工作效率。

（三）账务处理程序的种类及基本流程

1. 账务处理程序的种类

根据账务处理程序设计的基本要求，结合我国会计工作的实际情况，形成了以下三种主要的账务处理程序：

（1）记账凭证账务处理程序。

（2）汇总记账凭证账务处理程序。

（3）科目汇总表账务处理程序。

2. 账务处理程序的基本流程

各种账务处理程序既各有特点，又具有共性，其基本工作流程是：

（1）根据原始凭证或原始凭证汇总表填制记账凭证。

（2）根据收款凭证和付款凭证，逐日逐笔序时登记现金日记账和银行存款日记账。

（3）根据收、付、转记账凭证及其所附的原始凭证或原始凭证汇总表登记各种明细分类账。

（4）根据登记总分类账的依据登记总分类账。

（5）按照对账要求，定期将总分类账与日记账、明细分类账相核对。

（6）根据总分类账和有关明细分类账编制会计报表。

二、记账凭证账务处理程序

记账凭证账务处理程序是指对发生的经济业务，先根据原始凭证或汇总原始凭证填制记账凭证，再直接根据记账凭证登记总分类账的一种账务处理程序。记账凭证账务处理程序是最基本的账务处理程序，其他各种账务处理程序都是在此基础上发展而形成的。

（一）记账凭证账务处理程序的凭证与账簿设置

1. 凭证设置

采用记账凭证账务处理程序时，记账凭证的设置有两种方式：

（1）采用通用记账凭证。

（2）采用专用记账凭证。

2. 账簿设置

采用记账凭证账务处理程序一般应该设置以下账簿：

（1）日记账。

（2）明细分类账。

（3）总分类账。

（二）记账凭证账务处理程序核算步骤及特点

1. 记账凭证账务处理程序的核算步骤

（1）根据原始凭证编制汇总原始凭证。

（2）根据原始凭证或汇总原始凭证，编制记账凭证。

（3）根据收款凭证、付款凭证逐笔登记现金日记账和银行存款日记账。

（4）根据原始凭证、汇总原始凭证和记账凭证，登记各种明细分类账。

（5）根据记账凭证逐笔登记总分类账。

（6）期末，现金日记账、银行存款日记账和明细分类账的余额同有关总分类账的余额核对相符。

（7）期末，根据总分类账和明细分类账编制会计报表。

2. 记账凭证账务处理程序的特点

直接根据各种记账凭证逐笔登记总分类账，是记账凭证账务处理程序与其他账务处理程序截然不同的做法，也是记账凭证账务处理程序的一个鲜明特点。

（三）记账凭证账务处理程序的优缺点及适用范围

1. 记账凭证账务处理程序的优点

（1）在记账凭证上能够清晰地反映账户之间的对应关系。

（2）总分类账直接根据各种记账凭证逐笔登记，所以总分类账可以较详细地反映经济业务的发生情况。

（3）记账凭证账务处理程序的优点是简单明了，易于理解。

2. 记账凭证账务处理程序的缺点

（1）因为总分类账直接根据各种记账凭证逐笔登记，所以总分类账登记工作量过大。

（2）账页耗用多，预留账页多少难以把握。

3. 记账凭证账务处理程序的适用范围

记账凭证账务处理程序一般只适用于规模较小、经济业务较少、需要编制记账凭证较少的单位。

三、汇总记账凭证账务处理程序

汇总记账凭证账务处理程序是根据原始凭证或原始凭证汇总表编制记账凭证，定期根据记账凭证分类编制汇总收款凭证、汇总付款凭证和汇总转账凭证，再根据汇总记账凭证登记总分类账的一种账务处理程序。

（一）汇总记账凭证账务处理程序的凭证与账簿设置

1. 凭证设置

采用汇总记账凭证账务处理程序时，记账凭证的设置有两种类型：

（1）设置现金收款凭证、现金付款凭证、银行收款凭证、银行付款凭证和转账凭证据以登记明细分类账。

（2）设置汇总现金收款凭证、汇总现金付款凭证、汇总银行收款凭证、汇总银行付款凭证和汇总转账凭证据以登记总分类账。

2. 账簿设置

采用汇总记账凭证账务处理程序一般应该设置以下账簿：

（1）日记账。

（2）明细分类账。

(3) 总分类账。

(二) 汇总记账凭证的编制方法

汇总记账凭证是在填制的各种专用记账凭证的基础上，按照一定的方法进行汇总编制而成的。汇总记账凭证分为汇总收款凭证、汇总付款凭证和汇总转账凭证三种，它们的汇总编制的方法也有所不同。

1. 汇总收款凭证的编制方法

汇总收款凭证指根据现金、银行存款收款凭证按“库存现金”和“银行存款”科目的借方分别设置，并按对应的贷方科目归类，月末结计其合计数，分别记入“库存现金”和“银行存款”总分类账的借方及各对应账户的贷方的一种汇总记账凭证。

为了便于编制汇总收款凭证，在日常编制收款凭证时，会计分录的形式最好是一借一贷、一借多贷，不宜多借一贷或多借多贷。

2. 汇总付款凭证的编制方法

汇总付款凭证指按“库存现金”和“银行存款”科目的贷方分别设置，并按对应的借方科目归类，月末结计其合计数，分别记入“库存现金”和“银行存款”总账的贷方及各对应总账的借方的一种汇总记账凭证。

为了便于编制汇总付款凭证，在日常编制付款凭证时，会计分录的形式最好是一借一贷、多借一贷，不宜一借多贷或多借多贷。

3. 汇总转账凭证的编制方法

汇总转账凭证指按每一贷方科目分别设置，并按借方科目归类，月末结计其合计数，分别根据汇总转账凭证中应贷账户的贷方及借方记入总分类账的一种汇总记账凭证。

为便于进行汇总转账凭证的编制，在日常编制转账凭证时，会计分录的形式最好是一借一贷、一贷多借，不宜一借多贷或多借多贷。

(三) 汇总记账凭证账务处理程序核算步骤及特点

1. 汇总记账凭证账务处理程序核算步骤

(1) 根据原始凭证编制汇总原始凭证。

(2) 根据原始凭证或汇总原始凭证，编制记账凭证。

(3) 根据收款凭证和付款凭证及所附原始凭证，逐笔登记现金日记账和银行存款日记账。

(4) 根据原始凭证、汇总原始凭证和记账凭证，登记各种明细分类账。

(5) 根据各种记账凭证编制有关汇总记账凭证。

(6) 根据各种汇总记账凭证登记总分类账。

(7) 月末，现金日记账、银行存款日记账和各明细分类账的余额与有关总分类账的余额相核对。

(8) 月末，根据总分类账和明细分类账的有关资料，编制会计报表。

2. 汇总记账凭证账务处理程序的特点

汇总记账凭证账务处理程序的特点是先定期将记账凭证汇总编制成各种汇总记账凭证，然后根据各种汇总记账凭证登记总分类账。它与记账凭证账务处理程序的主要区别是在记账凭证和总分类账之间增加了汇总记账凭证。

(四) 汇总记账凭证账务处理程序的优缺点及适用范围

1. 汇总记账凭证账务处理程序的优点

(1) 在汇总记账凭证账务处理程序中能清晰地反映账户之间的对应关系。

(2) 可以减轻登记总分类账的工作量。

2. 汇总记账凭证账务处理程序的缺点

(1) 定期编制汇总记账凭证的工作量比较大。

(2) 对汇总过程中可能存在的错误不容易发现。

3. 汇总记账凭证账务处理程序的适用范围

汇总记账凭证账务处理程序适用于规模较大、经济业务较多,专用记账凭证也比较多的单位。

四、科目汇总表账务处理程序

科目汇总表账务处理程序又称记账凭证汇总表账务处理程序,是根据记账凭证定期编制科目汇总表,再根据科目汇总表登记总分类账的一种账务处理程序。

(一) 科目汇总表账务处理程序的凭证与账簿设置

1. 凭证设置

采用科目汇总表账务处理程序时,记账凭证的设置有两种方式:

(1) 采用通用记账凭证。

(2) 采用专用记账凭证。

2. 账簿设置

采用科目汇总表账务处理程序一般应该设置以下账簿:

(1) 日记账。

(2) 明细分类账。

(3) 总分类账。

(二) 科目汇总表的编制方法

科目汇总表又称记账凭证汇总表,是定期对全部记账凭证进行汇总,按各个会计科目列示其借方发生额和贷方发生额的一种汇总凭证。依据借贷记账法的基本原理,科目汇总表中各个会计科目的借方发生额合计与贷方发生额合计应该相等,因此,科目汇总表具有试算平衡的作用。

(三) 科目汇总表账务处理程序核算步骤及特点

1. 科目汇总表账务处理程序核算步骤

(1) 根据原始凭证填制汇总原始凭证。

(2) 根据原始凭证或汇总原始凭证填制记账凭证。

(3) 根据收款凭证、付款凭证逐笔登记现金日记账和银行存款日记账。

(4) 根据原始凭证、汇总原始凭证和记账凭证,登记各种明细分类账。

(5) 根据各种记账凭证编制科目汇总表。

(6) 根据科目汇总表登记总分类账。

(7) 期末,将现金日记账、银行存款日记账和明细分类账的余额同有关总分类账的余额核对相符。

(8) 期末,根据总分类账和明细分类账的记录,编制会计报表。

2. 科目汇总表账务处理程序的特点

科目汇总表账务处理程序的特点是登记总分类账的直接依据是科目汇总表,而不是记账凭证,即从记账凭证到总分类账之间增加了编制科目汇总表这一方法。

(四) 科目汇总表账务处理程序的优缺点及适用范围

1. 科目汇总表账务处理程序的优点

(1) 减轻登记总分类账的工作量。

(2) 科目汇总表具有试算平衡的作用,保证总分类账登记的正确性。

(3) 科目汇总表编制比较容易、简便、适用性强,任何规模的会计主体都可以采用。

2. 科目汇总表账务处理程序的缺点

不分对应科目进行汇总,不能反映各科目的对应关系,不便于对经济业务的来龙去脉进行分析和检查,当记账凭证较多时,根据记账凭证编制科目汇总表也较为复杂;当记账凭证较少时,运用科目汇总表登记总分类账又起不到简化登记总分类账的作用。

3. 科目汇总表账务处理程序的适用范围

科目汇总表账务处理程序一般适用于规模较大、经济业务较多的企业和单位。

第二部分 练 习 题

一、名词解释

1. 会计循环
2. 账务处理程序
3. 记账凭证账务处理程序
4. 汇总记账凭证账务处理程序
5. 科目汇总表
6. 科目汇总表账务处理程序

二、单项选择题

1. 记账凭证账务处理程序下登记总分类账的根据是(　　)。

A. 记账凭证　　B. 日记账　　C. 报表　　D. 原始凭证

2. 下列各项中,被称为最基本的账务处理程序的是(　　)。

A. 记账凭证账务处理程序　　B. 汇总记账凭证账务处理程序

C. 科目汇总表账务处理程序　　D. 日记账、总分类账账务处理程序

3. 科目汇总表的基本编制方法是(　　)。

A. 按照不同会计科目进行归类定期汇总

B. 按照相同会计科目进行归类定期汇总

C. 按照借方会计科目进行归类定期汇总

D. 按照贷方会计科目进行归类定期汇总

4. 科目汇总表账务处理程序的特点是(　　)。
A. 根据各种记账凭证直接登记总分类账
B. 根据科目汇总表登记总分类账
C. 根据汇总记账凭证登记总分类账
D. 根据科目汇总表登记明细分类账
5. 科目汇总表与汇总记账凭证的共同优点是(　　)。
A. 保持科目之间的对应关系　B. 简化总分类账登记工作
C. 进行发生额试算平衡　D. 总括反映同类经济业务
6. 科目汇总表账务处理程序适用于(　　)。
A. 规模较小,业务较少的单位　B. 规模较小,业务较多的单位
C. 规模较大,业务较多的单位　D. 规模较大,业务较少的单位
7. (　　)账务处理程序适用于规模较小、业务量较少的单位。
A. 记账凭证　B. 汇总记账凭证
C. 科目汇总表　D. 多栏式日记账
8. 各种账务处理程序的起点都是(　　)。
A. 接受并审核原始凭证　B. 编制记账凭证
C. 编制汇总记账凭证　D. 编制科目汇总表
9. 在汇总记账凭证账务处理程序下,汇总转账凭证应当按科目进行设置,设置方向为(　　)。
A. 借方　B. 贷方　C. 增加　D. 减少
10. 下列各项中,属于记账凭证账务处理程序的是(　　)。
A. 根据记账凭证编制资产负债表　B. 根据原始凭证编制汇总原始凭证
C. 根据记账凭证编制科目汇总表　D. 根据记账凭证编制汇总记账凭证

三、多项选择题

1. 账务处理程序主要包括(　　)。
A. 记账凭证账务处理程序　B. 汇总记账凭证账务处理程序
C. 科目汇总表账务处理程序　D. 会计账簿账务处理程序
2. 不同账务处理程序所具有的相同之处有(　　)。
A. 编制记账凭证的直接依据相同　B. 编制会计报表的直接依据相同
C. 登记明细分类账簿的直接依据相同　D. 登记总分类账簿的直接依据相同
3. 账务处理程序的主要内容包括(　　)。
A. 会计凭证、会计账簿的种类及格式
B. 会计凭证与会计账簿之间的联系方法
C. 由原始凭证到编制记账凭证、登记总分类账和明细分类账、编制会计报表的工作程序和方法
D. 会计资料立卷归档的程序和方法
4. 记账凭证账务处理程序、汇总记账凭证账务处理程序和科目汇总表账务处理程序应

共同遵循的程序有(　　)。

A. 根据原始凭证、汇总原始凭证和记账凭证登记各种明细分类账

B. 期末,现金日记账、银行存款日记账和明细分类账的余额与有关总分类账的余额核对相符

C. 根据记账凭证逐笔登记总分类账

D. 根据总分类账和明细分类账的记录,编制会计报表

5. 关于记账凭证账务处理程序,下列说法正确的有(　　)。

A. 根据记账凭证逐笔登记总分类账,是最基本的账务处理程序

B. 简单明了,易于理解,总分类账可以较详细地反映经济业务的发生情况

C. 登记总分类账的工作量较大

D. 适用于规模较大、经济业务量较多的单位

6. 会计循环的主要环节有(　　)。

A. 设置账户　　B. 填制会计记账凭证

C. 登记账簿　　D. 编制会计报表

7. 汇总记账凭证核算组织程序的缺点主要有(　　)。

A. 在汇总记账凭证上不能清晰地反映账户之间的对应关系

B. 不能够大大减少登记总分类账的工作量

C. 定期编制汇总记账凭证的工作量比较大

D. 对汇总过程中存在的错误难以及时发现

8. 为便于编制汇总收款凭证,日常编制收款凭证时,会计分录形式最好是(　　)。

A. 一借一贷　　B. 一借多贷　　C. 多借一贷　　D. 多借多贷

9. 为便于汇总转账凭证的编制,日常编制转账凭证时,会计分录形式最好是(　　)。

A. 一借一贷　　B. 一贷多借　　C. 一借多贷　　D. 多借多贷

10. 影响各单位科学、合理地选择适用于本单位的账务处理程序的因素主要有(　　)。

A. 所处行业的性质　　B. 生产经营的特点

C. 经营规模的大小　　D. 经营业务的繁简程度

四、判断题

1. 科目汇总表账务处理程序下,企业应当直接根据记账凭证逐笔登记总分类账。(　　)

2. 汇总记账凭证账务处理程序和科目汇总表账务处理程序都适用于经济业务较多的单位。(　　)

3. 在汇总记账凭证账务处理程序下,明细分类账要与总分类账进行核对,根据总分类账和明细分类账编制财务报表。(　　)

4. 记账凭证账务处理程序,适用于规模较大的,经济业务较复杂的企业。(　　)

5. 记账凭证账务处理程序、汇总记账凭证账务处理程序、科目汇总表账务处理程序的不同之处在于登记总分类账的依据不同。(　　)

6. 每一个会计循环一般都是在一个特定的会计期间内完成的。(　　)

7. 科目汇总表的汇总结果体现了所有账户发生额的平衡相等关系。(　　)

8. 汇总收款凭证、汇总付款凭证和汇总转账凭证应每月分别编制一张。 (　　)

9. 账务处理程序的基本模式可以概括为:原始凭证—记账凭证—会计账簿—会计报表。 (　　)

10. 在不同的账务处理程序下,财务报表的编制依据不同。 (　　)

五、业务计算题

(一) 目的

练习编制会计分录并填制科目汇总表。

(二) 资料

鸿运公司 2020 年 6 月发生如下交易或事项:

(1) 1 日,向天日公司购入甲材料 200 千克,每千克 129.20 元,计 29 199.20 元(含增值税,税率为 13%),货款以银行存款支付。

(2) 1 日,以现金支付甲材料运杂费 160 元。

(3) 2 日,以银行支票 15 200 元交纳上月增值税。

(4) 3 日,以银行支票 30 000 元归还临时借款。

(5) 5 日,收到有源工厂还来货款 36 000 元存入银行。

(6) 7 日,以现金 100 元购入劳防用品,当即交车间使用。

(7) 10 日,仓库发出乙材料 460 千克,每千克进价为 100 元,其中 300 千克用以制造 B 产品,160 千克用于制造 A 产品。

(8) 12 日,购入新机器一台,价值 70 000 元,以银行支票支付。

(9) 13 日,售予有源工厂 A 产品 300 件,每件售价为 203.40 元,计价款 61 020 元(含增值税,税率为 13%),尚未收到。

(10) 15 日,购入即用的销售包装纸箱 100 只,每只进价为 16 元,以银行存款支付。

(11) 16 日,以银行支票支付车间文具用品 328 元。

(12) 18 日,开出银行支票 1 000 元,提取现金。

(13) 20 日,以银行支票 330 元购买管理部门办公用品。

(14) 21 日,售出 A 产品 200 件,价款 40 680 元(含增值税,税率为 13%)存入银行。

(15) 25 日,管理部门人员出差回来报销差旅费 1 290 元,已借支 1 500 元,余款交回现金。

(三) 要求

1. 编制各项交易或事项的会计分录,如表 8-1 所示。

表 8-1　　**鸿运公司 2020 年 6 月会计分录**

序号	日期	摘要	会计分录
1			
2			
3			

（续表）

序号	日期	摘要	会计分录
4			
5			
6			
7			
8			
9			
10			
11			
12			
13			
14			
15			

2. 编制科目汇总表，如表 8-2 所示。

表 8-2 **科目汇总表**

年 月 日至 日 科汇字第 号

会计科目	本期发生额		总分类账页数
	借方金额	贷方金额	
合计			

第三部分　参考答案

一、名词解释

1. 会计循环是指一个会计主体在一定的会计期间内，从经济业务(也称交易或事项)发生取得或填制会计凭证起，到登记账簿，编制会计报表止的一系列处理程序。

2. 账务处理程序也称为会计核算组织程序或会计核算形式，是指在会计循环中，会计主体所采用的会计凭证、会计账簿、会计报表的种类和格式与一定的记账程序相结合的方式。

3. 记账凭证账务处理程序是指对发生的经济业务，先根据原始凭证或汇总原始凭证填制记账凭证，再直接根据记账凭证登记总分类账的一种账务处理程序。

4. 汇总记账凭证账务处理程序是根据原始凭证或原始凭证汇总表编制记账凭证，定期根据记账凭证分类编制汇总收款凭证、汇总付款凭证和汇总转账凭证，再根据汇总记账凭证登记总分类账的一种账务处理程序。

5. 科目汇总表又称记账凭证汇总表，是定期对全部记账凭证进行汇总，按各个会计科目列示其借方发生额和贷方发生额的一种汇总凭证。

6. 科目汇总表账务处理程序又称记账凭证汇总表账务处理程序，是指根据记账凭证定期编制科目汇总表，再根据科目汇总表登记总分类账的一种账务处理程序。

二、单项选择题

1.A	2. A	3. B	4. B	5. B	6. C	7. A	8. A	9. B	10. B

难点解析

1. 记账凭证账务处理程序是指对发生的经济业务，先根据原始凭证或汇总原始凭证填制记账凭证，再直接根据记账凭证登记总分类账的一种账务处理程序。

2. 记账凭证账务处理程序是最基本的账务处理程序，其他各种账务处理程序都是在此基础上发展而形成的。

3. 科目汇总表又称记账凭证汇总表，是定期对全部记账凭证进行汇总，按各个会计科目列示其借方发生额和贷方发生额的一种汇总凭证。

4. 科目汇总表账务处理程序是根据原始凭证、汇总原始凭证和记账凭证，登记各种明细分类账，根据科目汇总表登记总分类账。

6. 科目汇总表账务处理程序一般适用于规模较大、经济业务较多的企业和单位。

7. 记账凭证账务处理程序一般只适用于规模较小、经济业务较少、需要编制记账凭证较少的单位。

8. 各种账务处理程序的第一步都为审核原始凭证并根据原始凭证填制汇总原始凭证。

9. 汇总转账凭证指按每一贷方科目分别设置，并按借方科目归类，月末结计其合计数，分别根据汇总转账凭证中应贷账户的贷方及借方记入总分类账的一种汇总记账凭证。

10. 根据原始凭证编制汇总原始凭证是记账凭证账务处理程序的第一步。

三、多项选择题

1. ABC	2. ABC	3. ABC	4. ABD	5. ABC
6.ABCD	7. CD	8. AB	9. AB	10. ABCD

重难点解析：

1. 企业常用的账务处理程序，主要有记账凭证账务处理程序、汇总记账凭证账务处理程序和科目汇总表账务处理程序，故选项 ABC 正确。

2. 三种账务处理程序下：根据原始凭证或汇总原始凭证，编制记账凭证；根据收款凭证、付款凭证逐笔登记现金日记账和银行存款日记账；根据原始凭证、汇总原始凭证和记账凭证登记各种明细分类账，期末根据总分类账和明细分类账的记录，编制会计报表。故选项 ABC 正确。

3. 账务处理程序的主要内容包括会计凭证、会计账簿的种类及格式，会计凭证与账簿之间的联系方法，由原始凭证到编制记账凭证、登记总分类账和明细分类账、编制会计报表的工作程序和方法。

4. 各种账务处理程序的主要区别是登记总分类账的依据不同。记账凭证账务处理程序根据记账凭证逐笔登记总分类账，汇总记账凭证账务处理程序根据汇总记账凭证登记总分类账。科目汇总表账务处理程序根据科目汇总表登记总分类账。

5. 记账凭证账务处理程序适用于规模较小、经济业务量较少的单位，所以选项 D 错误。

6. 会计循环是指一个会计主体在一定的会计期间内，从经济业务发生取得或填制会计凭证起，到登记账簿，编制会计报表止的一系列处理程序。

7. 汇总记账凭证账务处理程序的优点有：①在汇总记账凭证账务处理程序中能清晰地反映账户之间的对应关系。②可以减轻登记总分类账的工作量，所以选项 AB 错误。汇总记账凭证账务处理程序的缺点有：①定期的编制汇总记账凭证的工作量比较大。②对汇总过程中可能存在的错误不容易发现。

8. 为便于进行汇总收款凭证的编制，在日常编制收款凭证时，会计分录的形式最好是一借一贷、一借多贷，不宜多借一贷或多借多贷。

9. 为便于进行汇总转账凭证的编制，在日常编制转账凭证时，会计分录的形式最好是一借一贷、一贷多借，不宜一借多贷或多借多贷。

四、判断题

1. ×	2. √	3. √	4. ×	5. √	6. √	7. √	8. ×	9. √	10. ×

难点解析

1. 科目汇总表账务处理程序是根据记账凭证定期编制科目汇总表，再根据科目汇总表登记总分类账的一种账务处理程序。它的特点主要是先定期把全部记账凭证按科目汇总，编制科目汇总表，然后根据科目汇总表登记总分类账。

3. 汇总记账凭证账务处理程序的最后两个步骤是：期末将现金日记账、银行存款日记账和明细分类账的余额与有关总分类账的余额核对相符，根据总分类账和明细分类账的记录，编制财务报表。

4. 记账凭证账务处理程序,适用于规模较小的,经济业务量较少的企业。

8. 汇总收款凭证、汇总付款凭证和汇总转账凭证一般5天、10天或15天汇总一次。

10. 三种账务处理程序都是根据总分类账和明细分类账的记录来编制会计报表的。

五、业务计算题

习题解答

1. 编制各项交易或事项的会计分录,如表8-3所示。

表8-3 鸿运公司2020年6月会计分录

序号	日期	摘要	账户名称	借方金额	贷方金额
1	2020-06-01	购入材料,支付价款	材料采购——甲材料 应交税费——应交增值税(进项税额) 银行存款	25 840 3 359.2	 29 199.2
2	2020-06-01	支付材料运杂费	材料采购——甲材料 库存现金	160	 160
3	2020-06-02	交纳上月增值税	应交税费——未交增值税 银行存款	15 200	 15 200
4	2020-06-03	归还临时借款	短期借款 银行存款	30 000	 30 000
5	2020-06-05	收回货款	银行存款 应收账款——有源工厂	36 000	 36 000
6	2020-06-07	支付车间经费	制造费用 库存现金	100	 100
7	2020-06-10	领用材料	生产成本——A产品 ——B产品 原材料——乙材料	16 000 30 000	 46 000
8	2020-06-12	购入机器一台	固定资产 银行存款	70 000	 70 000
9	2020-06-13	出售产品,货款未收到	应收账款——有源工厂 主营业务收入 应交税费——应交增值税(销项税额)	61 020	 54 000 7 020
10	2020-06-15	购入包装物	销售费用——包装费 银行存款	1 600	 1 600
11	2020-06-16	支付车间文具用品费	制造费用——办公费 银行存款	328	 328
12	2020-06-18	向银行提现	库存现金 银行存款	1 000	 1 000
13	2020-06-20	支付办公用品款	管理费用——办公费 银行存款	330	 330
14	2020-06-21	出售产品,收到货款	银行存款 主营业务收入 应交税费——应交增值税(销项税额)	40 680	 36 000 4 680

（续表）

序号	日期	摘要	账户名称	借方金额	贷方金额
15	2020-06-25	报销差旅费	管理费用——差旅费 库存现金 其他应收款	1 290 210	1 500

2. 编制科目汇总表，如表 8-4 所示。

表 8-4 **科目汇总表**

2020 年 6 月 1 日至 30 日 科汇字第 1 号

会计科目	本期发生额		总分类账页数
	借方金额	贷方金额	
库存现金	1 210	260	略
银行存款	76 680	147 657.2	
原材料		46 000	
应收账款	61 020	36 000	
其他应收款		1 500	
材料采购	26 000		
固定资产	70 000		
短期借款	30 000		
应交税费	18 559.2	11 700	
生产成本	46 000		
制造费用	428		
销售费用	1 600		
管理费用	1 620		
主营业务收入		90 000	
合　计	333 117.2	333 117.2	

第九章 财 产 清 查

第一部分 内 容 概 要

一、财产清查概述

(一) 财产清查的概念

财产清查是指通过对库存现金、银行存款等货币资金、存货、固定资产等实物资产和应收账款等往来款项的财产物资进行盘点或核对，确定其实存数，查明账存数与实存数是否相符的一种专门方法。

(二) 财产清查的意义

(1) 保证财产安全完整。

(2) 保证会计资料真实。

(3) 提高物资使用效率。

(4) 提高经营管理水平。

(三) 财产清查的分类

1. 按照清查的范围分类

1) 全面清查

全面清查是指对所有的财产进行全面的盘点和核对。全面清查的对象一般包括货币资金、财产物资和债权债务等。

2) 局部清查

局部清查是指根据需要只对部分财产进行盘点和核对。局部清查范围小，涉及人员少，但专业性较强。

2. 按照清查的时间分类

1) 定期清查

定期清查是指按照预先计划安排的时间，对财产进行的盘点和核对。定期清查，一般在年末、季末、月末进行。

2) 不定期清查

不定期清查是指事前不规定清查日期，而是根据特殊需要临时进行的盘点和核对。

3. 按照清查的执行系统分类

1) 内部清查

内部清查是指由本单位内部自行组织清查工作小组所进行的财产清查工作，大多数财产清查都是内部清查。

2) 外部清查

外部清查是指由上级主管部门、审计机关、司法部门、注册会计师等，根据国家有关规定或情况需要对本单位进行的财产清查。

(四)财产清查的程序

财产清查一般包括准备阶段和报告阶段。

1. 准备阶段

1)组织准备

为了使财产清查工作顺利地进行,会计、财产保管和相关部门应密切配合,做好清查前的各方面准备工作:抽调有关专业人员组成清查小组;清查人员应学习有关政策规定,掌握有关法律法规和相关业务知识,提高财产清查工作的质量;确定清查对象、范围,明确清查任务;制定清查方案,具体安排清查内容、时间、步骤、方法以及必要的清查前准备。

2)业务准备

会计部门在清查之前,应将所有经济业务入账,并核对总分类账和所属明细分类账,保证账证相符、账账相符;财产保管部门将截至清查日的所有经济业务登记实物账,结出实存数。财产规范放置整齐,排列标明品种规格和结存数量;相关部门要准备好计量器具,并准备好有关清查用的登记表册。

2. 清查阶段

清查时本着先清查数量、核对有关账簿记录等,后认定质量的原则进行。清查工作中要注意核定各种实物、货币资金和往来款项的账实是否相符,关注财产的质量并填制盘存单。

3. 报告阶段

清查工作完毕,根据盘存清单填制实物资产、往来账项清查结果报告表,将账实相对的结果及其处理意见书面报告有关部门审批,根据审批情况进行账务处理。

二、财产清查的内容和方法

由于货币资产、实物资产和往来款项等资产各有不同的特点,在进行财产清查时,应采用不同的方法。

(一)货币资金的清查方法

1. 库存现金的清查

库存现金的清查是采用实地盘点法,确定库存现金的实存数,然后与现金日记账的账面余额相核对,确定账实是否相符。

库存现金的清查可以分为:

(1)出纳员自查。

(2)专门人员清查。

2. 银行存款清查

银行存款的清查是采用与开户银行核对账目的方法进行的,即将本单位银行存款日记账的账簿记录与开户银行转来的对账单逐笔进行核对,查明银行存款的实有数额。

3. 未达账项

未达账项是指企业和银行之间,由于凭证的传递时间不同,导致双方记账时间不一致,即一方收到凭证并已入账,另一方未收到凭证,因而未能入账,由此形成的账款。未达账项一般分为以下四种情况:

(1) 企业已收款记账,银行未收款未记账的款项。

(2) 企业已付款记账,银行未付款未记账的款项。

(3) 银行已收款记账,企业未收款未记账的款项。

(4) 银行已付款记账,企业未付款未记账的款项。

(三) 实物资产清查

1. 实物资产盘存制度

一般来说,财产物资的盘存制度有永续盘存制和实地盘存制两种。

1) 永续盘存制

永续盘存制也称账面盘存制,是指通过设置各种财产物资明细账,对财产物资的收入与发出,逐笔或逐日连续登记,并随时结出账面结存数的核算方法。

永续盘存制下,根据下述公式结出账面余额:

期末账面余额=期初账面余额+本期增加数-本期减少(发出)数

2) 实地盘存制

实地盘存制是通过设置各种财产物资明细账,平时在明细账上登记收入数,不登记发出数,期末结账时根据实际盘点的结存数倒挤出发出数,并据以登记入账的核算方法,在这种方法下实际盘点的结存数就是期末账存数。

实地盘存制下,根据下述公式结出账面余额:

本期减少(发出)数=期初账面余额+本期增加数-期末实际结存数

2. 实物清查常用方法

1) 实地盘点法

实地盘点法是指在财产物资堆放现场进行逐一点数,或用过磅、量、尺等计量仪器来确定实存数量的一种方法。这种方法适用于大多数财产物资的清查,除适用于实物资产外,也适用于现金等货币资金的清查。它的适用范围较广,要求严格,数字准确可靠,清查质量较高;但工作量大,要求事先根据财产物资的实物形态进行科学的放置。

2) 技术推算盘点法

技术推算法是指利用技术方法对大量成堆,难以逐一清点的财产物资的实存数量进行推算的一种方法。例如,露天存放的煤矿石等的实存数量,可以采用这种方法进行清查。

3) 抽查盘点法

对于价值小、数量多、重量比较均匀的,已经包装好的材料和商品等,一般不便于逐一清点,可以采用抽查盘点的方法,然后确定其总数量。

(四) 往来款项清查

1. 往来款项的清查内容

往来款项的清查是指对本单位发生的各种债权债务等结算业务进行清查,如对应收账款、应付账款、预付账款、预收账款、其他应收款和其他应付款等进行清查。

2. 往来款项的清查方法

往来款项一般采用"询证核对法",如采用信函查询、电话查询方式,向对方进行账目核对。

3. 往来款项清查步骤

在检查本单位各项往来结算账目正确完整的基础上,按每一个经济业务往来单位填制一式两联的“往来款项对账单”，其中一联送交对方单位核对账目，另一联作为回联单，对方单位经过核对相符后，在回联单上加盖公章退回，表示已核对；如有数字不符，对方单位应在对账单中注明情况后退回本单位。

三、财产清查结果的处理

(一) 财产清查结果处理的要求

(1) 分析产生差异的原因和性质，并提出处理建议。

(2) 积极处理多余积压财产，清理往来款项。

(3) 总结经验教训，建立健全各项管理制度。

(4) 及时调整账簿记录，保证账实相符。

(二) 财产清查结果的处理步骤

(1) 核准金额，查明原因。

(2) 调整账簿记录，做到账实相符。

(3) 经批准后做账务处理。

(三) 会计处理

1. 账户设置

设置“待处理财产损溢”账户。该账户用来核算企业在财产清查过程中发现的各项财产物资的盘盈数、盘亏数以及经批准后的转销数。账户结构为借方登记财产物资的盘亏数和经批准后盘盈的转销数，贷方登记清查中发现的财产物资的盘盈数和经过批准后盘亏的转销数。

本账户为了分别反映企业固定资产和流动资产的清查情况，在“待处理财产损溢”总分类账账户下，可以按照资产的类别和项目分别核算，可分别设置“待处理流动资产损溢”和“待处理固定资产损溢”两个明细分类账账户进行核算。

2. 库存现金清查结果的处理

1) 现金溢余(现金长款)的账务处理

第一步，调账。对于库存现金溢余，按实际溢余的金额，借记“库存现金”账户，贷记“待处理财产损溢——待处理流动资产损溢”账户。

第二步，查明原因、报经批准。属于应支付给有关人员或单位的，应借记“待处理财产损溢—待处理流动资产损溢”账户，贷记“其他应付款”账户。属于无法查明原因的库存现金溢余，经批准后，借记“待处理财产损溢——待处理流动资产损溢”账户，贷记“营业外收入”账户。

2) 现金短缺(现金短款)账务处理

第一步，调账。对于库存现金短缺，按实际短缺的金额，借记“待处理财产损溢——待处理流动资产损溢”账户，贷记“库存现金”账户。

第二步，查明原因、报经批准。属于应有责任人赔偿的部分，借记“其他应收款”“库存现金”等账户，贷记“待处理财产损溢——待处理流动资产损溢”账户；属于应有保险公司赔偿的部分，借记“其他应收款——应收保险赔款”账户，贷记“待处理财产损溢——待处理流动资产损溢”账户；属于无法查明的其他原因，根据管理权限报经批准后处理，借记“管理费用”

账户，贷记“待处理财产损溢——待处理流动资产损溢”账户。

3. 存货清查结果的处理

1）存货盘盈的账务处理

企业发生存货盘盈时，按实际盘盈存货额金额，借记“原材料”“库存商品”等账户，贷记“待处理财产损溢——待处理流动资产损溢”账户；按管理权限报经批准后，借记“待处理财产损溢——待处理流动资产损溢”科目，贷记“管理费用”科目。

2）存货盘亏及毁损的账务处理

企业发生存货盘亏或毁损时，按实际盘亏、毁损存货的金额，借记“待处理财产损溢——待处理流动资产损溢”科目，贷记“原材料”“库存商品”等账户。

按管理权限报经批准后，需区别情况进行会计处理，做如下账务处理：

属于运输途中或由于计量器具造成的合理损耗，应计入有关存货的采购成本，借记“原材料”的账户，贷记“待处理财产损溢——待处理流动资产损溢”账户。

属于应由保险公司和过失人的赔款，借记“其他应收款”账户，贷记“待处理财产损溢——待处理流动资产损溢”账户。

属于超出定额的自然损耗或者自然灾害等造成的非常损失，按能够收取的残料和或净残值，借记“原材料”“银行存款”等账户；按应由保险公司赔偿的部分，借记“其他应收款”账户；按扣除残料价值和应由保险公司过失人赔偿后的净损失，一般经营损失的部分，借记“管理费用”账户，贷记“待处理财产损溢——待处理流动资产损溢”账户。

属于非常损失所造成的存货毁损，扣除保险公司赔款和残料价值后，借记“营业外支出”账户；贷记“待处理财产损溢——待处理流动资产损溢”账户。

4. 固定资产清查结果的处理

1）固定资产盘盈的账务处理

企业在财产清查中盘盈的固定资产，根据《企业会计准则》规定，应当作为重要的前期差错进行会计处理。企业在财产清查中盘盈的固定资产，在按管理权限报经批准处理前，应先通过“以前年度损益调整”账户核算。盘盈的固定资产应按重置成本确定其入账价值，借记“固定资产”账户，贷记“以前年度损益调整”账户。

2）固定资产盘亏的账务处理

企业在财产清查中盘亏的固定资产，按照盘亏固定资产的账面价值，借记“待处理财产损溢”账户，按照已计提的累计折旧，借记“累计折旧”账户，按照固定资产的原价，贷记“固定资产”账户 。

按照管理权限报经批准后，按其损失数额，借记“营业外支出”账户，贷记“待处理财产损溢”账户。由于自然灾害造成固定资产盘亏和毁损，应按向保险公司收取的保险赔偿款，借记“其他应收款”账户；所收回的材料入库或变卖收入，借记“原材料”“银行存款”等账户；其净损失借记“营业外支出”账户；贷记“待处理财产损溢”账户。

5. 往来款项清查结果的账务处理

1）应收账款清查结果的处理

在财产清查中，应及时清理应收款项。财产清查过程中发现的确实无法收回的应收账款，不通过“待处理财产损溢”账户来核算，而是在原来账面记录的基础上，按规定程序报告，经批准后直接处理。无法收回的应收账款称为坏账，由于发生坏账而造成的损失称为坏账损失，由于企业采用备抵法核算坏账损失，即按期提取坏账准备，因此核销坏账时，应冲减坏账准备并核销应收账款。

2）应付账款清查的处理

在财产清查中，应及时清理应付账款。由于债权单位撤销或不存在等原因造成的应付而无法支付的款项，经批准予以核销。无法支付的款项在批准前不做处理，不通过“待处理财产损溢”账户核算，按规定程序批准转销后，直接核销应付账款，并转作营业外收入处理。

第二部分　练　习　题

一、名词解释

1. 财产清查
2. 定期清查
3. 未达账项
4. 永续盘存制
5. 实地盘存制
6. 实地盘点法
7. 技术推算盘点法

二、单项选择题

1. 造成账实不符的情况中可以避免的人为因素是(　　)。

A. 保管和运输途中发生的自然损耗　　B. 不可抗力导致的非常损失

C. 有关凭证未到形成未达账项　　D. 账簿记录过程中的重记、漏记和错记

2. 下列财产清查的意义中，不正确的是(　　)。

A. 保证财产物资安全完整　　B. 保证会计信息的及时性

C. 提高物资使用效率　　D. 提高经营管理水平

3. 财产清查是通过实地盘点、查证核对来查明(　　)是否相符的一种方法。

A. 账证　　B. 账实　　C. 账账　　D. 账表

4. 全面清查的对象不包括(　　)。

A. 无形资产　　B. 货币资金　　C. 财产物资　　D. 债权债务

5. 一般而言，单位撤销、合并时，要进行(　　)。

A. 定期清查　　B. 全面清查　　C. 实地清查　　D. 局部清查

6. 下列项目中，不是财产清查的基本程序的是(　　)。

A. 清查前的准备工作　　B. 账项核对和实地盘点

C. 清查结果处理　　D. 复查报告

7. 下列对账工作中，属于账实核对的是(　　)。

A. 企业银行存款日记账与银行对账单核对

B. 总分类账与所属明细分类账核对

C. 会计部门的财产物资明细账与财产物资保管部门的有关明细账核对
D. 总分类账与日记账核对
8. 对于现金的清查，应将其结果及时填列（　　）。
A. 盘存单　　B. 实存账存对比表
C. 现金盘点报告表　　D. 对账单
9. 银行存款清查的方法是（　　）。
A. 日记账与总分类账核对　　B. 日记账与收付款凭证核对
C. 日记账与银行对账单核对　　D. 银行存款明细分类账与总分类账核对
10. 对银行存款所采用的清查方法一般是（　　）。
A. 实地盘点法　　B. 对账单
C. 估算法　　D. 技术推算法
11. 在记账无误的情况下，造成银行对账单和银行存款日记账不一致的原因是（　　）。
A. 应付款项　　B. 应收款项
C. 未达账项　　D. 外埠存款
12. 下列各项中，会导致企业银行存款日记账余额大于银行对账单余额的是（　　）。
A. 企业开具支票，对方未到银行兑现
B. 银行误将其他公司的存款计入本企业银行存款账户
C. 银行代收货款，企业尚未接到收款通知
D. 企业收到购货方转账支票一张，送存银行，银行尚未入账
13. 下列各项中，属于实物资产清查范围的是（　　）。
A. 现金　　B. 存货　　C. 有价证券　　D. 应收账款
14. 采用实地盘存制，平时账簿记录中不能反映（　　）。
A. 财产物资的增加数　　B. 财产物资的减少数
C. 财产物资的增加和减少数　　D. 财产物资的盘盈数
15. 实地盘存制与永续盘存制的主要区别是（　　）。
A. 盘点的目的不同　　B. 盘点的方法不同
C. 盘点的工具不同　　D. 盘亏结果处理不同
16. 下列各项中，属于实地盘存制优点的是（　　）。
A. 加强对财产物资的管理　　B. 保护财产安全
C. 能随时反映财产物资的结存情况　　D. 简化会计核算工作
17. 对各项财产的增减变化，根据会计凭证连续记载并随时结出余额的制度是（　　）。
A. 实地盘存制　　B. 应收应付制
C. 永续盘存制　　D. 实收实付制
18. 对于大堆、笨重的材料物资盘存及确定，一般采用（　　）。
A. 实地盘点法　　B. 抽查检验法
C. 技术推算法　　D. 询证核对法
19. 在财产清查中填制的“账存实存对比表”是（　　）。
A. 调整账面记录的原始凭证　　B. 调整账面记录的记账凭证

C. 登记总分类账的直接依据　　D. 登记日记账的直接依据

20. 往来款项的清查方法是（　　）。

A. 实地盘点法　　B. 询证核对法　　C. 技术推算法　　D. 抽样盘点法

21. “待处理财产损溢”账户未转销的贷方余额表示（　　）。

A. 财产物资盘盈数　　B. 财产物资盘亏数

C. 转销的财产物资盘亏数　　D. 转销的财产物资盘盈数

22. 发现有待查明原因的现金短缺，应通过（　　）账户核算。

A. “其他应收款”　　B. “其他应付款”

C. “营业外支出”　　D. “待处理财产损溢”

23. 现金清查中，无法查明原因的长款，应计入（　　）账户核算。

A. “其他应收款”　　B. “其他应付款”　　C. “管理费用”　　D. “营业外收入”

24. 库存商品因管理不善盘亏，在批准核销前，应借记（　　）账户。

A. “管理费用”　　B. “库存商品”

C. “待处理财产损溢”　　D. “营业外支出”

25. 结转盘亏的固定资产时，能够计入“营业外支出”的是（　　）。

A. 固定资产的变价收入　　B. 过失人赔偿的部分

C. 已提取的折旧　　D. 保险公司赔偿的部分

三、多项选择题

1. 财产清查主要解决的问题有（　　）。

A. 确定单位财产物资的实有数和债权债务的实际余额

B. 查明财产物资的实存数与账面数的差异及其产生原因

C. 调整账目，达到账实相符

D. 不断发现和解决会计核算和会计管理方面的问题

2. 下列各项中，属于账实核对的有（　　）。

A. 现金日记账的账面余额与实际库存数核对

B. 银行存款日记账账面余额与银行对账单核对

C. 各种债权债务明细账账面余额与有关单位（或个人）核对

D. 各种财产物资实有数与相应明细账核对

3. 造成账实不符的原因主要有（　　）。

A. 财产物资的自然损耗、收发计量错误

B. 会计账簿漏记、重记、错记

C. 财产物资的毁损

D. 未达账项

4. 财产清查按照清查时间可以分为（　　）。

A. 全面清查　　B. 定期清查　　C. 局部清查　　D. 不定期清查

5. 下列清查事项中，属于不定期清查的有（　　）。

A. 发生意外灾害　　B. 清产核资前　　C. 临时性检查　　D. 现金的检查

6. 按清查的范围不同,可将财产清查分为(　　)。
A. 全面清查　　B. 局部清查　　C. 定期清查　　D. 内部清查
7. 进行局部财产清查时,正确的做法是(　　)。
A. 银行存款每月至少同银行核对一次
B. 贵重物品每月盘点一次
C. 债权每年至少核对一、二次
D. 债务每年至少核对一、二次
8. 下列各项中,需要进行全面财产清查的情况是(　　)。
A. 年终决算之前　　B. 企业股份制改革前
C. 进行全面资产评估时　　D. 单位主要领导调离时
9. 财产物资的盘存制度有(　　)。
A. 收付实现制　　B. 权责发生制　　C. 永续盘存制　　D. 实地盘存制
10. 财产清查结果所包括的处理步骤有(　　)。
A. 核准数字,查明原因　　B. 调整凭证,使账实相符
C. 调整账簿,使账实相符　　D. 进行批准后的账务处理
11. 采用实地盘点法进行清查的项目有(　　)。
A. 固定资产　　B. 库存商品　　C. 银行存款　　D. 往来款项
12. 核对账目法适用于(　　)。
A. 预付账款的清查　　B. 现金的清查
C. 银行存款的清查　　D. 短期借款的清查
13. 下列各项中,关于"银行存款余额调节表"说法正确的有(　　)。
A. 原始凭证　　B. 盘存单的表现形式
C. 只起对账作用　　D. 银行存款清查的方法
14. 下列资产中,需要从数量和质量两个方面进行清查的有(　　)。
A. 银行存款　　B. 原材料　　C. 产成品　　D. 自制半成品
15. 下列各项中,属于实物资产清查范围的有(　　)。
A. 现金　　B. 原材料　　C. 产成品　　D. 应收账款
16. 下列单据中,可以作为原始凭证进行会计处理的有(　　)。
A. 实存账存对比表　　B. 未达账项登记表
C. 现金盘点报告表　　D. 银行存款余额调节表
17. 下列说法中,正确的有(　　)。
A. 不需要根据"银行存款余额调节表"做任何账务处理
B. 对于未达账项,有关原始凭证到达后才做处理
C. 银行存款日记账余额与对账单余额如果调整后仍不一致,说明记账有可能出现错误
D. 银行存款核对不一致的,期末要根据调整后的金额做账务处理
18. 对于盘亏的财产物资,经批准后进行账务处理,可能涉及的借方账户有(　　)。
A. "管理费用"　　B. "营业外支出"　　C. "营业外收入"　　D. "其他应收款"
19. 应在"待处理财产损溢"账户借方核算的有(　　)。

A. 盘亏财产物资数额　　　　　　　　　B. 盘盈财产物资的转销数

C. 盘盈财产物资数额　　　　　　　　　D. 盘亏财产物资的转销数

20. 下列说法中，正确的有（　　）。

A. 盘亏的库存现金计入管理费用

B. 盘盈库存现金如果无法查明原因的列入营业外收入

C. 自然损耗的原材料应计入管理费用

D. 由责任人或保险公司赔偿的部分列入其他应收款

四、判断题

1. 通过财产清查，可以挖掘财产物资的潜力，有效利用财产物资，加速资金周转。（　　）

2. 会计部门各种财产物资明细分类账期末余额与财产物资使用、保管部门的有关财产物资明细分类账期末余额进行核对，属于账账核对内容。（　　）

3. 账账核对就是指企业银行存款日记账与银行对账单的核对。（　　）

4. 永续盘存制又称账面盘存制，是一种用于确定财产物资期末结存成本的管理制度。（　　）

5. 不论采用何种盘存制度，账面上都应反映存货的增减变动及结存情况。（　　）

6. 无论采用何种盘存制度，期末都需要对财产物资进行清查。（　　）

7. 在财产清查的种类中，一般地说，定期清查是全面清查，不定期清查是局部清查。（　　）

8. 定期清查可以是全面清查，也可以是局部清查。（　　）

9. 在企业撤销或合并时，要对企业的部分财产进行重点清查。（　　）

10. 在进行财产清查前，会计部门应将所有账目全部登记入账、结出余额、核对总分类账和所属明细账，做到账簿记录完整、计算准确、账证相符、账账相符。（　　）

11. 未达账项是指企业与银行之间由于记账的时间不一致，而发生的一方已登记入账，另一方漏记的项目。（　　）

12. 银行存款日记账和银行对账单都正确时，二者的余额仍然有可能不一致。（　　）

13. 实地盘点法适用于大量的、成堆的、无法逐一清点或准确计量的实物资产，通常用于煤炭、砂石等大宗物资的清查。（　　）

14. 现金清查时，出纳人员必须在场。（　　）

15. 坏账是指企业无法收回或收回的可能性极小的应收款项。对于坏账，企业一旦确认，就意味着放弃了追索权。（　　）

16. 财产清查如果账实不符，说明记账肯定出现了差错。（　　）

17. 银行存款余额调节表是用于核对银行存款余额的，因此可以作为记账的依据。（　　）

18. 银行存款余额调节表既起到对账作用，又可以作为调节银行存款日记账账面余额的凭证。（　　）

19. 为了核算和监督财产清查中查明的各种财产的盘盈、盘亏和毁损及其处理情况，应设置“待处理财产损溢”账户，该账户属于资产类性质账户。（　　）

20. 企业对财产清查的处理都要先通过“待处理财产损溢”科目记录。（　　）

21. 现金清查中发现长款，如果无法查明原因，经批准应当冲减当期管理费用。（　　）

22. 盘盈的固定资产，应按照重置价值减去估计折旧的差额计入营业外收入。（　　）

23. 企业财产清查中，对发现的确实无法支付的应付账款，经批准后应转入“营业外支出”账户处理。（　　）

五、业务计算题

习题一

（一）目的

练习银行存款余额调节表的编制。

（二）资料

某企业银行存款日记账月末余额为 124 950 元，银行对账单的余额为 129 885 元，经核对，发现有下列未达账项：

（1）企业已入账，银行尚未入账的企业存入转账支票 11 200 元。

（2）企业购材料开出转账支票 9 100 元，银行尚未入账。

（3）银行已入账，企业未入账的银行代收销售款 6 790 元。

（4）银行已入账，企业未入账的银行存款利息 245 元。

（三）要求

根据以上未达账项，编制银行存款余额调节表。

习题二

（一）目的

练习财产清查的会计处理。

（二）资料

某企业在财产清查中，盘盈甲材料一批，价值 3 400 元；盘亏乙材料价值 15 000 元，其中 5 000 元属于自然损耗，10 000 元属于非常损失。

（三）要求

1. 在报经批准前，根据盘存结果，编制会计分录。

2. 在批准后，根据批准处理意见编制会计分录。

习题三

（一）目的

练习财产清查的会计处理。

（二）资料

某企业在财产清查中，发现下列情况：

（1）短缺机器一台，原价 6 000 元，已提折旧 2 400 元。

（2）甲材料账面余额 300 千克，单价 20 元/千克，实地盘点数为 292 千克；乙材料账面余额 450 千克，单价 15 元/千克，实地盘点数为 460 千克；库存现金短缺 55 元。

（3）经批准，上述盘亏的固定资产，列为营业外支出；甲材料盘亏系材料收发过程中计量误差所致，列作管理费用，乙材料盘盈作冲减管理费用处理；短缺现金责成有关过失人赔偿。

（三）要求

根据以上资料，编制会计分录。

习题四

（一）目的

练习存货盘存制度的应用。

（二）资料

某企业2020年6月1日甲材料期初结存800千克，单价30元。本期发生下列材料的收发业务：

（1）5日，购入甲材料1 000千克。

（2）6日，购入甲材料1 500千克。

（3）11日，生产A产品领用甲材料600千克。

（4）18日，生产A产品领用甲材料1 200千克。

（5）22日，购入甲材料800千克。

（6）30日，实地盘点甲材料库存2 250千克。

（三）要求

1. 假设该企业采用永续盘存制，根据上述资料计算甲材料的期末账面结存数，并根据实地盘点的结果作出相应的账务处理。

2. 假设该企业采用实地盘存制，根据上述资料计算甲材料的本期减少数，并根据实地盘点的结果作出相应的账务处理。

3. 比较两种盘存制度的异同及优缺点。

习题五

（一）目的

练习财产清查的方法和清查结果的会计处理。

（二）资料

某企业2020年年中进行资产清查，在清查中发现下列事项：

（1）发现账外机器一台，估价原值4 000元，现值900元。

（2）发现短缺设备一台，原价4 000元，已计提折旧1 600元。

（3）查明其他应收款350元，已无法收到。

（4）查明其他应付款1 000元，已无法偿还。

（5）原材料的账面资料和清查资料分别如表9-1、表9-2所示。

表9-1　原材料账面资料　单位:元

材料编号	材料名称	单位	单价	结余	
				数量	金额
1	A材料	千克	30	1 200	36 000
2	B材料	千克	25	800	20 000
3	C材料	吨	9 000	20	180 000
4	D材料	千克	20	2 700	54 000

表 9-2　　某企业盘存单

财产类别:原材料

存放地点:2 号仓库　　盘点时间:12 月 31 日　　编号:182921

编号	名称	单位	数量	单价	金额	备注
1	A 材料	千克	1 120	30	33 600	定额损耗 30 千克,收发计量差错 50 千克
2	B 材料	千克	780	25	19 500	保管人员失职造成
3	C 材料	吨	19	9 000	171 000	收发计量差错
4	D 材料	千克	2 750	20	55 000	代办企业加工剩余材料

盘点人签章:　　实物保管人签章:

上述各项盘盈、盘亏和损失,经查明原因属实,报请领导审核批准,做如下处理:

(1) 账外固定资产,增加企业营业外收入。

(2) 固定资产损失,作为企业营业外支出。

(3) 无法收回款项转销坏账准备。

(4) 无需偿还款项转作营业外收入。

(5) 材料定额内损耗,作为管理费用处理。

(6) 材料收发计量上的差错,不论盘亏、盘盈均列入管理费用处理。

(7) 管理人员失职造成材料短缺,责成过失人赔偿。

(三) 要求

1. 编制原材料实存账存对比表。

2. 将上述清查结果,编制审批前会计分录。

3. 根据报批处理结果,编制会计分录。

第三部分 参考答案

一、名词解释

1. 财产清查是指通过对库存现金、银行存款等货币资金、存货、固定资产等实物资产和应收账款等往来款项的财产物资进行盘点或核对,确定其实存数,查明账存数与实存数是否相符的一种专门方法。

2. 定期清查是指按照预先计划安排的时间,对财产进行的盘点和核对。定期清查,一般在年末、季末、月末进行。这种清查对象的范围可以是全面清查,也可以是局部清查。

3. 未达账项是指企业和银行之间,由于凭证的传递时间不同,导致双方记账时间不一致,即一方收到凭证并已入账,另一方未收到凭证,因而未能入账,由此形成的账款。

4. 永续盘存制也称账面盘存制,是指通过设置各种财产物资明细账,对财产物资的收入与发出,逐笔或逐日连续登记,并随时结出账面结存数的核算方法。

5. 实地盘存制是通过设置各种财产物资明细账,平时在明细账上登记收入数,不登记发出数,期末结账时根据实际盘点的结存数倒挤出发出数,并据以登记入账的核算方法,在这种方法下实际盘点的结存数就是期末账存数。

6. 实地盘点法是指在财产物资堆放现场进行逐一点数,或用过磅、量、尺等计量仪器来确定实存数量的一种方法。

7. 技术推算盘点法是指利用技术方法对大量成堆，难以逐一清点的财产物资的实存数量进行推算的一种方法。例如，露天存放的煤矿石等的实存数量，可以采用这种方法进行清查。

二、单项选择题

1. D	2. B	3. B	4. A	5. B	6. D	7. A	8. C	9. C	10. B
11. C	12. D	13. B	14. D	15. A	16. D	17. C	18. C	19. A	20. B
21. A	22. D	23. D	24. C	25. C					

重难点解析：

1. 选项ABC为账实不符原因中的客观因素，不能完全避免。选项D，账簿记录过程中的重记、漏记和错记是由于会计人员的失误造成的，是可以避免的。

2. 财产清查的意义包括保证财产安全完整；保证会计资料真实；提高物资使用效率；提高经营管理水平。财产清查并不能促进会计信息及时披露，因此选项B是正确的。

3. 财产清查是指通过对库存现金、银行存款等货币资金、存货、固定资产等实物资产和应收账款等往来款项的财产物资进行盘点或核对，确定其实存数，查明账存数与实存数是否相符的一种专门方法。因此选项B是正确的。

4. 全面清查的对象包括货币资金、存货、固定资产等实物资产和应收账款等往来款项，不包括无形资产。

5. 单位撤销、合并并非经常性、周期性的活动，属于不定期清查，因此选项A错误。全面清查可以准确地掌握本单位各项财产物资、货币资金、债权债务等的真实情况，单位撤销、合并时需要准确了解企业真实情况，因此需要进行全面清查，选项B正确，选项D错误。财产清查时除了实地清查外，对往来款项的清查通常采用询证核对法，选项C错误。

7. 选项A，企业银行存款日记账记录银行存款的账面价值，银行对账单为银行存款实有数，因此属于账实核对。选项BCD属于账账核对。

12. 选项A，属于企业已付银行未付，企业银行存款日记账余额小于银行对账单余额。选项B，银行对账单多记金额，企业银行存款日记账余额小于银行对账单余额。选项C银行已收企业未收，企业银行存款日记账余额小于银行对账单余额。选项D企业已收银行未收，企业银行存款日记账余额大于银行对账余额。

14. 实地盘存制平时在明细账上登记收入数，不登记发出数，期末结账时需要根据实际盘点的结存数倒挤出发出数，因此账簿记录中能够直接反映财产物资的增加数，倒挤出财产物资的减少数。由于期末是根据实际盘点结存数确定其账面价值，即账存数是根据实存数确定的，因此不会出现账实不符的情况，故而账簿中不能反映财产物资的盘盈数，选项D正确。

15. 实地盘存制进行盘点的目的是确定期末账面价值；而永续盘存制盘点的目的是掌握财产物资的实际占用情况及动态，能够加强对财产物资的管理，因此二者盘点目的不同，选项A正确。

18. 技术推算法是指利用技术方法对大量成堆、难以逐一清点的财产物资的实存数量进行推算的一种方法。

21. 为了核算和监督财产清查中查明的各种财产的盘盈、盘亏和毁损及其处理情况，应设置“待处理财产损溢”账户。账户结构为借方登记财产物资的盘亏数和经批准盘盈的转销数，贷方登记清查中发现的财产物资的盘盈数和经过批准后盘亏的转销数。

三、多项选择题

1. ABCD	2. ABCD	3. ABCD	4. BD	5. ABC
6. AB	7. ABCD	8. ABCD	9. CD	10. ACD
11. AB	12. ACD	13. CD	14. BCD	15. BC
16. AC	17. ABC	18. ABD	19. AB	20. BD

重难点解析：

3. 造成账实不符的原因包括：财产物资在保管和运输过程中发生自然损耗；由于不可抗力而导致的非常损失；由于有关凭证未到，形成未达账项，造成结算双方账实不符；在财产收发过程中，由于计量或检验不准确而造成的多收或少收的差错，以及品种、数量或质量上的差错；由于管理不善或制度不严、工作人员失职造成的财产物资的损坏、丢失、被盗；在账簿记录过程中发生的重记、漏记、错记；由于取得财产、领用财产等经济业务发生后，没有填制或取得凭证而造成的账目无记录等。

4. 财产清查按照清查时间可以分为定期清查和不定期清查；按清查的范围分为全面清查和局部清查。

5. 不定期清查是指事前不规定清查日期，而是根据特殊需要临时进行的盘点和核对。选项ABC均属于临时性活动，因此进行不定期清查。选项D，现金需要由出纳员每日清点库存，因此属于定期清查。

8. 需要进行全面清查的情况通常有：企业年终决算前；企业合并、撤销或改变隶属关系前；中外合资，国内合资前；股份制改造前；开展全面的资产评估，清产核资前；单位主要领导调离工作前等。

11. 实地盘点法是指在财产物资堆放现场进行逐一点数，或用过磅、量、尺等计量仪器来确定实存数量的一种方法。这种方法适用于大多数财产物资的清查，除实物资产适用，也适用于现金等货币资金的清查。选项AB属于实物资产，因此可以进行实地盘点。选项C银行存款采用与银行对账单核对的方法。选项D往来款项采用发询证函的方法核对。

13. “银行存款余额调节表”只是为了核对账目，不能作为调整企业银行存款账面记录的记账依据。银行存款日记账的登记，必须在收到有关原始凭证后再进行。

17. “银行存款余额调节表”只是为了核对账目，不能作为调整企业银行存款账面记录的记账依据，因此选项A正确。银行存款日记账的登记，必须在收到有关原始凭证后再进行，因此选项B正确，选项D错误。选项C，日记账余额与对账单余额调整的是未达账项，经调整后应当相符；如果调整后仍不一致则说明记账可能出现错误。

18. 盘亏的财产物资按扣除残料价值和应由保险公司过失人赔偿后的净损失，一般经营损失的部分，借记“管理费用”账户，选项A正确。如果属于非常损失所造成的存货毁损，扣除保险公司赔款和残料价值后，借记“营业外支出”账户，选项C正确。属于应由保险公司和过失人的赔款，借记“其他应收款”账户，选项D正确。

19.“待处理财产损溢”账户借方登记财产物资的盘亏数和经批准盘盈的转销数，贷方登记清查中发现的财产物资的盘盈数和经过批准后盘亏的转销数。

20.盘亏的库存现金属于应由责任人或保险公司赔偿的部分，借记“其他应收款”；属于无法查明的其他原因，根据管理权限报经批准后处理，借记“管理费用”账户，因此选项A错误。属于运输途中或由于计量器具造成的合理损耗，应计入有关存货的采购成本，借记“原材料”的账户，选项C错误。

四、判断题

1. √	2. √	3. ×	4. ×	5. ×	6. √	7. ×	8. √	9. ×	10. √
11. ×	12. √	13. √	14. √	15. √	16. ×	17. ×	18. ×	19. ×	20. ×
21. ×	22. ×	23. ×							

重难点解析：

3.企业银行存款日记账与银行对账单的核对属于账实核对的内容。

4.永续盘存制也称账面盘存制，是指通过设置各种财产物资明细账，对财产物资的收入与发出，逐笔或逐日连续登记，并随时结出账面结存数的核算方法。通过判定确定财产物资期末结存成本的制度为实地盘存制。

5.实地盘存制平时在明细账上登记收入数，不登记发出数。

9.在企业撤销或合并时，要对企业的全部财产进行全面清查，以准确地掌握本单位各项财产物资、货币资金、债权债务等的真实情况。

11.未达账项是指企业和银行之间，由于凭证的传递时间不同，导致双方记账时间不一致，即一方收到凭证并已入账，另一方未收到凭证未能入账，而不是漏记。

12.企业和银行记账错误时会导致通过“银行存款余额调节表”调节后的余额仍然不相符。

13.大量的、成堆的、无法逐一清点或准确计量的实物资产通常采用技术推算法。

14.现金清查时出纳人员必须在现场，以保证现金的安全以及盘点结果的可靠性。

15.无法收回的应收账款称为坏账，由于发生坏账而造成的损失称为坏账损失，由于企业采用备抵法核算坏账损失，即按期提取坏账准备，因此核销坏账时，应冲减坏账准备并核销应收账款。确认为坏账的应收账款并不代表丧失追索权，企业应当及时催收以减少损失。

16.实物资产运输途中或由于计量器具造成的合理损耗，会导致账存数大于实存数，但该差异并不是由于记账产生的。

17.银行存款余额调节表只是为了核对账目，不能作为调整企业银行存款账面记录的记账依据。

21.无法查明原因的库存现金溢余，经批准后，应计入营业外收入。

22.企业在财产清查中盘盈的固定资产，根据准则规定，应当作为重要的前期差错进行会计处理。企业在财产清查中盘盈的固定资产，在按管理权限报经批准处理前，应先通过

“以前年度损益调整”账户核算。盘盈的固定资产应按重置成本确定其入账价值，借记“固定资产”账户，贷记“以前年度损益调整”账户。

23. 在财产清查中，应及时清理应付账款。由于债权单位撤销或不存在等原因造成的应付而无法支付的款项，经批准予以核销。无法支付的款项在批准前不做处理，不通过“待处理财产损溢”账户核算，按规定程序批准转销后，直接核销应付账款，并转作“营业外收入”处理。

五、业务计算题

习题一解答

企业银行存款日记账和银行对账单调节后余额为131 985元，如表9-3所示。

表9-3　　银行存款余额调节表　　单位：元

项目	金额	项目	金额
企业银行存款日记账余额	124 950	银行对账单余额	129 885
加：银行已收，企业未收	7 035	加：企业已收，银行未收	11 200
减：银行已付，企业未付		减：企业已付，银行未付	9 100
调节后的存款余额	131 985	调节后的存款余额	131 985

习题二解答

1. 批准前的会计处理。

甲材料经批准前编制会计分录：

借：原材料——甲材料　　3 400
　贷：待处理财产损溢——待处理流动资产损溢　　3 400

乙材料经批准前编制会计分录：

借：待处理财产损溢——待处理流动资产损溢　　15 000
　贷：原材料——乙材料　　15 000

2. 批准后根据批准处理意见的会计处理。

甲材料经批准后编制会计分录：

借：待处理财产损溢——待处理流动资产损溢　　3 400
　贷：管理费用　　3 400

乙材料经批准后编制会计分录：

借：管理费用　　5 000
　　营业外支出　　10 000
　贷：待处理财产损溢——待处理流动资产损溢　　15 000

习题三解答

（1）借：待处理财产损溢——待处理固定资产损溢　　3 600
　　　　累计折旧　　2 400
　　　贷：固定资产　　6 000

(2) 借：待处理财产损溢——待处理流动资产损溢　　160
　　贷：原材料——甲材料　　160
　借：原材料——乙材料　　150
　　贷：待处理财产损溢——待处理流动资产损溢　　150
　借：待处理财产损溢——待处理流动资产损溢　　55
　　贷：库存现金　　55

(3) 借：营业外支出　　3 600
　　贷：待处理财产损溢——待处理固定资产损溢　　3 600
　借：管理费用　　10
　　贷：待处理财产损溢——待处理流动资产损溢　　10
　借：其他应收款　　55
　　贷：待处理财产损溢——待处理流动资产损溢　　55

习题四解答

1. 永续盘存制下，期末账面结存数为 2 300 千克，账务处理：

借：待处理财产损溢——待处理流动资产损溢　　1 500
　贷：原材料——甲材料　　1 500

2. 实地盘存制下，甲材料本期的减少数为 1 850 千克，账务处理：

借：生产成本——A 产品　　55 500
　贷：原材料——甲材料　　55 500

3. 永续盘存制是指通过设置各种财产物资明细账，对财产物资的收入与发出，逐笔或逐日连续登记，并随时结出账面结存数的核算方法。采用这种方法时，财产物资的明细账应按每一种品名规格设置在明细账中，平时要登记各项财产物资的增加数、减少数，并随时结出账面余额。

优点：便于加强会计监督，随时掌握财产物资的占用情况及其动态，有利于加强对财产物资的管理。在这种制度下，还可以将明细账上的结存数与预定的最高和最低库存限额进行比较，以便取得库存不足或库存积压的详细资料，及时组织库存财产物资的购销或处理，加速资金周转。

缺点：登记明细账的工作量较大。

实地盘存制是通过设置各种财产物资明细账，平时在明细账上登记收入数，不登记发出数，期末结账时根据实际盘点的结存数倒挤出发出数，并据以登记入账的核算方法，在这种方法下实际盘点的结存数就是期末账存数。

优点：根据期末实际盘点得出的财产物资结存数作为账存数，倒推出本期减少(发出)数并登记有关账簿，不会出现账实不符的情况，可以简化会计核算工作。

缺点：①在这种方法下，账存数实际上也就是实存数，两者之间无法进行控制与核对。②实地盘存不能随时进行，因而无法随时反映库存财产物资的收入、发出与结存的动态情况。③由于是“以存计耗”或“以存计销”倒推耗用成本或销售成本时，容易将非耗用或非销售的存货损耗，全部计入耗用成本或销售成本中，如由于管理不善而导致的贪污、盗窃和非正常损耗，全部混入发出成本的核算中，从而削弱了对存货的控制，影响了成本计算的正确性。④实地盘存制只适用于定期结转耗用成本或销售成本，不能随时结转耗用成本和销售成本。

习题五解答

1. 实存账存对比表，如表 9-4 所示。

表 9-4 **实存账存对比表**

2020 年 12 月 31 日 单位：元

材料名称	计量单位	单价	实存		账存		对比结果				备注
							盘盈		盘亏		
			数量	金额	数量	金额	数量	金额	数量	金额	
A 材料	千克	30	1 120	33 600	1 200	36 000			80	2 400	
B 材料	千克	25	780	19 500	800	20 000			20	500	
C 材料	吨	9 000	19	171 000	20	180 000			1	9 000	
D 材料	千克	20	2 750	55 000	2 700	54 000	50	1 000			
合计	—	—		33 600		36 000	—	1 000	—	11 900	

审批前会计分录如下：

(1) 借：待处理财产损溢——待处理流动资产损溢 11 900
　　贷：原材料——A 材料 2 400
　　　　——B 材料 500
　　　　——C 材料 9 000
　借：原材料——D 材料 1 000
　　贷：待处理财产损溢——待处理流动资产损溢 1 000

(2) 借：固定资产 900
　　贷：以前年度损益调整 900

(3) 借：待处理财产损溢——待处理固定资产损溢 2 400
　　累计折旧 1 600
　　贷：固定资产 4 000

审批后会计分录如下：

(1) 借：管理费用 2 400
　　贷：待处理财产损溢——待处理流动资产损溢 2 400
　借：其他应收款 500
　　贷：待处理财产损溢——待处理流动资产损溢 500
　借：管理费用 900
　　贷：待处理财产损溢——待处理流动资产损溢 900
　借：待处理财产损溢——待处理流动资产损溢 1 000
　　贷：营业外收入 1 000

(2) 借：待处理财产损溢——待处理固定资产损溢 900
　　贷：营业外收入 900

（3）借：营业外支出　　2 400
　　贷：待处理财产损溢——待处理固定资产损溢　　2 400

（4）借：坏账准备　　350
　　贷：其他应收款　　350

（5）借：其他应付款　　1 000
　　贷：营业外收入　　1 000

第十章 财务报告

第一部分 内容概要

一、财务报告概述

1. 财务报告的概念

财务报告是指企业对外提供的反映企业某一特定日期的财务状况和某一会计期间的经营成果、现金流量等会计信息的文件。

2. 财务报告的构成

财务报告包括会计报表及其附注和其他应当在财务会计报告中披露的相关信息和资料。会计报表至少应当包括资产负债表、利润表、现金流量表等报表。小企业编制的会计报表可以不包括现金流量表。

3. 财务报告的作用

企业编制财务报告的主要目标是向财务报告使用者提供对其经济决策有用的会计信息。财务报告的使用者包括企业的管理人员、职工、投资者、债权人、政府及相关机构、社会公众等，不同的财务报告使用者对财务报告提供信息的要求各有侧重。

4. 财务报表的定义

财务报表是对企业财务状况、经营成果和现金流量的结构性表述。财务报表至少应当包括下列组成部分：

(1) 资产负债表。

(2) 利润表。

(3) 现金流量表。

(4) 所有者权益(或股东权益，下同)变动表。

(5) 附注。

5. 财务报表的种类

财务报表可以按照不同的标准进行分类：

(1) 按财务报表编报期间的不同，可以分为中期财务报表和年度财务报表。

(2) 按财务报表编报主体的不同，可以分为个别财务报表和合并财务报表。

6. 财务报表列报的基本要求

(1) 依据会计准则进行确认和计量。

(2) 以持续经营作为列报基础。

(3) 遵循列报的一致性要求。

(4) 依据重要性原则进行单独或汇总列报。

(5) 财务报表项目金额间的相互抵销。

（6）比较信息的列报。

（7）财务报表表首的列报要求。

（8）对报告期间的要求。

二、资产负债表

（一）资产负债表概述

资产负债表是指反映企业在某一特定日期的财务状况的会计报表。它反映企业在某一特定日期所拥有或控制的经济资源、所承担的现时义务和所有者对净资产的要求权。

具体来说，资产负债表可以提供以下信息：

（1）可以提供某一日期资产的总额及其结构，表明企业拥有或控制的资源及其分布情况，使用者可以一目了然地从资产负债表上了解企业在某一特定日期所拥有的资产总量及其结构。

（2）可以提供某一日的负债总额及其结构，表明企业未来需要用多少资产或劳务清偿债务以及清偿时间。

（3）可以反映所有者所拥有的权益，据以判断资本保值、增值的情况以及对负债的保障程度。

（4）资产负债表还可以提供进行财务分析的基本资料。例如，通过报表中的速动资产和流动负债数据，可以计算出速动比率，可以判断企业的变现能力、偿债能力和资金周转能力，从而有助于报表使用者作出经济决策。

（二）资产负债表的列示

1. 资产负债表列示的总体要求

（1）分类别列示。资产负债表应当按照资产、负债和所有者权益分类别进行列示。

（2）资产和负债按流动性列示。资产应当按照流动性，分为流动资产和非流动资产两大类，在资产负债表中左方列示，再进一步按其性质分项列示。负债应当按照流动性，分为流动负债和非流动负债两大类在资产负债表中右方列示，再进一步按其性质分项列示。

（3）所有者权益按组成项目列示。资产负债表中的所有者权益一般按照净资产的不同来源和特定用途进行分类，应当按照实收资本（或股本）、资本公积、其他综合收益、盈余公积和未分配利润等分别列示。

2. 资产负债表的列示格式

资产负债表的基本列示格式，一般有账户式和报告式两种。在我国，资产负债表采用账户式结构，报表分为左右两方，左方列示资产各项目，反映全部资产的分布及存在形态；右方列示负债和所有者权益各项目，反映全部负债和所有者权益的内容及构成情况。资产负债表左右双平衡，即“资产＝负债＋所有者权益”。在此基础上，资产负债表就各项目再分为“期末余额”和“上年年末余额”两栏分别填列，通过提供比较期间的信息，使报表使用者掌握企业财务状况的变动情况及发展趋势。

（三）资产负债表的编制

1.“年初余额”的填列方法

资产负债表“年初余额”栏内各项金额，应根据上年年末资产负债表的“期末余额”栏内所列金额填列。如果上年度资产负债表规定的各个项目的名称和内容与本年度不一致，根据比较信息的列报要求，应对上年年末资产负债表各项目的名称和金额按照本年度的规定进行调整，填入本年度“年初余额”栏内。

2.“年末余额”的填列方法

(1) 根据总分类账科目的余额填列。

(2) 根据有关明细科目的余额计算填列。

(3) 根据总分类账科目和明细科目的余额计算填列。

(4) 根据有关科目余额减去其备抵科目余额后的净额填列。

(5) 综合运用上述填列方法分析填列。

三、利润表

(一) 利润表概述

利润表是指反映企业在一定会计期间的经营成果的会计报表。“一定会计期间”是指一个时期，而非一个特定的时间点。这是由于利润表中列示的收入是在一定的会计期间内陆续实现的，所列示的费用也是在一定的会计期间内陆续发生的，即在一定的会计期间内多次发生额累积的结果，而非在某个时间点上一次性实现的。

利润表主要是用来反映企业经营成果，即将企业在一定会计期间内取得的收入与同一会计期间发生的相关费用进行比较的结果。如果收入大于费用，即实现了利润；反之，则发生了亏损。此外，按规定可直接列入利润表的利得和损失，对企业的利润总额会产生一定影响。当利得大于损失，会增加企业的利润总额；反之，则减少企业的利润总额。

利润表的列报应当充分反映企业经营业绩的主要来源和构成，有助于财务报告使用者判断净利润的质量及其风险，预测净利润的持续性，从而做出正确的决策。具体来说，利润表的作用有以下几方面：

(1) 可以提供企业一定会计期间的收入和费用信息。

(2) 可以提供企业一定会计期间的经营成果信息。

(3) 可以提供分析企业盈利能力的有关数据资料。

(二) 利润表的列示

1. 利润表的列示格式

利润表的列示格式一般分为单步式和多步式两种，我国财务报表列示准则规定，企业应采用多步式利润表，即通过对当期的收入、费用、支出项目按性质加以归类，按利润形成的主要环节列示一些中间性利润指标，分步计算当期净损益，便于使用者理解企业经营成果的不同来源。

根据财务报表列示准则的规定，企业对于费用的列示应当采用功能法，即按照费用在企业中发挥的功能进行分类列示。通常分为营业成本、销售费用、管理费用和财务费用等，并且在利润表上分开列示。功能法通常能够向财务报告使用者提供结构性的费用信息，更加清晰地揭示企业经营业绩的主要来源和构成，所提供的信息与财务报告使用者进行经济决策更为相关。与此同时，为了有助于财务报告使用者预测企业的未来现金流量，对于费用的列报还应当在附注中披露按照性质分类的补充资料，如可将费用分为耗用的原材料、职工薪酬费用、折旧费用、摊销费用等。

2. 利润表的列示内容

1）营业利润

以营业收入为基础减去营业成本、税金及附加、销售费用、管理费用、研发费用、财务费用、资产减值损失、信用减值损失，加上其他收益，加上投资收益（或减去投资损失），加上净敞口套期收益（或减去净敞口套期损失），加上公允价值变动收益（或减去公允价值变动损失），加上资产处置收益（或减去资产处置损失），计算得出营业利润。营业利润的计算公式为：

营业利润＝营业收入－营业成本－税金及附加－销售费用－管理费用－研发费用－财务费用＋其他收益±投资损益±净敞口套期损益±公允价值变动损益－信用减值损失－资产减值损失±资产处置损益

2）利润总额

利润总额是企业计算缴纳所得税费用的基础，一般称为税前利润。以营业利润为基础加上营业外收入减去营业外支出计算出利润总额。利润总额的计算公式为：

利润总额＝营业利润＋营业外收入－营业外支出

与企业的主营业务和其他业务实现的收入和发生的费用不同，营业外收入和营业外支出是企业在非日常活动中发生的，并且两者之间也不存在相互配比关系和因果关系。

3）净利润

净利润是以利润总额为基础，减去所得税费用，计算得出。因此，净利润也称税后利润。净利润的计算公式为：

净利润＝利润总额－所得税费用

（三）利润表的编制

1.“上期金额”的填列方法

利润表中的“上期金额”是指上一年度的同期金额。例如，对于月度利润表来说，“上期”并不是指本年度“本月”的上一个月，而是指上一年度的同一月份。因此，本月利润表中的“上期金额”应根据上年同月编制的利润表中的“本期金额”栏所列金额列示。对于年度利润表来说，“上期”就是指上一年度，“上期金额”根据上年年末的利润表“本期金额”填列。如果上期利润表中的项目名称与本期不一致，应对上期利润表各项目的名称和金额按照本期的规定进行调整，填入本期利润表的“上期金额”栏。

2.“本期金额”的填列方法

（1）根据当期有关总分类账科目发生额直接填列。

（2）根据当期有关总分类账科目发生额和明细科目发生额情况分析填列。

（3）根据当期明细科目发生额情况分析填列。

（4）根据有关总分类账科目发生额加计汇总填列。

（5）根据本表有关数据计算填列。

四、现金流量表

（一）现金流量表概述

现金流量表是指反映企业在一定会计期间的现金和现金等价物流入和流出的会计报表。现金流量表按照收付实现制进行编制，将权责发生制下的盈利信息调整为收付实现制下的现金流量信息。

现金流量表是动态报表，其编制的主要目的是为财务报告使用者提供企业一定会计期间内现金和现金等价物流入和流出的信息，便于财务报告使用者了解和评价企业获取现金和现金等价物的能力，并据以预测企业未来现金流量。因此，现金流量表不仅可以用来评价企业经营业绩，衡量企业财务资源和财务风险，还可以用于评价偿付能力、分析企业收益质量，进而预测企业未来前景，弥补了资产负债表和利润表提供信息的不足，是非常重要的财务报表。

（二）现金流量表的列示

现金流量表分为两部分，第一部分为表首，第二部分为正表。表首概括地说明报表名称、编制单位、报表所属年度、报表编号、货币名称、计量单位等。

正表反映现金流量的各项目内容。正表有以下五部分内容：

（1）经营活动产生的现金流量。

（2）投资活动产生的现金流量。

（3）筹资活动产生的现金流量。

（4）汇率变动对现金的影响。

（5）现金及现金等价物净增加额。

五、所有者权益变动表

所有者权益变动表是指反映构成所有者权益各组成部分当期增减变动情况的报表。所有者权益变动表应当全面反映一定时期所有者权益变动的情况，不仅包括所有者权益总量的增减变动，还包括所有者权益增减变动的重要结构性信息，让报表使用者准确理解所有者权益增减变动的根源。

在所有者权益变动表中，综合收益和与所有者（或股东）的资本交易导致的所有者权益的变动，应当分别列示。企业至少应当单独列示反映下列信息的项目：

（1）综合收益总额。

（2）会计政策变更和前期差错更正的累积影响金额。

（3）所有者投入资本和向所有者分配利润等。

（4）提取的盈余公积。

（5）所有者权益各组成部分的期初和期末余额及其调节情况。

为了使所有者权益的各组成部分的当期增减变动情况更加清晰，所有者权益变动表采用矩阵的形式列示。与此同时，企业还需提供比较信息，即各项目再分为“本年金额”和“上年金额”两栏分别填列。

六、附注

附注是指对在会计报表中列示项目所作的进一步说明，以及对未能在这些报表中列示项目的说明等。我国《企业会计准则》规定的对附注的披露要求是对企业附注披露的最低要求，应当适用于所有类型的企业，企业应当按照各项具体会计准则的规定在附注中披露相关信息。

附注一般应当按照下列顺序至少披露：

(1) 企业的基本情况。

(2) 财务报表的编制基础。

(3) 遵循《企业会计准则》的声明。

(4) 重要会计政策和会计估计。

(5) 会计政策和会计估计变更以及差错更正的说明。

(6) 报表重要项目的说明。

(7) 或有和承诺事项、资产负债表日后非调整事项、关联方关系及其交易等需要说明的事项。

(8) 有助于财务报表使用者评价企业管理资本的目标、政策及程序的信息。

第二部分　练　习　题

一、名词解释

1. 资产负债表
2. 利润表
3. 现金流量表
4. 所有者权益变动表
5. 附注

二、单项选择题

1. 下列有关财务报表的表述中，不正确的是(　　)。

A. 财务报表是指企业对外提供的反映企业某一特定日期财务状况和某一会计期间经营成果、现金流量等会计信息的文件

B. 财务报表按编报期间的不同分为年度财务报表和中期财务报表

C. 附注是财务报告的重要组成部分

D. 中期资产负债表、利润表和现金流量表的格式和内容可以与年度财务报表不一致

2. 按照编报主体的不同，财务报表可分为(　　)。

A. 内部报表和外部报表　　B. 静态报表和动态报表

C. 个别财务报表和合并财务报表　　D. 月报、季报和年报

3. 中期财务报表至少应当包括(　　)。

A. 资产负债表和现金流量表

B. 资产负债表、利润表、现金流量表和附注

C. 利润表和现金流量表

D. 资产负债表和附注

4. 下列各项中，不属于中期财务报表的是(　　)。

A. 月报　　B. 季报　　C. 半年报　　D. 年报

5. 资产负债表分为左、右两方。下列各项目，属于左方项目的是(　　)。

A. 所有者权益　　B. 利润　　C. 资产　　D. 负债

6. 下列资产项目中，属于非流动资产项目的是(　　)。

A. 应收账款　　B. 交易性金融资产

C. 长期待摊费用　　D. 存货

7. 我国的资产负债表采用的是(　　)结构。

A. 多步式　　B. 报告式　　C. 账户式　　D. 单步式

8. 以“资产＝负债＋所有者权益”这一会计等式作为编制依据的财务报表是(　　)。

A. 利润表　　B. 所有者权益变动表

C. 资产负债表　　D. 现金流量表

9. 可以提供企业某一日期的负债总额及其结构，表明企业未来需要用多少资产或劳务清偿债务以及清偿时间的报表是(　　)。

A. 资产负债表　　B. 利润表

C. 现金流量表　　D. 所有者权益变动表

10. 下列各项中，不应列示在资产负债表中流动资产部分的是(　　)。

A. 货币资金　　B. 应收账款　　C. 预付账款　　D. 在建工程

11. 在资产负债表中，资产是按照(　　)排列的。

A. 清偿时间的先后顺序　　B. 会计人员的填写习惯

C. 金额大小　　D. 流动性大小

12. 资产负债表中的各报表项目(　　)。

A. 都按有关科目期末余额直接填列

B. 必须对科目发生额和余额进行分析计算才能填列

C. 应根据有关科目的发生额填列

D. 有的项目可以直接根据科目的期末余额填列，有的项目需要根据有关科目的期末余额分析填列

13. 利润表中各项目的主要数据来源是(　　)。

A. 各损益类科目的本期发生额　　B. 各所有者权益类科目的期末余额

C. 各资产、负债类科目的本期发生额　　D. 各损益类科目的期末余额

14. 下列各项中，反映企业在一定会计期间经营成果的报表是(　　)。

A. 资产负债表　　B. 利润表

C. 现金流量表　　D. 所有者权益变动表

15. 为了具体反映利润的形成情况，我国现行的利润表结构一般采用(　　)。

A. 单步式　　B. 多步式　　C. 账户式　　D. 报告式

16. 下列各项中，对企业利润总额没有影响的是(　　)。

A. 投资收益　　B. 营业外支出　　C. 资产减值损失　　D. 所得税费用

17. 下列各项中，利润表无法直接反映的是(　　)。

A. 主营业务利润　　B. 营业利润　　C. 利润总额　　D. 净利润

18. 下列项目中，对企业营业利润没有影响的是(　　)。

A. 财务费用　　B. 管理费用　　C. 资产减值损失　　D. 营业外收入

19. 某企业 2019 年 12 月 31 日固定资产账户余额为 1 500 万元，累计折旧账户余额为 400 万元，固定资产减值准备账户余额为 100 万元，在建工程账户余额为 100 万元。该企业 2019 年 12 月 31 日资产负债表中“固定资产”项目的金额为(　　)万元。

A. 1 500　　B. 1 000　　C. 900　　D. 1 600

20. 某企业 2019 年 12 月 31 日应收票据的账面余额 150 万元，已计提坏账准备 20 万元，应付票据的账面余额为 30 万元，其他应收款的账面余额为 15 万元。该企业 2019 年 12 月 31 日资产负债表中“应收票据”项目的金额为(　　)万元。

A. 115　　B. 130　　C. 100　　D. 150

21. 某企业全部损益类科目的本月发生额如下：主营业务收入 720 万元，主营业务成本 450 万元，税金及附加 77 万元，销售费用 50 万元，管理费用 40 万元，财务费用 15 万元，营业外支出 8 万元，所得税费用 20 万元。则利润表中“净利润”项目的本月数为(　　)万元。

A. 60　　B.70　　C. 75　　D. 100

22. 下列各项中，不属于现金流量表“筹资活动产生的现金流量”的是(　　)。

A. 取得借款收到的现金

B. 吸收投资收到的现金

C. 处置固定资产收回的现金净额

D. 分配股利、利润或偿付利息支付的现金

23. 企业计提的折旧(　　)。

A. 在投资活动产生的现金流量中反映

B. 在筹资活动产生的现金流量中反映

C. 在经营活动产生的现金流量中反映

D. 因不影响现金流量净额，所以不在上述三种活动的现金流量中反映

24. 下列各项中，不属于所有者权益变动表中应单独列示的项目的是(　　)。

A. 提取盈余公积　　B. 利润总额

C. 综合收益总额　　D. 盈余公积弥补亏损

25. 会计政策变更的内容和理由应在(　　)披露。

A. 资产负债表　　B. 现金流量表

C. 会计报表附注　　D. 财务情况说明书

26. 下列各项中，应列入利润表“营业收入”项目的是(　　)。

A. 销售材料取得的收入　　B. 接受捐赠收到的现金

C. 出售专利权取得的净收入　　D. 出售自用房产取得的净收入

27. 下列资产负债表项目中，应直接根据总分类账科目余额填列的是(　　)。

A. 预付款项　　B. 应收账款　　C. 资本公积　　D. 长期借款

28. 下列各项中，应列入资产负债表“其他应付款”项目的是(　　)。

A. 应付租入包装物租金

B. 应付购买原材料价款
C. 结转到期无力支付的应付票据
D. 应付由企业负担的职工社会保险费

29. 下列各科目的期末余额中，不应在资产负债表“存货”项目列示的是（　　）。
A. 库存商品　　B. 生产成本　　C. 工程物资　　D. 委托加工物资

30. 下列各项中，属于资产负债表中“流动负债”项目的是（　　）。
A. 短期借款　　B. 长期应付款　　C. 长期借款　　D. 应付债券

三、多项选择题

1. 资产负债表中的“应收账款”项目应根据（　　）填列。
A. 应收账款所属明细账借方余额合计
B. 预收账款所属明细账借方余额合计
C. 与应收账款有关的坏账准备科目的贷方余额
D. 应收账款总分类账科目借方余额

2. 下列各项中，应列入资产负债表“应收账款”项目的有（　　）。
A. 预付职工差旅费　　B. 代购货单位垫付的运杂费
C. 销售产品应收取的款项　　D. 对外提供服务应收取的款项

3. 资产负债表中的“存货”项目包括（　　）。
A. 生产成本　　B. 存货跌价准备　　C. 发出商品　　D. 制造费用

4. 下列会计科目中，期末余额应列入资产负债表“存货”项目的有（　　）。
A. 库存商品　　B. 材料成本差异　　C. 生产成本　　D. 委托加工物资

5. 在下列各项中，应在资产负债表“预付款项”项目列示的有（　　）。
A. “应付账款”科目所属明细账科目的期末借方余额
B. “应付账款”科目所属明细账科目的期末贷方余额
C. “预付账款”科目所属明细账科目的期末借方余额
D. “预付账款”科目所属明细账科目的期末贷方余额

6. 下列各项中，应列入资产负债表“其他应付款”项目的有（　　）。
A. 计提的短期借款利息
B. 计提的一次还本付息的债券利息
C. 计提的分期付息到期还本的债券利息
D. 计提的分期付息到期还本的长期借款利息

7. 下列资产负债表项目中，根据总分类账科目余额直接填列的有（　　）。
A. 实收资本　　B. 资本公积　　C. 货币资金　　D. 应收账款

8. 资产负债表下列各项目中，应根据有关项目余额减去备抵科目余额后的净额填列的有（　　）。
A. 应收票据　　B. 无形资产　　C. 应收账款　　D. 长期股权投资

9. 下列各项中，应列入资产负债表“应付职工薪酬”项目的有（　　）。
A. 支付临时工的工资　　B. 发放困难职工的补助金

C. 缴纳职工的工伤保险费　　D. 支付辞退职工的经济补偿金

10. 下列各项中，影响企业营业利润的有(　　)。

A. 出售原材料结转成本　　B. 计提无形资产减值准备

C. 捐赠支出　　D. 出售交易性金融资产损失

11. 下列各项中，应列入利润表"营业成本"项目的有(　　)。

A. 销售材料成本　　B. 无形资产处置净损失

C. 固定资产盘亏净损失　　D. 经营出租固定资产折旧费

12. 下列各项中，属于所有者权益变动表单独列示的项目有(　　)。

A. 提取盈余公积　　B. 其他综合收益

C. 所有者投入资本　　D. 资本公积转增资本

13. 下列各项中，属于企业非流动资产的有(　　)。

A. 交易性金融资产　　B. 债权投资

C. 其他权益工具投资　　D. 固定资产

14. 下列各项中，属于流动负债的有(　　)。

A. 交易性金融负债　　B. 合同负债

C. 预计负债　　D. 1 年内到期的非流动负债

15. 下列各项中，属于企业财务报告附注中应披露的内容有(　　)。

A. 企业的基本情况

B. 财务报表的编制基础

C. 重要会计政策和会计估计

D. 会计政策和会计估计变更以及差错更正的说明

四、判断题

1. 资产负债表是反映企业在某一特定日期财务状况的报表。(　　)

2. 资产负债表中"长期借款"项目直接根据长期借款总分类账科目余额填列。(　　)

3. "交易性金融资产"项目应根据"交易性金融资产"总分类账科目余额填列。(　　)

4. "持有待售资产"项目，反映资产负债表日划分为持有待售类别的非流动资产及划分为持有待售类别的处置组中的流动资产和非流动资产的期末账面价值。(　　)

5. "持有待售负债"项目，反映资产负债表日处置组中与划分为持有待售类别的资产直接相关的负债的期末账面价值。本项目应根据"持有待售负债"科目的期末余额填列。(　　)

6. "利润分配"总分类账的年末余额与相应的资产负债表中"未分配利润"项目的数额一致。(　　)

7. 利润表中"税金及附加"项目包括增值税。(　　)

8. 资产负债表中"预付款项"项目应根据"应付账款"和"预付账款"所属明细科目期末借方余额合计减去"坏账准备"期末余额后的净额填列。(　　)

9. 资产负债表中确认的资产都是企业拥有的资产，不包括企业没有拥有但能够实施控制的资产。(　　)

10.“应收票据”项目应根据“应收票据”科目的期末余额填列。 ( )

11.“其他综合收益的税后净额”项目，反映企业根据《企业会计准则》规定未在损益中确认的各项利得和损失扣除所得税影响后的净额。 ( )

12.“预付账款”科目所属各明细科目期末有贷方余额的，应在资产负债表“预付款项”项目以负数填列。 ( )

13.“投资收益”项目，反映企业以各种方式对外投资所取得的收益。本项目应根据“投资收益”科目发生额分析填列，如为投资损失，本项目以“－”号填列。 ( )

14.“开发支出”项目应当根据“研发支出”科目中所属的“费用化支出”明细科目期末余额填列。 ( )

15.“应付职工薪酬”项目，反映企业根据有关规定应付给职工的工资、职工福利、社会保险费、住房公积金、工会经费、职工教育经费，但不包括非货币性福利、辞退福利等薪酬。 ( )

16.“短期借款”项目应根据“短期借款”和“应付利息”总分类账科目余额合计填列。 ( )

17. 利润表是反映企业在一定会计期间内经营成果的报表。 ( )

18.“无形资产”项目，应根据“无形资产”科目期末余额减去“累计摊销”科目余额后的净额填列。 ( )

19. 所有者权益变动表只是反映企业在一定期间未分配利润的增减变动情况的报表。 ( )

20. 附注是对资产负债表、利润表、现金流量表和所有者权益变动表等报表中列示项目的文字描述或明细资料，以及对未能在这些报表中列示项目的说明等。 ( )

五、业务计算题

习题一

（一）目的

练习编制资产负债表。

（二）资料

烟台兴茂机械制造有限公司 2020 年 12 月 31 日全部总分类账和有关明细分类账余额如表 10-1 所示。

表 10-1　烟台兴茂机械制造有限公司总分类账和有关明细分类账余额　单位：元

总分类账	明细账户	借方余额	贷方余额	总分类账	明细账户	借方余额	贷方余额
库存现金		6 000		短期借款			360 000
银行存款		90 000		应付账款			
交易性金融资产		84 000			X 企业		42 000
应收账款					Y 企业	30 000	
	A 企业	60 000			Z 企业		48 000
	B 企业		12 000	预收账款			

（续表）

总分类账	明细账户	借方余额	贷方余额	总分类账	明细账户	借方余额	贷方余额
	C企业	90 000			U企业		24 000
预付账款					V企业	18 000	
	D企业	30 000		其他应付款			72 000
	E企业		1 800	应付职工薪酬			208 200
其他应收款		60 000		应交税费			360 000
原材料		162 000		应付股利			120 000
生产成本		48 000		长期借款			384 000
库存商品		120 000		股本			1 680 000
长期股权投资		1 362 000		盈余公积			132 480
固定资产		2 400 000		利润分配	未分配利润		959 520
累计折旧			360 000				
无形资产		180 000					
长期待摊费用		24 000					

（三）要求

根据以上资料填列表10-2中的期末余额。

表10-2 **资产负债表（简表）**

2020年12月31日 会企01表

编制单位： 单位：元

资产	期末余额	上年年末余额（略）	负债和所有者权益（或股东权益）	期末余额	上年年末余额（略）
流动资产：			流动负债：		
货币资金			短期借款		
交易性金融资产			应付票据		
应收票据			应付账款		
应收账款			预收款项		
应收款项融资			应付职工薪酬		
预付款项			应交税费		
其他应收款			其他应付款		
存货			一年内到期的非流动负债		
一年内到期的非流动资产			其他流动负债		
其他流动资产			流动负债合计		
流动资产合计			非流动负债：		
非流动资产：			长期借款		
债权投资			应付债券		

（续表）

资产	期末余额	上年年末余额（略）	负债和所有者权益（或股东权益）	期末余额	上年年末余额（略）
其他债权投资			长期应付款		
长期应收款			其他非流动负债		
长期股权投资			非流动负债合计		
其他权益工具投资			负债合计		
其他非流动金融资产			所有者权益（或股东权益）：		
投资性房地产			实收资本（或股本）		
固定资产			其他权益工具		
在建工程			资本公积		
无形资产			减：库存股		
长期待摊费用			盈余公积		
其他非流动资产			未分配利润		
非流动资产合计			所有者权益（或股东权益）合计		
资产总计			负债和所有者权益（或股东权益）总计		

习题二

（一）目的

练习编制利润表。

（二）资料

鸿达公司 2020 年 12 月有关账户发生额数据如表 10-3 所示。

表 10-3　　鸿达公司 2020 年 12 月有关账户发生额　　单位：元

账户名称	借方发生额（净额）	贷方发生额（净额）
主营业务收入		3 600 000
主营业务成本	2 040 000	
其他业务收入		200 000
其他业务成本	80 000	
税金及附加	120 000	
销售费用	180 000	
管理费用	288 000	
财务费用	72 000	
投资收益		240 000
营业外收入		45 000
营业外支出	28 500	
所得税费用	319 125	

（三）要求

根据以上资料，填列表 10-4 的本期金额。

表 10-4 **利润表（简表）**

2020 年 12 月 会企 02 表

编制单位： 单位：元

项目	本期金额	上期金额（略）
一、营业收入		
减：营业成本		
税金及附加		
销售费用		
管理费用		
研发费用		
财务费用		
加：其他收益		
投资收益（损失以“－”号填列）		
公允价值变动收益（损失以“－”号填列）		
信用减值损失		
资产减值损失		
资产处置收益（损失以“－”号填列）		
二、营业利润（亏损以“－”号填列）		
加：营业外收入		
减：营业外支出		
三、利润总额（亏损总额以“－”号填列）		
减：所得税费用		
四、净利润（净亏损以“－”号填列）		

第三部分 参考答案

一、名词解释

1. 资产负债表是反映企业在某一特定日期的财务状况的会计报表。

2. 利润表是反映企业在一定会计期间的经营成果的会计报表。

3. 现金流量表是反映企业在一定会计期间的现金和现金等价物流入和流出的会计报表。

4. 所有者权益变动表是指反映构成所有者权益各组成部分当期增减变动情况的报表。

5. 附注是指对在会计报表中列示项目所作的进一步说明，以及对未能在这些报表中列示项目的说明等。

二、单项选择题

1. D	2. C	3. B	4. D	5. C	6. C	7. C	8. C	9. A	10. D
11. D	12. D	13. A	14. B	15. B	16. D	17. A	18. D	19. B	20. B
21. A	22. C	23. D	24. B	25. C	26. A	27. C	28. A	29. C	30. A

重难点解析：

1. 中期资产负债表、利润表和现金流量表的格式和内容应与年度财务报表一致，选项 D 错误。

2. 财务报表按财务报表编报主体的不同，可以分为个别财务报表和合并财务报表，选项 C 正确。

4. 中期财务报表是以短于一个完整会计年度的报告期间为基础编制的财务报表，包括月报、季报和半年报等，选项 D 不属于中期财务报表。

5. 资产负债表分为左右两方，左方列示资产各项目，反映全部资产的分布及存在形态。右方列示负债和所有者权益各项目，反映全部负债和所有者权益的内容及构成情况，选项 C 正确。

6. 应收账款、交易性金融资产和存货属于流动资产，长期待摊费用属于非流动资产，选项 C 正确。

7. 资产负债表的基本列示格式一般有账户式和报告式两种。在我国，资产负债表采用账户式结构，选项 C 正确。

8. 资产负债表分为左右两方，左方列示资产各项目，右方列示负债和所有者权益各项目，左右双平衡，即“资产＝负债＋所有者权益”，选项 C 正确。

10. 选项 C 属于非流动资产，选项 ABD 属于流动资产。

16. 选项 ABC 均影响利润总额；选项 D 影响净利润，但不影响利润总额。

18. 选项 ABC 均影响营业利润；选项 D 影响利润总额，但不影响营业利润。

19. “固定资产”项目的金额＝1500－400－100＝1000（万元）。在建工程在资产负债表的“在建工程”项目下单独列示，不属于“固定资产”项目的内容。

20. “应收票据”项目的金额＝150－20＝130（万元）。

21. “净利润”项目的金额＝720－450－77－50－40－15－8－20＝60（万元）。

22. 选项 ABD 属于筹资活动产生的现金流量；选项 C 收回的现金净额属于投资活动产生的现金流量。

24. 选项 ACD 属于所有者权益变动表中应单独列示的项目；选项 B 属于利润表项目。

26. 选项 A，通过“其他业务收入”科目核算，属于营业收入；选项 B，通过“营业外收入”

科目核算;选项CD均通过“资产处置损益”科目核算。

27.“预付款项”“应收账款”项目均应根据有关科目余额减去备抵科目余额后的净额填列,选项AB不正确;“长期借款”根据总账科目和明细账科目余额分析计算填列,选项D不正确。

28.选项D通过“应付职工薪酬”科目核算。

29.选项C“工程物资”应列入“在建工程”项目。

30.选项A属于流动负债项目;选项BCD均属于非流动负债。

三、多项选择题

1. ABC	2. BCD	3. ABCD	4. ABCD	5. AC
6. ACD	7. AB	8. ABCD	9. ABCD	10. ABD
11. AD	12. ABCD	13. BCD	14. ABD	15. ABCD

重难点解析:

1.资产负债表中的“应收账款”项目,应根据“应收账款”和“预收账款”科目所属各明细科目期末借方余额合计数,减去“坏账准备”科目中相关坏账准备期末余额后的净额填列。

2.预付职工差旅费计入“其他应收款”,选项A错误。

4.“存货”项目应根据“材料采购”“原材料”“库存商品”“周转材料”“委托加工物资”“生产成本”“受托代销商品”“发出商品”等科目的期末余额合计数,减去“受托代销商品款”“存货跌价准备”科目期末余额后的净额填列。材料采用计划成本核算以及库存商品采用计划成本核算或售价核算的企业,还应按加或减材料成本差异、商品进销差价后的金额填列。选项ABCD均属于存货项目核算的内容。

5.“预付款项”项目应该根据“应付账款”明细账的期末借方余额加上“预付账款”明细账的期末借方余额合计填列,如有坏账准备的,还应减去相应的坏账准备。

6.计提的一次还本付息的债券利息,计入“应付债券—应计利息”科目,不计入“应付利息”科目,不在“其他应付款”项目列示,选项B错误。

7.选项AB,“实收资本”和“资本公积”两个项目应根据期末总分类账余额直接填列;选项C,“货币资金”项目根据“库存现金”“银行存款”和“其他货币资金”科目余额合计填列;选项D,“应收账款”项目,根据“应收账款”和“预收账款”所属明细科目借方余额合计数减去与应收账款相关的“坏账准备”科目贷方余额填列。

8.选项ABCD四个项目均有备抵科目,因此均应根据有关科目的余额减去备抵科目的余额填列于资产负债表中。

10.选项C,捐赠支出计入“营业外支出”,不影响营业利润。

11.选项B计入“资产处置损益”,选项C计入“营业外支出”。

12.所有者权益变动表至少应当单独列示的项目:综合收益总额;会计政策变更和差错更正的累积影响金额;所有者投入资本和向所有者分配利润等;提取的盈余公积;实收资本、其他权益工具、资本公积、其他综合收益、专项储备、盈余公积、未分配利润的期初和期末余额及其调节情况。

13. 选项A属于流动资产,选项BCD属于非流动资产。

14. 选项C属于非流动负债,选项ABD属于流动负债。

四、判断题

1. √	2. ×	3. ×	4. √	5. √	6. √	7. ×	8. √	9. ×	10. ×
11. √	12. ×	13. √	14. ×	15. ×	16. ×	17. √	18. ×	19. ×	20. √

重难点解析:

2. "长期借款"项目应根据"长期借款"科目的期末余额,扣除"长期借款"科目所属的明细科目中将在资产负债表日起1年内到期且企业不能自主地将清偿义务展期的长期借款后的金额计算填列。

3. "交易性金融资产"项目应根据"交易性金融资产"科目的相关明细科目期末余额分析填列。自资产负债表日起超过1年到期且预期持有超过1年的以公允价值计量且其变动计入当期损益的非流动金融资产的期末账面价值,在"其他非流动金融资产"项目反映。

7. 增值税属于价外税,利润表中"税金及附加"项目不包括增值税。

9. 有的资产不是企业所拥有的,但属于企业控制的,如租入的相当长时间的固定资产,也应列示在资产负债表中。

10. "应收票据"项目应根据"应收票据"科目的期末余额,减去"坏账准备"科目中有关应收票据计提的坏账准备期末余额后的金额填列。

12. "预付账款"科目所属各明细科目期末有贷方余额的,应在资产负债表"应付账款"项目内填列。

14. "开发支出"项目应当根据"研发支出"科目中所属的"资本化支出"明细科目期末余额填列。

15. "应付职工薪酬"项目,反映企业根据有关规定应付给职工的工资、职工福利、社会保险费、住房公积金、工会经费、职工教育经费、非货币性福利、辞退福利等各种薪酬。

16. 短期借款项目应根据"短期借款"总分类账科目余额直接填列。

18. "无形资产"项目,应根据"无形资产"科目期末余额减去"累计摊销""无形资产减值准备"科目余额后的净额填列。

19. 所有者权益变动表是反映企业在一定期间所有者权益各项目增减变动情况的报表。

五、业务计算题

习题一解答,如表10-5所示。

表10-5 **资产负债表(简表)**

2020年12月31日 会企01表

编制单位: 单位:元

资产	期末余额	上年年末余额(略)	负债和所有者权益(或股东权益)	期末余额	上年年末余额(略)
流动资产:			流动负债:		

（续表）

资产	期末余额	上年年末余额（略）	负债和所有者权益（或股东权益）	期末余额	上年年末余额（略）
货币资金	96 000		短期借款	360 000	
交易性金融资产	84 000		应付票据		
应收票据			应付账款	91 800	
应收账款	168 000		预收款项	36 000	
应收款项融资			应付职工薪酬	208 200	
预付款项	60 000		应交税费	360 000	
其他应收款	60 000		其他应付款	192 000	
存货	330 000		一年内到期的非流动负债		
一年内到期的非流动资产			其他流动负债		
其他流动资产			流动负债合计	1 248 000	
流动资产合计	798 000		非流动负债：		
非流动资产：			长期借款	384 000	
债权投资			应付债券		
其他债权投资			长期应付款		
长期应收款			其他非流动负债		
长期股权投资	1 362 000		非流动负债合计	384 000	
其他权益工具投资			负债合计	1 632 000	
其他非流动金融资产			所有者权益（或股东权益）：		
投资性房地产			实收资本（或股本）	1 680 000	
固定资产	2 040 000		其他权益工具		
在建工程			资本公积		
无形资产	180 000		减：库存股		
长期待摊费用	24 000		盈余公积	132 480	
其他非流动资产			未分配利润	959 520	
非流动资产合计	3 606 000		所有者权益（或股东权益）合计	2 772 000	
资产总计	4 404 000		负债和所有者权益（或股东权益）总计	4 404 000	

习题二解答，如表 10-6 所示。

表 10-6 **利润表(简表)**

2020 年 12 月 会企 02 表

编制单位： 单位：元

项目	本期金额	上期金额(略)
一、营业收入	3 800 000	
减：营业成本	2 120 000	
税金及附加	120 000	
销售费用	180 000	
管理费用	288 000	
研发费用		
财务费用	72 000	
加：其他收益		
投资收益(损失以"—"号填列)	240 000	
公允价值变动收益(损失以"—"号填列)		
信用减值损失		
资产减值损失		
资产处置收益(损失以"—"号填列)		
二、营业利润(亏损以"—"号填列)	1 260 000	
加：营业外收入	45 000	
减：营业外支出	28 500	
三、利润总额(亏损总额以"—"号填列)	1 276 500	
减：所得税费用	319 125	
四、净利润(净亏损以"—"号填列)	957 375	